世界历史
1000

凡禹 / 编著

台海出版社

图书在版编目（CIP）数据

世界历史 1000 问 / 凡禹编著. -- 北京 ： 台海出版
社, 2025. 3. -- ISBN 978-7-5168-4150-1

Ⅰ. K109

中国国家版本馆 CIP 数据核字第 202569ZF96 号

世界历史1000问

编　　著：凡　禹

责任编辑：陈国香　　　　　　　　封面设计：于　芳

出版发行：台海出版社

地　　址：北京市东城区景山东街20号　邮政编码：100009

电　　话：010-64041652（发行，邮购）

传　　真：010-84045799（总编室）

网　　址：www.taimeng.org.cn/thcbs/default.htm

E－m a i l：thcbs@126.com

经　　销：全国各地新华书店

印　　刷：三河市龙大印装有限公司

本书如有破损、缺页、装订错误，请与本社联系调换

开　　本：710毫米 × 1000毫米　　1/16

字　　数：276千字　　　　　　印　　张：18

版　　次：2025年3月第1版　　　印　　次：2025年6月第1次印刷

书　　号：ISBN 978-7-5168-4150-1

定　　价：68.00元

前　言

历史哲学家柯林武德曾经说过："今天由昨天而来，今天里面就包括有昨天，而昨天里面复有前天，由此上溯以至于远古；过去的历史今天仍然存在着，它并没有死去。"古往今来，有所成就的有识之士，大都是通古博今的人：二战时期久负盛名的英国首相丘吉尔熟悉各国历史，过人的学识可与历史学家相媲美；马克思、恩格斯在史学领域多有建树，他们所提出的众多理论学说已被后世学者奉为经典。

当人类用以代步的交通工具越来越发达，当人类生存的环境及未来的命运联系得越来越紧密，人们关于时间与空间的观念也在进行着一场革命，人们有理由把自己居住的星球视为一个"村庄"。观念的革命势必带来行为的转变，社会发展至今，谁再对别国历史不闻不问，谁再对异邦文化横加排斥，谁就难以成为一名眼界开阔、前途远大的"地球村"村民。正如历史哲学家柯林武德所指出的：研究历史就是为了对人类目前的活动看得更清楚。对于一个现代人来说，对世界历史一无所知，不能不说是一种遗憾。

从目前情况来看，要在浩如烟海的史学书籍中找到一本真正把知识性和通俗性、教育性和趣味性融为一体的世界史读物，并非易事。正因为如此，本书编者不揣浅陋，试图在这方面做一点努力。

本书以时间为序，从远古的史前文明说起，一直叙述到2011年为止。与同类书相比，本书虽都是选取历史片段、概述历史事件，但选取面宽泛，从而使本书的信息量颇为庞大。此外，本书在叙述时，力求尊重史实，不妄加评论，让读者做阅读的主人，去思考、去感悟……

前　言

CONTENTS | 目 录

第一篇 上古史

第二篇　中古史

第三篇 近代史

第五篇 当代史

第一篇

上古史

◆人从何处而来?

关于"人从何处而来"这个问题,全世界各地区、各民族的人们都曾提出了大量内容迥异的神话传说和宗教故事,《圣经·创世记》中记载的"上帝造人"是其中较为著名的一个。

直到 1859 年,英国生物学家达尔文发表了《物种起源》,用进化论代替神创论,用自然选择取代"上帝的旨意",来解释地球上存在不同物种的这一事实。1871 年,他又在《人类起源及性的选择》中正式提出了人是从猿进化而来的理论。

然而,进化论者在当时只能从解剖学、胚胎学等相关学科取得间接证据,以及按照一般的进化原理来论证从猿到人的理论,直接的即化石的证据在当时还是缺少的,为这种理论提供实物依据就成为当时众多人类学家和考古学家研究的课题。

主持过陕西公王岭蓝田人遗址发掘工作的中国科学院古脊椎动物与古人类研究所研究员黄慰文说:"达尔文的理论在当时是少数派,因此关键是要从地层里找到从猿到人的化石和考古材料,这就是一个多世纪以来科学家们在世界各地寻找的东西。"

◆人类最早的祖先是什么?

目前已知最早的猿类化石,是在埃及渐新世(距今 3800 万—2600 万年)地层中发现的埃及猿。这种猿身材不大,脑量小,形态特点介于猴和猿之间。后来,由埃及猿又发展出生活在中新世和上新世的森林古猿。森林古猿的化石最早发现于欧洲,后来在亚洲和非洲广大地区都发现过这种化石。曾经有一个时期,科学家们认为森林古猿就是人类的祖先。然而,后来发现的越来越多的化石材料表明,森林古猿只是黑猩猩、大猩猩等现代猿的祖先，发展成人类的古猿则在森林古猿之前。有一种拉玛古猿，才是原始人类分化出来的起点。

就目前所知，拉玛古猿是20世纪30年代由一位青年研究人员在印度和巴基斯坦交界的西瓦立克山（距今约1500万—1000万年前）的中新世和上新世地层中发现的，后来在肯尼亚和我国云南等地也发现过。这种古猿犬齿较小，齿弓近似抛物线形，嘴巴从面部突出的程度也比较小。总之，拉玛古猿的形态与人类已经很接近，所以科学家们认为它就是从猿到人的过渡类型。

距今大约500万年前，又出现了南方古猿。因为它的化石最早是在非洲南部发现的，所以又简称为南猿。南猿的身体结构特征表明，它们不但能够直立行走，而且已经能够使用天然工具。其中有一种名字叫"纤细种"的南方古猿，身高约一米二三，体重平均约25千克，脑量平均不到450毫升。它们的身体和手都比较灵巧，除了使用天然工具以外，有的"能人"还制造简单的工具。它们成群地生活在相当干燥的空旷草原地区，依靠集体力量，采集植物的嫩叶和果实，经

常捕捉一些龟、蛇和小的哺乳动物，偶尔也狩猎一些大型哺乳动物。大约在300万年前，南方古猿就这样通过长期艰苦斗争，不仅在劳动中产生了简单而原始的语言，而且还学会了应用石块相击的方法制造简单石器，终于成为最早的人类。

◆ 人种的形成与其生活环境有何关系？

人种，也称种族，是指在体质特征，如肤色、眼色、发型和发色、身长、面型、体型、头型、鼻型等，以及血型、遗传性疾病等方面具有某些共同遗传性状的人群，其形成原因与各地区的地理环境密切相关。在生物学上，世界现生的人类都属于哺乳动物纲灵长目人科人属的智人种。由于过去人类受到自然环境的限制，各个人群长时期地生活在相当隔离的各个地理环境中，在体质上形成了互不相同的适应性特征，这些特征世代相传，致使人类分衍成为若干具有明显体质差异的种族。因此，不同的人种或种族实际上是智人种的各地方性亚种。

法国贝尼埃和瑞典林奈早在1684年和1758年就对世界人类进行了人种划分，但是第一个用科学方法对人

种进行研究的是德国格丁根大学教授布卢门巴赫。他在 1775 年发表《人种的自然起源》，依据肤色、发型、身高等体质特征和原始分布区域，把人类划分为五个人种，即：高加索人种（俗称白种）、蒙古利亚人种（俗称黄种）、埃塞俄比亚人种（俗称黑种）、亚美利加人种（俗称红种）、马来亚人种（俗称棕种），这个划分其实是人种的地理分类。

不同的人种带有不同地理环境的印痕，如尼格罗人种由于长期生活在热带地区，形成了一系列适应性生理特征，黑色的肤色可保护皮肤免受日光的灼伤；浓密的卷发可防止头被日光晒昏；宽厚的鼻、唇扩大了黏膜面积，可促进蒸发散热。北欧地域人种长期生活在较寒冷地区，鼻子高而狭窄，使冷空气经过预热后再进入气管和肺部；肤色浅白，可使皮肤少受冻伤；身材高壮。

人种地理学是地理学的一个分支，也是人种学的一个重要领域。在地理学中，有人把它划归为自然地理学的分支，也有人把它划为人文地理学的分支。

◆什么是氏族公社？

氏族是人类从原始社会开始自然形成的血缘组织。原始人过着群体生活。每个群体的成员都是共同祖先的后代（不排除其中可能有收留或俘虏的外族成员）；他们共同生活，共同生产，共同战斗，财产公有并且有共同语言、崇拜、葬地等。这种人群就构成一个氏族。每个氏族都有族名，用以区别不同的氏族。

氏族制度的基本特征是：第一，社会生产力极其低下。当时主要是以石器和弓箭作为生产工具。母系氏族时期的生产，起初渔猎、采集还很重要，但农业、畜牧业已开始发展，手工业也已经出现，最重要的手工业部门是制陶业。农业、畜牧业和手工业是伴随着氏族制度的发展而缓慢出现的。总的说来，生产力发展异常缓慢，人类对自然环境高度依赖。第二，氏族制度生产关系的基础是生产资料公有制。低下的生产力水平，使得人们必须依靠集体的力量，才能维持生存。氏族内部按性别和年龄分工，男女老少都参加生产劳动。由于生产在本质上是共同的生产，因而生产资料和生活资料归氏族集体所有，个人只有一些生活用品和随身携带的工具。与此相适应，消费品也是平均分配。第三，氏族公社成员之间的关系是平等和民主的。这是由生产资料公有、共同劳动和平均分配决定的。氏族议事会是最高权力机关。在议事会中，全氏族的一切成年男女都享有平等表决重大事项的权利。氏族首长由氏族成员选举产生，如果他们违背了氏族成员的利益可以撤换。在氏族内部，除了舆论对人们的褒贬之外，没有任何强制手段，更没有任何剥削和压迫。第四，氏族内部的婚姻制度是族外通婚，禁止同一血缘亲族集团内部互相通婚。当时典型的婚姻形态是对偶婚。同一个血统的几个氏族组成胞族，两个或几个姻系胞族组成一个部落。于是形成了氏族—胞族—部落这样的组织系统。

◆原始人为什么要绘身和文身？

在原始人的心目中，绘身和文身是一件非常重大神圣的事。如澳洲土著平时总是随身带着红、白、黄各种颜料，不时地在颊、肩、胸、腹等处点上几点颜色，到了重大庆典时则要把全身涂得五彩缤纷。北美温哥华的努特卡印第安人在他们的节日里喜欢用动物油脂配制成各色颜料在脸上绘制出五花八门的图形，还要撒上些闪闪发光的云母碎片以渲染喜庆气氛。与绘身相比，文身就多少要忍受一点痛苦。如澳大利亚某些土著是用锐利的贝壳片或石片在胸部和腹部制作瘢文的，为了使纹路更深、更大，不少人还用泥土揉擦伤口，以减慢愈合的速度。伊利安岛上的巴布亚人更是用火在皮肤上烫制瘢文。尽管要经历这种种的痛苦，但人们在施行文身时的隆重热烈并不下于绘身。太平洋中马绍尔群岛上的土著居民不仅在文身之前要唱祈祷歌，而且要奉上供品并跳起舞蹈，以献给他们崇拜的两位文身之神——里奥第和兰尼第，据说文身术就是由他们发明并传授给人类的。

那么，原始人究竟为什么要绘身或文身呢？有人推测可能是出于图腾或祖先崇拜。据现有的人类学调查资料显示，在有关绘身和文身的实例中，最常见的就是把本部落的图腾绘制或文刺到自己身上。由于在原始人的心目中，本部族的图腾不是象征着自己的祖先，就是象征着最受崇拜的主神，因而身上绘有或文有这些图案能够得到神灵的保佑和帮助。据记载，在文身的巴布亚人中，每个部落都有自己独特的专用图案，一旦有人抄袭了其他部族的花纹，轻则引起口角纠纷，重则触发械斗甚至战争。

绘身和文身的另一个原因或许是出于某种巫术或宗教的目的，如澳大利亚的土人在打仗时全身绘红，为死者举行丧礼时全身绘白，以此求得天神的庇护。生活在澳洲中部的阿兰达部还把他们的图腾绘在自己身上，再用山鹰的羽毛沾上自己胳膊的血贴在那些图案四周，并且跳一种"图腾舞"以与神灵交流。几乎所有的澳洲土著部落的巫师在作法时都要绘上花纹，否则会被认为法术不灵，而失去人们的信任。

此外，绘身和文身也往往反映出各人在社会中的不同地位，如巴布亚人年轻时一般用红色绘身并黥刺面部，老年人则用黑色绘身并加刺手臂、腿部或胸部。在日本的阿伊努人中，花纹大而直的社会地位较高，小而曲者社会地位较低；而新西兰的毛利人中，也是面部黥文越复杂精细的人社会地位越高。加洛林群岛的土人甚至明确规定，只有贵族阶级才有权在背部、手臂、腿部黥刺精美的花纹，非自由的人只能在手、足部刺一些简单的线条。

◆ **人类最早的文明出现在哪里？**

地球上最早出现文明之光是亚洲西南部的幼发拉底河和底格里斯河。这两条河的中下游地区，地势平坦，古代希腊人称它为"美索不达米亚"，意为河间之地。早在公元前四五千年前，这里就居住着苏美尔人。对于苏美尔人，人们虽然至今还不知道他们是哪一族人，但他们利用当地优越的自然条件，创造了人类最早的文明，却得到了较为一致的认可。"美索不达米亚"地区首先出现人类的文明，得益于"那里生长的枣椰树，不仅提供了充裕的食物，而且还提供了大量的木材；那里的芦苇荡里，有各种野禽小兽，还有鱼类，提供了宝贵的食物蛋白质和脂肪；而尤为可贵的是，那里的土壤是极其肥沃的冲积土"。聪明的苏美尔人选择了这块"风水宝地"，成功地完成了从新石器时代的部落文化到文明的过渡。

苏美尔人在两河流域创造了灿烂的文化，最有代表性的是形成于公元前3000年的楔形文字。正如一位著名学者所说"文字不是一种深思熟虑后的发明物，而是伴随对私有财产的强烈意识而产生的一种副产品。文字始终是苏美尔古典文明的一个特征"。楔形文字是苏美尔人用两河流域的黏土制成写作材料，用削成三角形尖头的芦苇秆骨棒或木棒作笔印刻成的文字，由于字形像楔，故称之为楔形文字。除了楔形文字外，苏美尔人已能把五大行星和恒星区别开来，并将肉眼能看到的星辰划分为星座，以后又从星座中划分出黄道十二宫。此外，还有文学上的《吉尔伽美什史诗》，它长约3500行，是迄今所知世界最早的史诗。

◆原始社会为什么有图腾崇拜？

"图腾"一词来源于北美印第安语，意为"他的族"。处在氏族社会时期的原始人类，用一定的动物、植物与无机物等为氏族组织的名号，此物便被奉作氏族的图腾。每一个氏族对他们的图腾物都有着一定的血缘传说与崇拜形式。图腾乃血缘的旗帜。图腾的文化意义是一个氏族中同一血缘的象征。认为在同一图腾的氏族成员都是源于同一种血缘的，属于同一种图腾的氏族成员都深信他们来源于一个共同的祖先，具有相同的血缘关系。因此，共同的信仰与义务感把他们紧紧地团结在一起。图腾也是维持氏族成员团结一致的有力纽带。它不只是一种宗教信仰，而且是一种社会结构和一种凝聚力。

最原始的图腾就是生殖崇拜，是对整个氏族中生命力的歌颂和崇拜。高举着火把与石斧的原始人类都有着我们无法理解的精神世界。他们既崇拜生殖，又崇拜生殖器。很多考古发掘都证明，在人类历史上也曾经有过一段漫长的生殖崇拜时代。由此可知，处在野兽出没、荆棘丛生的恶劣环境中，生产力极其低下，另外受着大自然严重威胁的原始人们，若没有对生命的崇拜，哪能走出荒蛮的远古世界。因此，原始人也都把人的繁衍生息当成氏族部落兴亡的头等大事，自然也便出现了生殖崇拜。

在母系氏族社会时代，人们曾把生育后代认为是女性一方面完成的事，所以，他们所崇拜的对象便是母亲、女神。对女性的崇拜同时就是对女性生殖器的崇拜。以后，男子的社会地位上升了，人类社会便逐渐过渡成了父系氏族社会。而女性生殖崇拜同时也变成男性生殖崇拜了。鸟、龙这些象征男性生殖器的男性生殖崇拜的图腾也产生了出来。

在中国历史上，商族便是一个用鸟作图腾的氏族，他们曾有一个"玄鸟生商"的神奇传说。那时东方沿海一带地区是广大的鸟图腾区域，鸟又称佳、淮。中国东部有一条大河叫作"淮"河，江苏一带有很多用"淮"命名的地名，追其根溯其源，或许因为它们曾经处在鸟图腾区域。

◆ 远古人是怎么计数的？

早在人类社会的最初阶段，人们从摘野果和捕获野兽等活动中，逐渐形成了有无、多少等概念。后来又发展到用结绳、刻痕、手指来记数。

1937 年在墨托维亚（地名）发现的 40 万年前的狼前肢骨，约 17.8 厘米长，上面有 55 道很深的刻痕。这是已经发现使用刻痕方法计数的最早资料。直到今天，在一些地方仍然有一些牧人用在棒上刻痕的方法来计算他们的牲畜。

古时候的印加族，每收进一捆庄稼，就在绳上打个扣，用来记录收获的多少。我国古代也有"结绳而记"的情况，也就是用在绳子上打结的方法来记数。罗马人最初用手指作为计数的工具，他们要表示 1 个、2 个、3 个、4 个物体时就分别伸出 1 个、2 个、3 个、4 个手指；表示 5 个物体就用 1 只手，表示 10 个物体就用两只手。我们现在还可以在罗马数字中看出这些痕迹，如用Ⅰ、Ⅱ、Ⅲ等来代替手指数。要表示一只手时，就写"V"字形，表示大拇指与食指张开的形状。这已是数码的雏形。数字符号的引进，是人类对数学认识的一大进步。它标志着"数"已从具体的事物中抽象出来了，具有独立的地位。

◆ 何谓军事民主制时期？

所谓"军事民主制时期"，是指氏族制度的解体或从野蛮到文明的过渡时期，也被称为"英雄时代"。这一历史时期，既保留了原始民主因素，又具有军事的特点。根据摩尔根对"易洛魁部落"的研究，军事民主时期除军事首长外，还有人民大会和议事会两个典型的民主机构，用以保障民主的实施和限制个人权力膨胀。军事民主制是社会发展和战争的产物。早期氏族部落间就时常发生冲突，但战争只是为了血亲复仇，地界纠纷等，所以军事民主制形成的初期，民主因素较多。军事首长的职位只意味着责任和义务。他们受到群众的尊敬和信赖，一般没有特殊的权利和报酬。

◆ 为什么国家的产生是人类历史转折点？

国家的出现是人类社会发展的必然结果。人类社会始终存在着两种生产，即物质资料的生产（衣、食、住及生产工具的生产）和人类自身的生产（人种的繁衍及婚姻家庭形式的发展）。社会制度受这两种生产的制约。在物质资料生产水平低下时，以血缘关系为纽带的氏族制度，成为国家产生以前对社会进行管理的基本社会制度。随着物质资料生产的发展，人们在物质资料生产过程中结成的生产关系逐渐代替了血缘关系，使社会结构发生了根本变化。新的社会制度取代了由血缘关系决定的氏族制度，这就是具有公共权力的国家制度。恩格斯曾强调国家是阶级矛盾不可调和的产物，指出原始社会制度瓦解是个逐渐的过程，物质资料生产的发展，家庭私有制的出现和奴隶阶级的形成是国家产生的前提。在原始社会，生产发展到社会第一次大分工（农业与畜牧业的分离）时，就已经有奴隶出现，而在第二次社会大分工（农业与手工业分离）时，奴隶已成为农业、手工业的主要劳动力。这时国家尚未出现，只有阶级形成后，当两个对立的阶级的矛盾达到不可调和时才出现了国家。国家是阶级矛盾不可调和的产物，是经济上占统治地位的阶级，"获得了镇压和剥削被压迫阶级的新手段"。这是马克思主义同一切小资产阶级和资产阶级思想家关于国家起源理论的基本分歧点。

◆ 你知道尼罗河泛滥节的由来吗？

从前，尼罗河的下游是平静的，上游却是喧闹的。当尼罗河从苏丹境内奔腾而出时，汹涌澎湃、势不可挡。尼罗河像时钟运转一样，每年 7 月，上游地区暴雨猛降，山洪暴发，浑浊的河水穿过一道道峡谷险滩，自南向北，倾泻而下；9 月，河水吞没全部谷地，大河两岸形成一片汪洋沼泽，这就是尼罗河的泛滥；直至 10 月底，雨季过去，河水随着下降，流入河床。每当河水泛滥期间，积下的一层层肥沃土壤，却是谷物生长的天然肥料，它给埃及人民带来了丰收的希望。因此，可以说尼罗河是埃及人民的生命之源。约在公元前五六千年，古埃及人逐渐在尼罗河两岸安了家。起初，他们过着原始生活，使用简陋工具清除两岸的荆棘和草莽，开渠筑坝，在河水灌溉的土地上种植庄稼。后来，通过人们年复一年的辛勤耕作，终于使这块气候干燥的地区变成古代著名的粮仓。因此，埃及人视尼罗河为神明，每年河水泛滥之际，都要举行隆重的庆祝活动，感谢尼罗河赐予他们的恩典，这就是尼罗河泛滥节的由来。

关于尼罗河泛滥，埃及人曾流传一个十分动人的传说。很久以前，女神伊兹斯在丈夫奥西里斯不幸遭难而失去伴侣时，肝肠寸断、失声痛哭，伤心之泪纷纷掉到尼罗河里，顿时波涛激荡，河水猛涨，顷刻间吞没了两岸大片沙地。当然，这只是一个美丽动听的传说。实际上，尼罗河的泛滥的原因之一是季风将云层吹过埃塞俄比亚高原，形成降雨而使尼罗河暴涨。河水一冲出苏丹北部山谷的狭窄水道，便决堤泛滥，形成"两涘渚崖之间，不辨牛马"，这才是尼罗河泛滥的真正原因。

每年的 6 月 17 或 18 日，平静而温柔的尼罗河水开始变成淡绿色，从而告诉人们一年一度的河水泛滥将要来临。这时，人们按照传统习俗，要举行一次称为"落泪夜"的活动。8月，当洪水漫过河床、冲毁堤坝、淹没土地的时候，也毫不吝啬地给两岸带来了沃土，为棉花、棕榈、无花果及各种谷物、蔬菜的生长提供了丰富的养料。为此，人们要举行庆祝活动。埃及的科普特人在尼罗河泛滥节时，家家户户门前摆一张桌子，上面放着盛有大豆、小麦、扁豆、紫苜蓿和一些植物幼芽的碟子。按照当地习俗，这象征着五谷丰登。古代庆祝尼罗河泛滥节的活动，由法老本人、文武群臣和宗教领袖同黎民百姓一道进行。活动开始，首先由祭司把河神的木雕像放在岸边，从年迈的老人到几岁的儿童都向雕像低头以示敬意。接着，祭司高诵祷词，以求吉祥幸福。人们有的和着欢快的乐曲，唱起宗教赞歌，跳起多姿多彩的民族舞蹈；有的则活跃在尼罗河中的船上，纵情歌舞。

◆ "地中海上的马车夫"指哪里人？

靠近地中海东岸，位于今叙利亚的地方，大约距今 4000 年前，有一个叫"腓尼基"的古城邦。这个城邦的人们喜欢穿紫红色的长袍，古希腊人称它为"腓尼基"，意思是"紫红之国"。

让周边国家的人惊奇的是，腓尼基人的紫红色衣服从不褪色。即使衣服穿旧了，颜色也和新的一样。于是，人们就对这种颜色有了兴趣，并纷纷向腓尼基人购买这种色彩鲜艳的布料做衣服。腓尼基人便纷纷经商，并因此发了财，成了远近闻名的商人之国。

腓尼基人的这种紫红色颜料是偶然发现的，它来自海里的一种贝壳。因为当时人类还没有制造提炼颜料的技术，这种贝壳里的天然染料便身价倍增，用它染成的绛紫色布料就悄然走俏于地中海沿岸，为腓尼基人创造了大宗收入。他们从别的国家购进布匹，染成鲜艳的衣料，然后以高出数倍的价格出售。腓尼基人的足迹也随着布匹的行销遍及地中海沿岸各港口城邦。因而锻炼出一批出色的腓尼基航海家，取得"地中海上的马车夫"的称号。

◆ **腓尼基拼音文字是怎样发明的？**

腓尼基人在公元前 1500 年左右居住在现在的以色列—黎巴嫩一带。当时埃及和两河流域的文字早就有一部分发展为音节符号，埃及文字还由此出现标示辅音的 24 个字母。但是两种文字中都有好几百个字符，埃及文字还保持象形体，结构复杂，使用不便。地处使用这两种文字的人之间的腓尼基人受到它们的共同影响，取埃及文的辅音符号而摈弃其象形体，发明出了 22 个辅音字母。从此文字不再为祭司所垄断，从而避免了玛雅文化那样的命运。

与此同时，希腊人正彷徨于早期从埃及学来的象形—表音混合文字中。到了公元前 1000 年左右，腓尼基文字传入希腊，他们放弃了原有的文字，并且在此基础上进一步发明了元音字母。世界上第一套完整的拼音文字诞生了。

◆ **古埃及帝国是怎样形成的？**

公元前 3100 年前后，古埃及统一王国形成了世界上最早和最辉煌的文明之一。

埃及人在驱逐喜克索斯人后开始进行扩张。历时约白年之久的南征北战，把埃及从包括尼罗河谷及其三角洲地区的一个地域王国，扩张为一个地跨西亚北非的奴隶制帝国。

阿蒙霍特普一世的继承人、其女婿图特摩斯一世可以说是埃及帝国的奠基者。他多年征战，不仅同叙利亚巴勒斯坦人，而且同当时西亚强国、由胡里特人建立的米坦尼王国进行激烈的争夺，将埃及帝国的北部边疆推进到了叙利亚北部、幼发拉底河上游，在南方，他将埃及边境扩展到尼罗河第三瀑布以外。在图特摩斯一世执政时，当时埃及对努比亚的占领已经稳定下来。

埃及帝国的完成者是著名的图特摩斯三世。他一生征战，击溃了由米坦尼支持的、以卡迭什为首的叙利亚联军，进而打败了米坦尼王国，使其不再与埃及为敌，转而成为埃及的盟友，从而巩固了埃及在叙利亚的统治。图特摩斯三世在叙利亚的胜利震撼了整个西亚，使亚述和巴比伦尼亚也纷纷与埃及建立友好关系，巴比伦尼亚的国王还将自己的一位公主送给埃及法老为妃。在南方，图特摩斯三世将埃及边境推进到了尼罗河第四瀑布以外。

图特摩斯三世的后继者阿蒙霍特普二世也对西亚进行过大规模的战争，俘获达 10 万之众。不过他只是镇压了当地人民反对埃及的起义，巩固了图特摩斯三世远征的战果，而未能进一步扩大埃及帝国的地盘。

埃及从约公元前 3100 年进入阶级社会，直至约公元前 1500 年中叶的新王国时期，历时约 1500 年，走完了从小国寡民的诺姆国家到地域王国，直至形成帝国的漫长道路。

◆ 为何古埃及的最高统治者被称为法老？

"法老"是埃及语的希伯来文音译，最早出现于埃及古王国时代，在古王国时代仅指王宫，即"宫殿"。到图特摩斯三世时，"法老"作为颂词开始用于国王自身，并逐渐演变成对国王的一种尊称。第 22 王朝以后，成为国王的正式头衔。习惯上把古埃及的国王通称为法老。法老作为奴隶制专制君主，掌握全国的军政、司法、宗教大权，其意志就是法律，是古埃及的最高统治者。法老自称是太阳神阿蒙之子，是神在地上的代理人和化身，令臣民将其当作神来崇拜。

◆ 狮身人面像是谁的杰作？

在开罗的法国考古研究所，研究人员瓦希尔·多布雷夫对吉萨高地上的金字塔和守卫着金字塔的半人半兽的狮身人面像进行了 20 年的研究。他得出结论：狮身人面像是一位被人们忘记的古埃及法老王的杰作。

多年来，人们一直认为埃及法老王哈夫拉根据自己的肖像建造了这个纪念碑，因为他的金字塔就在那个狮身人面像后面。可是多布雷夫认为，事实上，狮身人面像是4500多年前由德吉德夫雷建造的，德吉德夫雷是哈夫拉的同父异母兄弟，也是胡夫的儿子，而胡夫是大金字塔的建造者。多布雷夫说，胡夫死后，古埃及的人民非常疲倦，因为他们花了好几个世纪建造金字塔。多布雷夫认为，继承了胡夫王位的德吉德夫雷根据父亲的肖像建造了狮身人面像这座纪念碑，把他看成是太阳神拉，这是德吉德夫雷的宣传手段之一，目的是恢复人们对这个王朝的敬畏。多布雷夫说，不像现在的游客从东面、从开罗到吉扎高地参观金字塔，古代的埃及人是从南面的古王国首都孟斐斯到达那里的，从这个方向可以看到狮身人面像的轮廓，胡夫的大金字塔在其后面。德吉德夫雷是第一个把"太阳神拉"的名字写进自己的金字塔中的法老王，这就支持了这样一种理论，那就是他建造了狮身人面像，把自己的父亲描绘成神。

◆古埃及法老为何要修建金字塔？

埃及人崇拜太阳神，他们总是把金字塔建在尼罗河西岸，太阳落下的地方，认为这样就可以最接近神，才可以再转生，重新复活！

相传，古埃及第三王朝之前，无论王公大臣还是老百姓死后，都被葬入一种用泥砖建成的长方形的坟墓，古代埃及人叫它"马斯塔巴"。后来，有个聪明的年轻人叫伊姆荷太普，在给埃及法老左塞王设计坟墓时，发明了一种新的建筑方法。他用山上采下的呈方形的石块来代替泥砖，并不断修改修建陵墓的设计方案，最终建成一个六级的梯形金字塔——这就是我们现在所看到的金字塔的雏形。在古埃及文中，金字塔是梯形分层的，因此又称作层级金字塔。这是一种高大的角锥体建筑物，底座四方形，每个侧面是三角形，样子就像汉字金字，所以我们叫它"金字塔"。

伊姆荷太普设计的塔式陵墓是埃及历史上的第一座石质陵墓。左塞王之后的埃及法老纷纷效仿他，在生前就大肆为自己修建坟墓，从此在古埃及掀起一股营造金字塔之风。由于金字塔起源于古王国时期，而且最大的金字塔也建在此时期内，因此，埃及的古王国时期又被称为金字塔时代。古代埃及的法老们为什么要将坟墓修成角锥体的形式，即修成汉字中的金字形呢？原来，在最早的时候，埃及的法老是准备将马斯塔巴作为死后的永久性住所的。后来，大约在第二至第三王朝时期，埃及人产生了国王死后要成为神，他的灵魂要升天的观念。在后来发现的"金字塔铭文"中有这样的话"为他（法老）建造起上天的天梯，以便他可由此上到天上"。金字塔就是这样的天梯。同时，角锥体金字塔形式又表示对太阳神的崇拜，因为古代埃及太阳神"拉"的标志是太阳光芒。金字塔象征的就是刺向青天的太阳光芒。因为，当你站在通往基泽的路上，在金字塔棱线的角度上向西方看去，可以看到金字塔像撒向大地的太阳光芒。

◆ 金字塔是如何建成的？

关于金字塔是如何建成的，有千百种说法，其中一种说法认为是百万奴隶劳作的结果。据"西方史学之父"希罗多德研究，建造胡夫金字塔的石头是从"阿拉伯山"（可能是西奈半岛）开采来的，修饰其表面的石灰石，是从河东的图拉开采运来。在那时开采石头并不容易，因为当时人们并没有炸药，也无钢钎。埃及人当时是用铜或青铜的凿子在岩石上打眼，然后插进木楔，灌上水，当木楔子被水泡胀时，岩石便被胀裂。这样的方法在今天看来也许很笨拙，但在4000多年前，却是很了不起的技术。从采石场运往金字塔工地也极为困难。古代埃及人是将石头装在雪橇上，用人和牲畜拉。为此需要宽阔而平坦的道路。修建运输石料的路和金字塔的地下墓室就用了10年的时间。在建造胡夫金字塔时，胡夫强迫所有的埃及人为他做工，他们被分成10万人的大群来工作，每一大群人要劳动3个月。这些劳动者中有奴隶，但也有许多普通的农民和手工业者。古埃及奴隶是借助畜力和滚木，把巨石运到建筑地点的，他们又将场地四周天然的沙土堆成斜面，把巨石沿着斜面拉上金字塔。就这样，堆一层坡，砌一层石，逐渐加高金字塔。建造胡夫金字塔花了整整20年的时间。

由于建造金字塔之说尚有许多难以解释之处，所以，随着飞碟观察和研究活动越来越广泛，有人把神秘的金字塔同变幻莫测的飞碟上的外星人联系起来。他们认为，在几千年前，人类不可能有建造金字塔这样的能力，只有外星人才有。他们经过推算还发现，通过开罗近郊胡夫金字塔的经线把地球分成东、西两个半球，它们的陆地面积是相等的。这种"巧合"大概是外星人选择金字塔建造地点的用意。再加上有关金字塔真真假假的神力传说，所以这一说法也日渐盛行起来。

还有人认为，金字塔是地球前一次高度文明社会灭亡后的遗产，或者是诸如大西洲之类已经毁灭的人类文明的遗留物。对于这两种说法，埃及人深感内心受到伤害，因为这等于把埃及祖先的文明与智慧一股脑儿全都否定了。

◆古埃及的太阳历是怎样制定的？

世界上最早的一个阳历是古埃及的太阳历。其实，埃及人原也使用阴历的，那么为什么他们要改用阳历呢？我们知道在埃及有一条世界著名的尼罗河，在古代，人们只能靠天吃饭，尼罗河每年一度的河水泛滥，与人民生活、农业生产息息相关。早在7000多年以前，埃及人就发现，当天狼星在晨曦中从东方升起后，再过五六十天，尼罗河就开始泛滥。埃及人就把天狼星第一次和太阳同时升起来那天定为一年的开始，并在这天举行盛大的祭神仪式。按现在推算，应是7月19日左右。埃及人通过观测天狼星，从天狼星再次第一次和太阳同时升起所经过的时间里，逐渐发现了年的周期，最初定为360天，以后又改为365天。埃及人根据尼罗河水泛滥和农业生产情况，把一年分为三季，分别叫作洪水季、冬季和夏季。农业生产一般是在冬季播种，夏季收获。他们又把每季分成4个月，每个月里都有庆祝节日，后来就用节日的名直接称呼所处月份。在每个月中有30天，30天又分为3个大周，10天为一大周，1个大周再分为2个小周，5天为一小周，这样全年12个月共360天。剩下5天被放在年的末尾，定为"年终祭祀日"。因为这是由观测天狼星定出来的历年，故被称为"天狼星年"。

◆古埃及文字的演变分为几个阶段？

古埃及文字的形体演变可分为四个阶段：1.象形文字：我们所知道的最早构成体系的古埃及文字材料，是象形文字，这种文字体系产生于公元前3000年。2. 祭祀体文字：为实用和方便起见，书吏又将象形文字的符号外形加以简化，创造了祭祀体文字。3. 世俗体文字：它是祭祀体文字的草写形式。与祭祀体文字对比，世俗体文字的连写形式更简单，已不具有图画特点，它的书写方向保留了祭祀体文字的传统。固定从右往左。4. 科普特文字：它是古埃及文字发展到最后一个阶段的文字，深受希腊文、圣经文学的影响。

埃及文字由表意符号、表音符号和限定符号三部分构成。

表意符号是用图形表示词语的意义，特点是图形和词义有密切关系。例如：表示水就画了条波形线≈，画一个五角星"★"表示"星"的概念。

表音符号是把词语的发音表示出来，取得音值。

限定符号是在表音符号外加上一个新的纯属表意的图形符号，置于词尾，以表明这个词是属于哪个事物范畴的。限定符号本身不发音。

◆ "古埃及的拿破仑"是谁？

哈特谢普苏特死后，已过而立之年的图特摩斯三世终于如愿以偿地回到了法老的宝座，亲自执政。但是，在上台初期，他面临的形势却非常严峻。当时埃及国内因为新旧政权交替，政局很不稳定，国外的局势更是不容乐观——叙利亚南部的卡迭石王国正企图组织反埃及同盟。于是，图特摩斯三世在稳定了国内局势之后，立刻发动了对叙利亚和巴勒斯坦的战争。这之前，卡迭石国王指挥着叙利亚和巴勒斯坦地区的城市国王的军队，占领了位于卡梅尔山脉北面的麦吉度要塞，封锁了从埃及通往幼发拉底河流域的通道。

公元前1479年5月，图特摩斯三世在军事会议上力排众议，率领部队冒险通过了麦吉度谷底，进入了麦吉度要塞南面的麦吉度平原。5月15日，他开始向卡迭石领导的反叛联军发动进攻，叛军正在麦吉度要塞的城外宿营，对即将到来的危险一无所知。图特摩斯三世亲自指挥大部分士兵向麦吉度要塞进军，把另外一部分士兵部署在吉那溪流南面的一个小山上。在埃及军队的强力冲击下，卡迭石联军一败涂地。他们丢下战车，仓皇逃入麦吉度要塞。图特摩斯三世没有立即命令士兵攻城，而是收集大量战利品，对麦吉度进行包围。不久，麦吉度城被迫宣布投降，而卡迭石国王却逃走了，这个脆弱的反埃及同盟也就不攻自破。

顺利摧毁反埃及同盟后，图特摩斯三世的野心开始膨胀，发动了以西亚叙利亚的诸城邦为重点的扩张战争。在几十年的征战生涯里，他对叙利亚、巴勒斯坦出兵达17次之多，最远攻至两河流域，同时征服努比亚，到达尼罗河第四瀑布，使埃及帝国达到空前的规模。由于他战功显赫，一些历史学家称他为"第一位世界英雄"、"古埃及的拿破仑"。图特摩斯三世死后，被葬在"帝王谷"，其遗体至今还保存在开罗博物馆内。

◆亚历山大港大灯塔为何被誉为世界奇迹？

亚历山大港大灯塔是世界七大奇迹中，唯一不带宗教色彩，纯粹为人民生活而建的古代建筑；灯塔在黑夜中发出耀眼的光芒，照耀整个亚历山大港，保护着海上的船只，是当时世界上最高的建筑物之一。

大灯塔总高135米，塔身高114米。由上、中、下三部分组成，底部塔基呈方形，高71米；中部呈八角形，高34米；上部呈细圆柱形；高9

米，还有梯子从塔底直通顶部，塔顶为圆形，上面有一尊高7米的海神波赛顿的青铜立像。整个塔身是用白色大理石砌成，石缝全用熔铅黏合，十分牢固。

亚历山大港大灯塔是当时世界上最大的灯塔，也是现代灯塔的鼻祖。它以其宏伟、精美、光芒远照作为亚历山大港的标志而闻名于世，被誉为世界奇迹之一。非常遗憾的是，这座大灯塔于公元796年毁于一场地震。

◆阿耳忒弥斯神庙建于何时？

阿耳忒弥斯神庙位于土耳其以弗所，濒临爱琴海，是土耳其著名的古代建筑遗迹。

神庙大约在公元前652年兴建，当时是木结构。第二次修建时，采用石料建筑。第三次重建于公元前570年，共花了10年时间。当时以弗所是个庞大富有之邦，聘请了著名的古希腊建筑师，造成了古代亚洲的第一个爱奥尼亚式石柱庙宇。公元前550年，吕底亚国王克勒索斯再次进行修建，断断续续地进行了100多年才告完成。第三、第四次修建奠定了神庙的规模，从此闻名遐迩。

阿耳忒弥斯神庙是一座长方形白

色大理石建筑，长 125 米，宽 60 米，高 25 米，占地面积 6300 多平方米。庙宇的回廊有 137 根圆柱，全用大理石雕成，每根圆柱高约 20 米，底部直径为 1.59 米，柱石千姿百态，整个建筑看上去俨然是一个廊柱之林，给人一种庄严、恬静、和谐的感觉。大理石圆柱的柱身下部均有形态各异的人物浮雕，造型优美，形态逼真，栩栩如生。柱顶盘由一个带有 3 个盘座面的框缘组成，盘座面上装饰着一排花边似的齿饰，在框缘上面是刻有四轮战车的浮雕，细致精巧，精美异常。神庙于公元前 356 年被焚毁。后在亚历山大王的帮助下，按原建筑式样重建，更加富丽堂皇。在漫长的岁月中，阿耳忒弥斯神庙屡遭洗劫，变得满目疮痍。然而人们从现在残存的建筑物地基和石柱遗迹中，依然可以想见它当年的雄姿。

◆ 你知道与巴比伦空中花园有关的传说吗？

巴比伦的空中花园当然从来都不是吊于空中，这个名字的由来纯粹是因为人们把原本除有"吊"之外，还有"突出"之意的希腊文"kremastos"及拉丁文"pensilis"翻译错误所致。

千百年来，关于"空中花园"有一个美丽动人的传说。新巴比伦国王尼布甲尼撒二世（前 605—前 562 年在位）娶了米底的公主米梯斯为王后。公主美丽可人，深得国王的宠爱。可是时间一长，公主愁容渐生。尼布甲尼撒不知何故。公主说："我的家乡山峦叠翠，花草丛生。而这里是一望无际的巴比伦平原，连个小山丘都找不到，我多么渴望能再见到我们家乡的山岭和盘山小道啊！"原来公主得了思乡病。于是，尼布甲尼撒二世令工匠按照米底山区的景色，在他的宫殿里，建造了层层叠叠的阶梯型花园，上面栽满了奇花异草，并在园中开辟了幽静的山间小道，小道旁是潺潺流水。工匠们还在花园中央修建了一座城楼，矗立在空中。巧夺天工的园林景色终于博得公主的欢心。由于花园比宫墙还要高，给人感觉像是整个御花园悬挂在空中，因此被称为"空中花园"，又叫"悬苑"。当年到巴比伦城朝拜、经商或旅游的人们老远就可以看到空中城楼上的金色屋顶在阳光下熠熠生辉。所以，到公元 2 世纪，希腊学者在品评世界各地著名建筑和雕塑品时，把"空中花园"列为"世界七大奇观"

之一。此后，"空中花园"更是闻名遐迩。

◆ 世界上第一位女帅是谁？

在中国商王武丁统治期间，商王朝达到了鼎盛时期。妇好是武丁多位妻子中的一位。妇好的名字频繁地出现在殷商时期的甲骨文中，这不仅仅因为她是商王的妻子，更重要的是，她是活跃在武丁时期的一名杰出的政治活动家和军事家。

妇好不仅经常受商王之命主持名目众多的祭祀活动，而且在军事方面也表现出了杰出的指挥才能。妇好每次出征，都带有成千上万的人马，在当时来说，可谓是一支浩浩荡荡的大军。妇好墓中曾出土了四把铜钺，两大两小，上面都刻着"妇好"二字的铭文。其中两把大的铜钺，每把都重达八九千克。这两把巨大厚重的铜钺象征着商王朝极高的王权，而铭刻在上面的"妇好"二字则显示出她在军事方面至高无上的权威。

妇好是世界史上最早的女军事统帅，是中国女性的杰出代表。妇好在后来历代商王的心目中仍享有崇高的地位。武丁死后，他的后人没有把妇好作为依附于武丁的妻子与武丁合葬，而是单独保留了妇好自己的墓穴，祭祀祖先时也特意为妇好举行祭祀仪式。

◆ 亚伯拉罕出生地乌尔城是怎样的城市？

乌尔城，古代西亚的城市，位于伊拉克的穆盖伊尔。该城平面呈叶形，南北最长处为1000米，东西最宽处为600米。城内中央偏西北为塔庙区，该区东南是行宫。其附近为王陵。城西和城北各有一个码头，城西码头附近和城中央偏东南处各有两处居民区。城址内尚保存若干座塔庙建筑。塔庙一般建在沥青基础上，外形如分层金字塔。最著名的是月神欣的塔庙。该庙为前22世纪乌尔-那穆王所建，顶部筑一小神庙，为月神南纳的寝宫，亦是塔庙的中心；塔庙四周为广场，设有附属神庙及祭司的住房。

已发掘的乌尔王陵包括乌尔第一王朝的16座王陵。该王陵规模宏大，用石或砖砌造，各座墓顶均为穹窿状，附设有侧室。王陵出土物丰富，贵金属制品有镂空金杯、金牛头竖琴、带青金石剑柄和黄金剑鞘的短剑等，豪华富丽，工艺精湛。又有贝壳、黑曜石、红石镶嵌、黏合成的各种饰物。各陵均有殉人，少者3人，多的达74

人，反映了奴隶制的人殉制度。

据《圣经》记载，犹太人的始祖亚伯拉罕就出生在乌尔城。1991 年的海湾战争中，盟军轰炸了乌尔城遗址，留下了 4 个大弹坑。

◆ 古巴比伦最杰出的国王是谁？

巴比伦人继承了苏美尔人和阿卡德人的文明成果，并发扬光大，把美索不达米亚文明发展到了顶峰。人们喜欢用"巴比伦"三个字来概括古代两河流域文明，足以表明巴比伦文明所创造的辉煌业绩和对世人所具有的魅力。

古巴比伦最杰出的国王是第六位国王汉谟拉比（约前 1792—前 1750 年在位），他缔造了巴比伦帝国。根据泥版文献记载，汉谟拉比是一位聪明绝顶、精明强干的青年，颇具雄才大略，是巴比伦历届国王中最出类拔萃的一个。他登上王位后，即着手进行统一两河流域的战争。汉谟拉比采取了比较灵活的外交政策，首先与拉尔撒结盟，灭亡伊新；接着又与马里联合，征服拉尔撒；灭亡拉尔撒后，他又掉转枪口，挥兵直逼马里城下，迫使马里俯首称臣。除北部的亚述，基本上统一了两河流域。

汉谟拉比在巴比伦帝国建立了君权神授的中央集权制度。他不仅设立了中央政府机构，还派总督管理较大的地区，城市和较小的地区则派行政长官管理。而全国大小官员都由汉谟拉比亲自任命。他还建立了一支庞大的常备军，而且独揽了军事大权。汉谟拉比的专制统治还表现在对经济方面的控制。国家对地方征收各种赋税，并统一管理全国的水利系统。他在位时，重视水利工程的兴修，在基什和波斯湾之间开凿了一条运河。泥版文书记载，这条运河的开凿，不但使大片荒地变成良田，而且使南部许多城市永绝水患之灾。总之，在汉谟拉比时代，豪华雄伟的宫殿，巍峨壮丽的神庙，横跨幼发拉底河的大桥，跨海运输的商船……这一切都无不显示巴比伦的辉煌与兴盛。巴比伦城不仅是强大王国的首都，而且成为了世界性的大都会。

◆ 为什么会有巴比伦古城遗址？

世界著名的巴比伦古城遗址，是位于伊拉克首都巴格达以南大约 90 千米的地方。传说早在公元前 2000 多年，巴比伦城就是拥有大约十几万人的繁密的手工业以及商业城市。大约公元前 18 世纪中期，古巴比伦第一王朝第六代国王汉谟拉比逐步统一了两河流域，并且建立起中央集权的奴隶制国家，从而制订了各种加强奴隶制的法典。

大约在公元前 6 世纪后半期时，尼布甲尼撒二世开始建造了新巴比伦城。这个城共有三道城墙环绕，它的主墙为黄色，长大约为 12.2 千米，而且每隔 40 多米就会有一座塔楼，一共大约有 300 多座，另外还有 56 座浮雕。古城的大门高大约 4 米多，宽大约 2 米，而且门的上部是拱形结构，两边和高且宽的城墙相互连接。门内外的墙上，分别用黄、棕两种颜色画有雄牛、神龙以及雄狮的各种图像。并且这些画像大小一致、对称地排列成十分美丽的图案，神态逼真。

古城内大约有神庙 1179 座，另外还有南宫、北宫以及夏宫 3 座宫殿。城内街道宽敞笔直，而且纵横交错，是用大块砖以及天然沥青铺筑。莫卡卜大道是当时最重要的街道之一，并且世界著名的南宫就是坐落在这条大道的西边。南宫是由 5 所庭院所组成，并且每个庭院的周围都是各种成群的厅堂。而且宫殿的墙面同城门一样，分别用彩色琉璃砖装饰，然后点缀成各种各样动物形象，五彩缤纷。

在许多的庙宇中，尤以被称为"崇高的住所"的"玛尔笃克神庙"最为著名。玛尔笃克是人们想象中的一条蛇尾龙，它是巴比伦人所崇奉的主神。而且庙中有大量玛尔笃克像，并且镏金，造型十分生动。

大约公元前 4 世纪后期，巴比伦城逐渐衰败，直到公元 2 世纪古城开始化为废墟，而且早已塌陷荒芜了。

◆ 世界上第一部完整的法典是什么？

《汉谟拉比法典》是目前所知的世界上第一部比较完整的成文法典。法典竭力维护不平等的社会等级制度和奴隶主贵族的利益，比较全面地反映了古巴比伦社会的情况。法典分为序言、正文和结语三部分。

汉谟拉比在位期间制定了一部反映奴隶主统治阶级利益的法典《汉谟拉比法典》，旨在维护财产私有制，全面调整自由民之间的关系，巩固现存秩序。法典大概完成于巴比伦尼亚统一之后。序言充满神化、美化汉谟拉比的言辞。正文包括 282 条法律，涉及现代意义上的诉讼法、民法、刑法、婚姻法等内容，意在调解自由民之间的财产占有、继承、转让、租赁、借贷、雇佣等多种经济关系和社会、婚姻关系。法典表明古巴比伦社会存在奴隶主、奴隶、小生产者三个基本阶级，此外与阶级关系不尽一致的等级关系。自由民之间分为有权者阿维鲁和半有权者穆什根努两个等级。前者原意是"人"，享有一些特权；后者原意可能是"礼拜"，法律地位低下。法典对债务奴隶制和高利贷有所抑制，限制对小生产者过分地掠夺，以免动摇兵源和税源。法典对奴隶制予以严格保护，体现了法典的性质。结尾部分除继续对汉谟拉比歌功颂德外，还强调法典原则的不可改变性。

◆ 哪个国家堪称世界史上第一个军事帝国？

亚述帝国是世界史上第一个可以称得起"军事帝国"的国家。帝国的历代诸王几乎都是在不断扩张征伐中度过的，而且其军事发展的完备堪称是古代世界最发达的。亚述位于两河流域北部，在公元前3000年左右，有属操塞姆语的亚述人以底格里斯河两岸的亚述城为中心建立的城邦。当萨尔贡、汉谟拉比强盛时曾表示臣服，但始终保持半独立地位。只有在两河

流域南部的强大王权衰微之后，亚述才恢复独立，自谋发展。

古代亚述的历史从苏美尔时期，到亚述帝国连续2000余年，一般分为古亚述、中亚述和帝国3个阶段。古亚述（前2000—前1600）从塞姆人北上定居立国开始，到阿卡德时期，王权才渐强大。到国王沙马什阿达德一世时（前1815—前1783）开始向外扩张，埃什努那、马里皆表示臣服，汉谟拉比在位初年亦曾向亚述表示归顺。但不久亚述被汉谟拉比击败，长期偏于两河北部一隅。

中亚述时期（前1500—前900），在提格拉特帕拉沙尔一世时（前1114—前1076），亚述曾颇为强盛，后来又遭亚美尼亚人侵扰，国势转衰。直到公元前9世纪初，从亚述纳西尔帕二世（前883—前859）开始，亚述才以两河强国雄姿向帝国跨越。纳西尔帕二世率军曾经借助吹满气的皮囊筏子渡过幼发拉底河进入卡尔赫米什城。其国王桑卡拉缴纳了大量贡赋，包括250塔兰特（1塔兰特=26.19千克）的铁，这表明亚述已进入铁器时代。铁的广泛使用，在军事上尤为重要，亚述军队就是以铁制武器装备，

又有战车和骑兵，成为两河劲旅，所向披靡。

有浮雕表明，纳西尔帕二世时期亚述出现了攻城器械破城锤。破城锤的设计多种多样，锤身是根大木梁，头部包以金属皮。破城锤罩以用柳条、木材或兽皮制成的构架，借以保护操作者，破城锤分固定和带轮可移动的两种。

◆古波斯帝国是怎样衰亡的？

古代伊朗以波斯人为中心形成帝国。统治这个帝国的是阿契美尼德家族，故又称阿契美尼德帝国。

伊朗西南部法尔斯地区的波斯人约公元前1000多年自中亚迁来，曾一度臣服于西北部的米底。公元前550年，波斯王居鲁士二世灭米底；进而向外扩张，建立波斯帝国。公元前546年，居鲁士二世灭小亚细亚的吕底亚王国，次第征服小亚细亚西部沿海各希腊城邦；公元前539年，灭新巴比伦王国。为了巩固帝国东北边境，他出征药杀水（今锡尔河）流域的马萨格泰人，公元前529年阵殁。

居鲁士死后，其子冈比西斯二世（前529—前522年在位）继位。公元前525年征服埃及，留驻埃及到公元前522年。等到得知有人夺取王位，仓促赶回伊朗，中途被自己的剑误伤，因感染身亡。这时，他的万人不死军总指挥大流士率军奔回波斯，杀死发动政变的高马达，即王位，是为大流士一世。

大流士一世以严密的制度和立法巩固他所继承的帝国，进而向外扩张。在东面，巩固了居鲁士二世业已征服的领土，更将印度河流域并入帝国版图；在西面，约在公元前513年，渡赫勒斯滂海峡（今达达尼尔海峡），亲征黑海西岸和北岸的斯基泰人，为征服希腊做准备。公元前490年，大流士一世派米底人达提斯入侵希腊，但在马拉松一役战败，被迫撤退。以后，其子薛西斯一世（前486—前465年在位）继续执行征服希腊的计划。结果，帝国的海军败于萨拉米，陆军败于普拉蒂亚，帝国在爱琴海上米卡莱角的战船被希腊人焚毁。此后，帝国再无力西侵。侵希战争的失败是波斯帝国历史的转折点，此后国势渐趋衰落。薛西斯一世以后诸王都比较懦弱。他们在位期间，宫廷阴谋和各地叛乱迭起。只是由于希腊内部有雅典和斯巴达争霸的矛盾，帝国利用金钱和外交手段时而支持一方，时而支持另一方，才得以保持对小亚细亚的控制。末王大流士三世（前337—前330年在位）虽非庸懦君主，但当时马其顿业已崛起，他不能抵御亚历山大大帝的东侵。公元前330年，帝国都城波斯波利斯陷落，大流士三世在逃亡中被害，帝国灭亡。

◆波斯帝国为谁所建？

公元前559年，居鲁士成为波斯人的首领，统一了波斯的10个部落。曾奉命处死居鲁士的大臣哈尔帕哥斯便开始与他联络，要他起兵攻打米底，自己则约为内应。原来，当初国王发现哈尔帕哥斯未杀死居鲁士，一气之下，把这个大臣13岁的独生子杀死，并烹成菜肴，让哈尔帕哥斯当面吃下。据上面提到的历史学家希罗多德说，这位大臣"没有被吓住，也没有失去自制力"，刻骨的仇恨让他冷静思考如何报杀子之仇。

公元前553年，居鲁士起义反抗米底。为了说服波斯人追随自己，他命令全体波斯人带镰刀集合，让他们在一天之内将超过3千米见方的土地开垦出来。在完成这项任务之后，居鲁士发出第二道命令，让他们在次日沐浴更衣后集合。居鲁士宰杀了他父亲所有的绵羊、山羊和牛，并准备了酒和各种美食犒劳波斯全军。第二天，波斯人聚集在草地上，尽情饮宴。此时，居鲁士问他们是喜欢第一天的劳苦还是第二天的享乐。听到大家都选择了后者，居鲁士说："波斯人啊，如果你们听我的话，就会享受无数像今日这般的幸福；如果你们不肯听我的话，那就要受到无数像昨天那样的苦役。"

波斯人尊居鲁士为领袖，起兵攻打米底。征服米底的战争持续了3年，公元前550年，居鲁士终于攻克了米底都城，正式建立波斯帝国。居鲁士属于波斯人的阿契美尼德家族，因此他所创立的帝国也被称为阿契美尼德王朝。

◆温泉关血战是怎么回事？

公元前480年，波斯国王薛西斯一世亲率波斯军十余万人、战船一千余艘，渡过赫勒斯滂海峡，分水陆两路沿色雷斯西进，迅速占领北希腊，南下逼近温泉关。希腊联军统帅斯巴达国王列奥尼达闻讯后，急忙率领先期到达的希腊联军约7000人，扼守地势险要的温泉关。

起初，薛西斯一世以为凭着波斯军人多势众就能把希腊守军吓跑。但一连4天希腊人始终严阵以待。薛西斯一世见威慑不行，便下令进攻。波斯军虽人数众多，但在狭窄的通道上施展不开，一连几次进攻都被希腊守军击退。恼羞成怒的波斯王命令其精锐的"万人不死军"发起强攻也未奏效。希腊人越战越勇，顽强据守两天，波斯军屡攻不克，死伤甚众。

薛西斯一世一筹莫展，正在无计可施之际，当地一希腊人却跑来指给他通往温泉关背后的一条小路。薛西斯一世喜出望外，遂任命这位希腊人为向导，傍晚让他带领自己的精锐部队从温泉关背后包抄过去。守在这里的希腊部队因为一连几天无情况，以为波斯人根本不会知道这条小道，疏于戒备。待到波斯人的脚步声把他们惊醒时，再组织抵抗为时已晚。

列奥尼达在腹背受敌的情况下，为保存实力，命令联军主力撤退，自己率领300名斯巴达人留下来拼死抵抗。第三天清晨，斯巴达人在列奥尼达指挥下与疯狂进攻的波斯军在中西门之间展开殊死搏斗。长矛断了用剑砍，剑折断了用石头砸，用拳头打，用牙咬。列奥尼达奋不顾身，勇猛杀敌，最终不幸阵亡。斯巴达人为了保护国王的尸体，击退波斯军四次冲击。最后，斯巴达人在波斯军的前后夹击之下全部壮烈牺牲，以自己的生命掩护了希腊联军主力的撤退。波斯军以损失2万人的代价攻破温泉关。

希腊人为了纪念阵亡将士，在温泉关立起了石碑，上面刻着：过客啊，去告诉我们的斯巴达人，我们矢忠死守，在这里粉身碎骨。

◆希波战争的结局如何？

波斯是古代西亚一个奴隶制国家，它是通过征服而发展起来的帝国。到大流士统治时期（前522—前486），波斯已成为世界古代史上第一个横跨欧、亚、非三洲的帝国。

波斯军队的主要成分是骑兵和弓箭手，有若干个拥有1万人的师团。公元前6世纪中叶，波斯帝国侵占小亚细亚西部沿岸希腊人建立的各城邦。公元前513年，国王大流士一世进一步控制了黑海海峡和色雷斯一带，直接威胁到希腊半岛诸城邦的安全与利益。公元前500年，小亚细亚的希腊城邦米利都爆发反波斯起义，雅典等城邦相助。波斯帝国派重兵于公元前

494 年将起义镇压下去，米利都城被毁，同米利都一道举兵起义的一些希腊城邦也遭残酷洗劫。波斯帝国早有西侵野心，于是借口雅典和埃雷特里亚援助米利都，于公元前 492 年夏，发动了对希腊的战争。

公元前 449 年，希腊海军在塞浦路斯岛东岸的萨拉米斯城附近重创波斯军，至此双方同意媾和。雅典派全权代表卡里阿斯赴波斯首都苏萨谈判并签订了《卡里阿斯和约》。和约规定：波斯放弃对爱琴海及赫勒斯滂和博斯普鲁斯海峡（黑海出口）的控制，承认小亚细亚西岸希腊诸城邦的独立地位。希波战争至此结束。

希波战争是亚洲与欧洲之间的一场规模大、时间长的战争。结果使希腊获得了自由、独立与和平，雅典一跃上升为爱琴海地区的霸主，控制了通往黑海的要道，夺取了爱琴海沿岸包括拜占庭在内的大量战略要地。希腊在爱琴海上称霸，对沿岸国家进行掠夺，获得了巨大利益。"人们似乎都一致被唤醒了"，他们纷纷效仿希腊雅典，大造舰艇和商船，积极发展海上力量，争夺海上霸权，向海岸国家倾销商品、开辟市场、攫取经济利益。

◆ 时间和角度的单位为何都用 60 进位制？

公元前 2100 年左右，巴比伦人由于生产劳动的需要，研究天文和历法，涉及时间和角度。譬如研究昼夜的变化，就要观察地球的自转，这里自转的角度和时间是紧密联系在一起的。因为历法需要的精确度较高，时间的单位"小时"、角度的单位"度"都嫌太大，必须进一步研究它们的小数。时间和角度都要求它们的小数单位具有这样的性质：使 1/2、1/3、1/4、1/5、1/6 等都能成为它的整数倍。以 1/60 作为单位，就正好具有这个性质。譬如：1/2 等于 30 个 1/60，1/3 等于 20 个 1/60，1/4 等于 15 个 1/60……

数学上习惯把这个 1/60 的单位叫作"分"，用符号"′"来表示；把 1 分的 1/60 的单位叫作"秒"，用符号"″"来表示。时间和角度都用分、秒做小数单位。

这个小数的进位制在表示有些数字时很方便。例如常遇到的 1/3，在十进位制里要变成无限小数，但在 60 进位制中就是一个整数。

这种六十进位制（严格地说是六十退位制）的小数记数法，在天文历法方面已长久地为全世界的科学家们所习惯，所以也就一直沿用到今天。

◆印度远古文明为何被称为"哈拉巴文化"？

印度的远古文明是在 1922 年才被发现的。由于它的遗址最早是在印度哈拉巴地区发掘出来的，所以通常称为"哈拉巴文化"；又由于这类遗址主要集中在印度河流域，所以也称为"印度河文明"。哈拉巴文化的年代约为公元前 2300 年至前 1750 年。哈拉巴文化是古代印度青铜时代的文化，它代表了一种城市文明。从已经发掘的城市遗址来看，城市的规划和建筑具有相当高的水平。如摩亨佐·达罗城，面积达 260 公顷，全城划分为 12 个街区，有整齐宽阔的街道和良好的排水系统，有的住宅精美宽敞，开始迈入文明的门槛。这一文明延续了几百年之后逐渐衰落，于公元前 18 世纪灭亡。哈拉巴文化衰落后，由印度西北方入侵的游牧民族雅利安人在印度创立了更为持久的文明。雅利安人于公元前 2000 年左右出现在印度西北部，逐渐向南扩张。到了公元前 6 世纪初，相传在印度形成了 16 个国家。经过长时期的兼并战争，到公元前 4

世纪，在南部的恒河流域建立起以摩揭陀为中心的统一国家。

◆何谓印度古代法？

印度古代法，指公元 5—7 世纪以前古代印度奴隶制法，历史上印度法系的基础。古代缅甸、锡兰（今斯里兰卡）、暹罗（今泰国）、菲律宾等国的法律都是仿照印度古代法制定的，印度法系即上述各国古代法律的总称。

印度古代法起源于婆罗门教法，后释迦牟尼（约前 563—前 483）创立佛教，孔雀王朝阿育王（约前 273—前 232 年在位）又颁布敕令定佛教为国教，婆罗门教法的影响遂逐渐缩小，而被阿育王召集高僧编纂的"三藏经典"所取代。三藏即《律藏》《经藏》和《论藏》，《律藏》记载佛教僧侣的戒律和佛寺的一般清规，《经藏》为释迦牟尼说教集，《论藏》包含佛教哲学原理的解说。后来佛教影响减弱，婆罗门教法又兴盛起来。公元 8—9 世纪时，婆罗门教吸收了佛教和耆那教的某些教义，改称为印度教。因此，印度古代法也往往被称为印度教法。

婆罗门教法律将古老文献《吠陀》奉为经典，其中的《法经》起着法典作用，以后由各学派编辑成各种汇编，如《乔达摩法经》（约成于公元前 11 世纪中期）和《阿跋斯檀巴法经》（约成于公元前 11 世纪末期）。在大约公元前 4 世纪孔雀王朝时期写成的政治经济论文《政事论》中，也包含许多法律规范的内容。在这类法律汇编中，流行最广、后世研究最多、最具代表性的是《摩奴法典》。后人假托这是由天神之子摩奴制定的，实际是在约公元前 2 世纪至公元 2 世纪之间陆续编成，共 12 章，采用诗歌体裁，包括宗教、道德和法律规范，以及哲学等内容。

◆古印度的种姓制度是怎么回事？

种姓制度亦称"瓦尔那"（颜色、品质的意思）制度，实际上是奴隶制度的变形。约公元前 1500 年，雅利安人把自己称为"高贵者"，把被征服者称为"达萨"，以"达萨"和"达西"称呼男女战俘即奴隶。后来在雅利安人内部又产生了不同等级，形成了四种姓制度：即婆罗门种姓，主管宗教祭祀、占卜、念咒，史称僧侣阶层，他们解释吠陀经典，干预社会事务；刹帝利种姓，充当武士，国王也属这个种姓，主管军事和行政；吠舍种姓，一般指雅利安平民，多数从事手工业、牧业和商业，也有富裕者，但没有任何特权；首陀罗种姓，主要来自被征服者，也有少数雅利安人，其中除奴隶外还有接近于平民的贫穷者，他们在法律上和宗教上失去了受保护的权利。前三个种姓是雅利安人，是"再生族"，后一个种姓是"非再生族"，根据婆罗门教创造的神话和《摩奴法典》，四种姓是世界之祖婆罗赫曼以口、双手、双腿、双脚创造出来的，所以他们都有特定的职业，不可混淆界限。

◆释迦牟尼是否确有其人？

近代，印度和其他国家的考古学家、佛学家根据法显的《佛国记》和玄奘的《大唐西域记》的记载以及印度保存的不完整史料，在释迦牟尼的诞生、成道、初转法轮、涅槃处等陆续发掘出一些古建筑的遗址和文物。这些文物和史料，足可以证明释迦牟尼确实是一个历史上的人物。

释迦牟尼姓乔达摩，名悉达多。因为悉达多属于释迦族名，人们又称他为释迦牟尼。释迦牟尼是梵文的音译，"释迦"是部族名，意为"能"，"牟尼"的意思是"仁、儒、忍、寂"等。"释迦牟尼"可以解释为"释迦族圣者"。

释迦牟尼虽被尊为圣人，且千百年来受到人们的崇奉敬仰，但他在获得觉悟之前，也曾有过疑惑、痛苦，不过他超出常人之处，是以己之苦推及众生之苦。他舍弃了常人所羡慕的一切财富、王位、妻儿，毅然出家修道，经历 6 年，艰苦备尝，终于觉悟到宇宙人生的实相，获得了根本的解脱。

◆你知道印度史诗《罗摩衍那》吗？

《罗摩衍那》意思是"罗摩的游行"或"罗摩传"。罗摩是古代印度传说中的人物，后逐渐被神化。

《罗摩衍那》成书不早于公元前 300 年，第二章到第六章是原作，第一章和第七章可能是后来（不早于公元前 200 年）补充进去的，原作将罗摩描绘成一位理想的英雄，但后来补充的部分将罗摩说成是毗湿奴的化身，两部分的文笔也不一致。原书依据吠陀体系推算，罗摩和罗刹魔王罗波那之间的战争发生在距今 880152 年之前，印度传统的历书都是根据这种推算编制的，但是并不为现代历史学家所接受。

印度传统认为罗摩是毗湿奴的化身，他杀死魔王罗波那，确立了人间的宗教和道德标准，神曾经答应罗摩，只要山海还存在，人们就仍然需要阅读《罗摩衍那》。

20 世纪 70 年代大陆梵文学者季羡林、黄宝生翻译《罗摩衍那》，为全世界迄今除英译本之外，仅有的外文全译本。

◆《一千零一夜》诞生的缘起是什么？

《一千零一夜》是中古时期一部优秀的阿拉伯民间故事集，不仅在阿拉伯文学史上占有重要地位，而且在世界文学史上也是具有重大影响的杰作。《一千零一夜》的产生据书中的交代是这样的：古时候，在印度和中国接壤地区的海岛上有一个萨桑国，国王山鲁亚尔喜欢打猎，当他每次出外打猎时，王后和宫女就背着他同奴仆们到花园中饮酒作乐。国王发现后非常气恼，下令杀了王后、宫女和奴仆。从此以后，他每天娶一个处女做王后，第二天早上就把她杀掉。国中女子被杀了很多，京城中一片惊慌。有一天宰相正为没有给国王找到处女发愁，他的女儿山鲁佐德对他说："把我嫁给国王好啦！"她立志要拯救其他女子，所以自愿嫁给国王。进宫后，她每夜都给国王讲一个有趣的故事，等到天明时，故事总是讲到最紧要的关头，国王只好把她留到明天，等故事讲完后再杀。这样一直继续了一千零一夜，国王终于被她感动了，决定和她白头到老，不再去杀其他无辜的女子。这个故事的实际意义当然不在于说明《一千零一夜》的产生，而在于借此能够把众多的故事在结构上联系起来，起到穿针引线的作用。

《一千零一夜》中的故事涉及的地域十分广大，时而在巴格达，时而在埃及，时而在法国，时而在印度，时而在中国。故事的题材非常丰富，既有历史故事、冒险故事、恋爱故事，又有神话故事、幻想故事等。

◆居鲁士是怎样壮大波斯王国的？

公元前 539 年，居鲁士将矛头指向了新巴比伦王国。两河流域是西亚经济文化最发达的地方，也是当时著名的"粮仓"，但其民众比较文弱怯战，历史上遭到四邻侵略远多于向外扩展。如果说与吕底亚的战争充满了惊险血腥的话，对新巴比伦王国的战争则意外顺利，一路绿灯，很快就占领了大名鼎鼎的巴比伦城。地中海东岸地区也随之归附波斯帝国。居鲁士

随后将波斯帝国的首都迁到巴比伦城这座当时世界上最繁华的城市，成为"宇宙四方之王"。

面对在短期内建立起来的帝国大厦，居鲁士没有过多地将自己的个人意志和欲望强加于被征服地区。与他之前的亚述帝国和新巴比伦的尼甲布尼撒相比，他的确是非常宽容的。他在被征服地区实行宽松的自治政策，除了承认波斯帝国的最高统治特权外，各地旧有的法律和统治机器都被保留了下来，米底、吕底亚、巴比伦的贵族仍然保有原来的特权。在宗教方面，他每到一地就到当地的神庙拜祭，安抚祭祀贵族，保护他们的特权。他最广为传颂的事迹是允许被新巴比伦王国强行迁徙至巴比伦境内的犹太人返回家园，并支持他们重建被毁的耶路撒冷犹太教神庙，并因此被《圣经》称为"上帝的工具"。居鲁士以强大武力为后盾的地方宽容政策，成为波斯帝国立国的指导思想被他的后继者们贯彻下去，使这个看来松散不巩固的军事行政联合体居然延续了二百多年。

◆阿拉伯数字最早起源于哪里？

阿拉伯数字并不是阿拉伯人发明

创造的，而是发源于古印度，后来被阿拉伯人掌握、改进，并传到了西方，西方人便将这些数字称为阿拉伯数字。以后，以讹传讹，世界各地都认同了这个说法。

阿拉伯数字是古代印度人在生产和实践中逐步创造出来的。在古代印度，进行城市建设时需要设计和规划，进行祭祀时需要计算日月星辰的运行，于是，数学计算就产生了。大约在公元前3000年，印度河流域居民的数字就比较先进，而且采用了十进位的计算方法。

到公元前3世纪，印度出现了整套的数字，但在各地区的写法并不完全一致，其中最有代表性的是婆罗门式：这一组数字在当时是比较常用的。它的特点是从"1"到"9"每个数都有专字。

现代数字就是由这一组数字演化而来。在这一组数字中，还没有出现"0"（零）的符号。"0"这个数字是到了笈多王朝（320—550）时期才出现的。公元4世纪完成的数学著作《太阳手册》中，已使用"0"的符号，当时只是"·"。后来，小圆点演化成为"0"。这样，一套从"1"到"0"

的数字就趋于完善了。这是古代印度人民对世界文化的巨大贡献。

◆ 你知道贵霜帝国的兴衰吗？

公元前140年，月氏人南下到大夏，当时月氏人有五个部落，每个部落有一个酋长，称为翕侯，公元前1世纪初，五翕侯中的贵霜翕侯丘就却（16—65）消灭其他翕侯，统一五部落，建立起贵霜国，丘就却又南下攻击喀布尔河流域和今克什米尔地区，后定都为高附（今喀布尔），初步奠定了帝国的基础。

公元90年，贵霜王为班超所败，不得不纳礼求和。班超一直不知贵霜王名，仅以"月氏王"呼之。2世纪初阎膏珍即贵霜帝国王位，征服印度西北部，在中亚将势力范围扩展至花剌子模，国势大增，形成中亚的一个庞大帝国。

183—199年，胡毗色伽二世在位期间，对中亚的控制减弱，康居、大宛摆脱羁縻，呼罗珊、花剌子模也脱离贵霜帝国的统治。

公元233年，萨珊王阿尔达希尔一世率军攻克锡斯坦后，经呼罗珊入花剌子模，接着攻入索格狄亚那、巴克特里亚、喀布尔、坦叉始罗，给贵霜帝国以致命打击。

至公元 3 世纪，贵霜帝国已分裂为若干小公国，这时西亚的萨珊波斯兴起，开始向中亚、阿富汗和印度扩张，贵霜的势力渐削。

至公元 4 世纪，东印度的笈多帝国兴起后，再次统一北印度。这时西北印度贵霜诸王公的残余势力，便处于笈多帝国的控制之下。在大夏故地的大月氏人仍保持独立，后来（至 5 世纪）不断受到嚈哒（白匈奴）的侵犯。大月氏在大夏（今阿富汗境内）的残余小国，一般认为在 425 年为嚈哒所灭。

克里特文明因何不明不白地消失？

克里特文明，是爱琴海地区的古代文明，出现在约公元前 3000 年至前 1450 年的古希腊。该文明的发展主要集中在克里特岛。

公元前 21 世纪中叶，克里特达到青铜时代全盛期，在诺萨斯及法埃斯托斯出现相当宏伟的宫殿式建筑、各种精制的工艺品及线形文字"A"，表明当时已进入阶级社会，其居民多半来自西亚。

克里特岛是爱琴海上最大的岛屿，而克里特文明是古希腊文明的起点，

然而，这样一个强大的文明却不明不白地消失了。

对此存在多种猜测，有人认为是它被来自小亚细亚的蛮族摧毁，有人认为是与希腊城邦交战的结果，还有人认为可能是遭遇了大地震。丹麦奥胡斯大学教授瓦尔特·弗里德里希根据从克里特岛附近的锡拉岛上发现的一段橄榄枝，验证了一个更有说服力的理论：克里特文明是毁于一次空前规模的火山喷发及其引发的大海啸。

雅典民主制的成因是什么？

在雅典，凡公民都享有充分的民主政治权利，其权力通过公民直接参与和管理城邦事务的方式来实现。公民参政的最高民主机构是公民大会。公民大会每月召开 3—4 次，凡 20 岁以上的男性公民都有权参加，平等享有立法权、选举权、监督权。公民大会上，公民对城邦大事的议案自由发言或展开激烈的辩论，最后采取投票或举手的方式，按"少数服从多数的原则"作出决议，决议一旦形成，不能随意更改。这种简朴的参政方式鲜明地表现了雅典民主政治的直接性。

雅典民主政治的直接性特征的形成，除小国寡民的因素外，雅典的法

律也鼓励公民直接参与城邦政治活动。在雅典"公民……没有抛弃公务照管私务的自由，……相反他必须奋不顾身地为城邦的福祉而努力"。梭伦时期，曾制定一项特别法令，规定任何公民"当发生内争之时，不加入任何一方者，将失去公民权利"。伯里克里时代给担负城邦公职者发放公职津贴，从经济上保证公民对城邦政治的直接参与。小国寡民的特殊环境和鼓励参政的法律措施使雅典人数众多的农民、工匠、水手之类的普通公民都能够直接参加到城邦管理事务中去。这种直接民主制促进了"公民—城邦"的一体化，使城邦具有强固的凝聚力。

◆梭伦改革是怎么回事？

公元前594年，雅典人找到梭伦，希望他来担任雅典城邦的首席执政官，调解已经白热化的穷人和富人的冲突。当时贫富悬殊，许多穷人不仅自身贫穷，还欠下富人的许多债，还不起债的人们有些按契约成了"债务奴隶"，有些则被迫逃亡异地，于是民怨沸腾。愤怒的穷人希望平分富人的土地和财富；而富人却不愿意放弃自己得到的任何利益，一部分甚至骄奢傲慢，贪婪无厌。激烈的冲突似已不可避免，

而一旦陷入内战则可能倾覆城邦。

梭伦此时担当这一重任，无法守成而只能改革。梭伦没有满足平民平分财产的要求，但下令取消当时所有的公私债务。这样，至少使当时的穷困者不再负担任何债务；同时还废除了"债务奴隶"，也禁止今后任何以人身为担保的借贷。这就防止了自由公民分化成主奴两个阶级。

为了城邦的长治久安，梭伦把他个人一度掌握的很大权力和权威用在了制定和落实法律制度上。他更在意的不是他在权位上会怎样，而是他不在会怎样。有人曾嘲笑他编订的法律好像蜘蛛网，只能缠住那些落在网里的弱者，遇到富人和权贵就会被扯得粉碎。梭伦对此的答复是：当破坏协定对双方都不利的时候，人们是会遵守相互间的协定的；而他正是要为公民们制定这样一种法律，使他们都明白，实行正义要比犯法有利得多。

◆何谓伯里克利时代？

伯里克利是雅典杰出的政治家。他从公元前443年到前429年，连续14年当选为雅典的首席将军。伯里克利是雅典的名门之后，他父亲曾经担任过雅典军队的统帅，母亲是著名改

革家克里斯梯尼的侄女。门第加财富，使伯里克利从小受到良好的教育。他不仅知识渊博，文武双全，而且具有出众的口才。还不满 30 岁，他已在雅典的政治舞台上崭露头角了。

伯里克利还是一个廉洁奉公、刚直不阿的人，深受雅典人民的爱戴。他执政的年代被誉为"伯里克利时代"。

伯里克利生活十分简朴，很少参加酒宴，从不到别人家吃饭。他在从政的 30 年里，只有一次接受了邀请，参加了他的一个亲戚的婚礼。但是，在客人们开始喝酒的时候，发现伯里克利早已离开了。

伯里克利的民主政治，带来了雅典手工业和商业的繁荣。雅典生产的"红花"陶瓶远近闻名。这种陶瓶是在红色陶土的瓶身上，绘上黑而发亮的漆画，这些绘画图案形象生动，花纹优雅美丽。

雅典的海港十分繁忙，数不清的船只进出港湾。码头上堆满了从埃及、西西里和黑海沿岸运来的粮食；来自波斯和迦太基的毛毯；来自马其顿的亚麻衣料和造船材料；还有来自阿拉伯的香料。

兴旺发达的商业为雅典创造了大量的财富，雅典城内出现了许多辉煌的建筑和精美的雕塑。此外，雅典人还创造了兴旺发达的科学文化，使雅典成了"希腊的学校"。周围城邦的人纷纷前来参观学习。在这里，人们可以倾听名师苏格拉底的教诲，参加哲学家阿克萨哥拉和德谟克里特的辩论，能欣赏到精彩的戏剧，观赏到精美绝伦的艺术品。

◆迈锡尼文明因何得名？

迈锡尼文明是希腊青铜时代晚期的文明，它由伯罗奔尼撒半岛的迈锡尼城而得名。约公元前 2000 年左右，希腊人开始在巴尔干半岛南端定居。从公元前 16 世纪上半叶起逐渐形成一些奴隶制国家，出现了迈锡尼文明。

迈锡尼文明时期，生产力发展迅速，金属冶炼和手工业品的制造达到甚至超过了克里特文明时期的技术水平。其文字在考古学上称为"线形文字乙种"。建筑艺术也有很大发展。

公元前 12 世纪初，为掠夺土地、财产和奴隶，迈锡尼率南希腊诸国攻打小亚西亚西北部的特洛伊城。迈锡尼等虽然获胜，但力量大为削弱。约公元前 1125 年，希腊人的另一支——

多利亚人从希腊半岛北部南下，迈锡尼诸国灭亡，迈锡尼文明随之消亡。

◆特洛伊战争是谁引起的？

公元前12世纪初，特洛伊王子帕里斯来到希腊斯巴达王麦尼劳斯宫做客，受到了麦尼劳斯的盛情款待。但是，帕里斯却拐走了麦尼劳斯的妻子海伦。麦尼劳斯和他的兄弟决定讨伐特洛伊。由于特洛伊城池牢固，易守难攻，攻战10年未能如愿。最后英雄奥德修斯献计，让迈锡尼士兵烧毁营帐，登上战船离开，造成撤退回国的假象，并故意在城下留下一具巨大的木马。特洛伊人把木马当作战利品拖进城内，当晚正当特洛伊人欢歌畅饮喜庆胜利的时候，藏在木马中的迈锡尼士兵悄悄溜出，打开城门，放进早已埋伏在城外的希腊军队，结果一夜之间特洛伊化为废墟。

◆哪一部著作被誉为"希腊的圣经"？

《荷马史诗》被称为"希腊的圣经"。公元前11—前9世纪的希腊史称"荷马时代"，就是因《荷马史诗》而得名。相传，《荷马史诗》是由希腊盲人诗人荷马写成，实际上它是许多民间行吟歌手的集体口头创作。《荷马史诗》包括《伊利亚特》和《奥德赛》两部分。两部史诗都分成24卷，《伊利亚特》共有15693行，《奥德赛》共有12110行。

《伊利亚特》叙述希腊联军围攻小亚细亚的城市特洛伊（Troy）的故事，以希腊联军统帅阿伽门农和勇将阿喀琉斯的争吵为中心，集中地描写了战争结束前几十天发生的事件。希腊联军围攻特洛伊十年未克，而勇将阿喀琉斯愤恨统帅阿伽门农夺其女俘，不肯出战，后因其好友战死，乃复出战。特洛伊王子赫克托尔英勇地与阿喀琉斯作战身死，特洛伊国王普利安姆哀求讨回赫克托尔的尸体，举行葬礼，《伊利亚特》描写的故事至此结束。

《奥德赛》叙述伊大卡国王奥德修斯在攻陷特洛伊后归国途中十年漂泊的故事。它集中描写的只是这十年中最后一年零几十天的事情。奥德修斯受神明捉弄，归国途中在海上漂流了十年，到处遭难，最后受诸神怜悯始得归家。当奥德修斯流落异域时，伊大卡及邻国的贵族们欺其妻弱子幼。向其妻皮涅罗普求婚，迫她改嫁，皮涅罗普用尽了各种方法拖延。最后奥德修斯扮成乞丐归家，与其子杀尽求婚者，恢复了他在伊大卡的权力。

◆ 伯罗奔尼撒战争有何深远的历史意义？

伯罗奔尼撒战争是以雅典为首的提洛同盟与以斯巴达为首的伯罗奔尼撒联盟之间的一场战争。这场战争从公元前431年一直持续到公元前404年，双方几度停战，最后斯巴达获胜。

伯罗奔尼撒战争给希腊带来前所未有的破坏，导致小农经济与手工业者大量破产，不少城邦丧失了大批劳动力，土地荒芜，工商业停滞倒闭。大奴隶主、大土地所有者、投机商人和高利贷者乘机而入，大肆兼并土地、聚敛财富和奴隶，中小奴隶制经济逐渐被吞没，代之而起的是大地产、大手工业作坊主为代表的大奴隶主经济。大批公民破产，兵源减少，城邦的统治基础动摇了。贫民过着衣不蔽体、食不果腹的生活，不满富人和豪强的统治。柏拉图曾经写道："每个城邦，不管分别如何的小，都分成了两个敌对部分，一个是穷人的城邦，一个是富人的城邦。"因此，在斯巴达、科林斯等城邦，都曾先后发生贫民起义，打死了许多奴隶主，瓜分了他们的财产。风起云涌的起义打击了奴隶主的统治，进一步加速了希腊城邦的衰落。

伯罗奔尼撒战争不仅结束了雅典的霸权，而且使整个希腊奴隶制城邦制度逐渐退出了历史舞台。

这场战争，使得斯巴达称霸于全希腊，使其寡头政制得以推行；各邦民主势力同时遭到迫害。寡头政制的蛮横统治又引起各城邦的强烈不满，许多城邦起兵反抗，伯罗奔尼撒同盟趋于瓦解。接着，几个比较强大的城邦如底比斯、雅典又为争夺希腊霸权继续战争。公元前3世纪前半期，希腊境内战火不绝，各邦力量彼此消耗下去。最终，被觊觎已久的外敌马其顿所灭。

◆ 谁是雅典瘟疫的记录者？

公元前5世纪下半叶，一场瘟疫在非洲大陆的埃塞俄比亚降临，通过地中海的商旅船队依次流传到埃及、利比亚、波斯帝国之西的爱奥尼亚诸行省，最后于公元前430年的春天在希腊文明重镇雅典骤然暴发。时值雅典宿敌斯巴达国王阿基达马斯引军兵临雅典城，举世闻名的伯罗奔尼撒战争刚刚进入第二年。深受自然和战事双重窘迫的雅典似乎末日将至。很多人想起斯巴达人在战争伊始从德而菲神庙求得的那个可怕神谕：斯巴达人问神是否可以和雅典人进行战争，神的回答是肯定的，并且说他将保佑他们，不管他们是否向神祈祷，胜利终将属于斯巴达。

那场瘟疫很可怕。斯巴达的围城军队发现雅典人忽然建造起了无数的新坟，诧异之下询问雅典的逃兵才知道瘟疫正肆虐城中。阿基达马斯国王急令撤兵，伯罗奔尼撒战争暂告停火，被死亡笼罩的雅典城更显孤单无助。

城里死了很多很多人，连雅典的"第一公民"、民主领袖伯里克利也未能幸免。然而，有一个人奇迹般地活了下来，他后来用笔把记忆中的这场灭顶瘟疫写下来，传给了后人。这个人就是后来率军远征安菲古城的雅典将军修昔底德。

◆ 奥林匹亚城的宙斯像有何特点？

宙斯神殿是希腊的宗教中心，由城邦和平民送来的祭品种类很多。几百年来，一直在露天神坛叩拜宙斯。神坛据说是用献给宙斯的各种祭品的灰烬造的。宙斯神殿建于公元前470年，公元前5世纪由当地建筑师伊利斯人李班监建于公元前456年完成。庙前庙后的石像都是用派洛斯岛的大理石雕成，宙斯神像则由雕刻家菲迪亚斯负责。

庙内西边人字形檐饰上的很多雕像，十足是雅典的风格。当时是为了神殿需要雅典式的雕像，抑或由于菲迪亚斯的声誉远播，建筑庙宇的人特别请他到奥林匹亚担任雕刻工作，现在无从查考。

在旅行家沙尼亚斯巴的《希腊游记》一书中，曾对宙斯神像作了详细的描述，书中记载："宙斯神主体为木制，身体裸露在外的部分贴上象牙，衣服则覆以黄金。头顶戴着橄榄枝编织的皇冠，右手握着象牙及黄金制成的胜利女神像，左手则拿着一把镶有各种金属打造的权杖，杖顶停留着一只鹫。"

◆ 奥林匹克运动会是怎样起源的？

奥林匹克运动会来源于古希腊的奥林匹亚村。公元前884年，希腊的伊利斯城邦和斯巴达城邦发生了一场争夺奥林匹亚的战争。当时，频繁的战争使广大平民百姓渴望和平的生活。后经协调，双方订立了《神圣条约》，规定奥林匹亚是神圣不可侵犯的地方，并将其作为和平圣地和竞技场所。按照竞技会的规定，赛会前后一段时间（初为一个月，后延长为三个月），整个希腊境内要实行"神圣休战"。

第 1 届古奥林匹克运动会是在公元前 776 年举行的。每隔 1417 天（即 4 年）举行一次。运动会的参加者仅限希腊的自由人，奴隶、外国人、妇女无权参与。开头几届只有短跑（192.27 米）一项比赛，后来逐渐增加了长跑、跳远、标枪、铁饼、角力、赛马、赛车、五项全能（赛跑、跳远、铁饼、标枪、角力）等。当然，比赛的方法是有别于今天的。例如跳远比赛时，运动员的双手要握哑铃，并有人用笛子伴奏。又如拳击，运动员手戴皮套，套外有钉刺，这比现代的拳击比赛更为残酷。参赛者起初仅限于成年男子，公元前 632 年第 37 届开始有少年参加。据统计，古奥运会先后曾举行过 24 个项目的比赛，其中成年人 18 项，少年 6 项。由于项目逐渐增多，运动会期限也由原先的 1 天增加到 3 天，后来又延长至 17 天。参加比赛的运动员，大都赤身露体，一丝不挂，全身涂满橄榄油。

古希腊奥运会从公元前 776 年起至公元 394 年止，共举行了 287 届。公元 2 世纪后，基督教统治了包括希腊在内的整个欧洲，奥运会也随之消亡。

◆为什么长跑叫马拉松？

马拉松原为希腊的一个地名，在雅典东北 30 千米。其名源出腓尼基语 marathus，意即"多茴香的"，因古代此地生长众多茴香树而得名。体育运动中的马拉松赛跑就得名于此。

希腊波斯战争（前 492—前 449）中，波斯王大流士一世渡海西侵，进击阿蒂卡，在距雅典城东北的马拉松海湾登陆。雅典军奋勇迎战，在马拉松平原打败波斯军队，史称马拉松之战。为了把胜利消息迅速告诉雅典人，希腊方面派遣长跑优胜者斐迪庇第斯从马拉松跑至雅典中央广场（全程 42195 米）。在极速完成 36.2 千米的路程并传达胜利的消息后，他体力衰竭倒地而亡。斐迪庇第斯也因其伟大的功绩而成为希腊的民族英雄。

1896 年举行首届奥运会时，顾拜旦采纳了历史学家布莱尔的建议，以这一史事设立一个比赛项目，并定名为"马拉松"。

◆古希腊的三大数学难题都是什么？

生活中存在着各种各样的几何形状，曲和直是最基本的图形特征。相应地，人类最早会画的基本几何图形就是直线和圆。画直线就得使用一个边缘平直的工具，画圆就得使用一端固定而另一端能旋转的工具，这就产生了直尺和圆规。

古希腊人说的直尺，指的是没有刻度的直尺。他们在大量的画图经历中感觉到，似乎只用直尺、圆规这两种作图工具就能画出各种满足要求的几何图形。因而，古希腊人就规定，作图时只能有限次地使用直尺和圆规这两种工具来进行，并称之为尺规作图法。

漫长的作图实践，按尺规作图的要求，人们作出了大量符合给定条件的图形，即便一些较为复杂的作图问题，独具匠心地经过有限步骤也能作出来。到了大约公元前6世纪到4世纪之间，古希腊人遇到了令他们百思不得其解的三个作图问题。

1. 三等分角问题：将任一个给定的角三等分。

2. 立方倍积问题：求作一个正方体的棱长，使这个正方体的体积是已知正方体体积的二倍。

3. 化圆为方问题：求作一个正方形，使它的面积和已知圆的面积相等。

这就是著名的古代几何作图三大难题，它们在《几何原本》问世之前就提出了，随着几何知识的传播，后来便广泛留传于世。

◆《俄狄浦斯王》是谁的戏剧代表作？

《俄狄浦斯王》是古希腊索福克勒斯的戏剧代表作之一，约公元前430—前426年首演。《俄狄浦斯王》取材于古老的传说。俄狄浦斯王杀父娶母，自己却毫无所知。为了平息忒拜国内流行的瘟疫，按照神的指示，俄狄浦斯寻找杀害先王拉伊俄斯的凶手，结果发现要找的凶手就是自己。王后伊俄卡斯忒在悲痛中自尽，俄狄浦斯自己在百感交集中刺瞎了双眼，一步步把戏剧冲突推向高潮。剧本热烈歌颂了俄狄浦斯的坚强意志和对国家的责任感，并对当时流行的命运观提出了怀疑。在艺术上，索福克勒斯的悲剧结构比较复杂，布局非常巧妙，被文学史家们誉为"戏剧艺术的荷马"。

◆最早有关黄金分割的论著是什么？

由于公元前6世纪古希腊的毕达哥拉斯学派研究过正五边形和正十边形的作图，因此现代数学家们推断当时毕达哥拉斯学派已经触及甚至掌握了黄金分割。公元前4世纪，古希腊数学家欧多克索斯第一个系统研究了这一问题,并建立起比例理论。公元前300年前后欧几里得撰写《几何原本》时吸收了欧多克索斯的研究成果,进一步系统论述了黄金分割,成为最早的有关黄金分割的论著。黄金分割数有许多有趣的性质,人类对它的实际应用也很广泛。最著名的例子是优选学中的黄金分割法或0.618法,是由美国数学家基弗于1953年首先提出的,20世纪70年代在中国推广。

◆ 欧几里得为什么说几何无王者之路?

生活在亚历山大城的欧几里得(约前330—前275)是古希腊最享有盛名的数学家。

欧几里得以其所著的《几何原本》闻名于世。关于他的生平,现代人知之甚少。他早年大概就学于雅典,深知柏拉图的学说。公元前300年左右,在托勒密王(前364—前283)的邀请下,来到亚历山大,长期在那里工作。他是一位温良敦厚的教育家,对有志于数学之士,总是循循善诱。但反对不肯刻苦钻研、投机取巧的作风,也反对狭隘实用观点。据普罗克洛斯(约410—485)记载,托勒密王曾经问欧几里得,除了他的《几何原本》之外,还有没有其他学习几何的捷径。欧几里得回答说:"几何无王者之路。"意思是,在几何里,没有专为国王铺设的大道。这句话后来成为传诵千古的学习箴言。斯托贝乌斯(约500)记述了另一则故事,说一个学生才开始学第一个命题,就问欧几里得学了几何学之后将得到些什么。欧几里得说:"给他三个钱币,因为他想在学习中获取实利。"

◆ 苏格拉底为何拒绝越狱?

公元前399年6月的一个傍晚,雅典监狱中一位年届七旬的老人就要被处决了。只见他衣衫褴褛,散发赤足,而面容却镇定自若。他打发走妻子、家属后,与几个朋友侃侃而谈,似乎忘记了就要到来的处决。直到狱卒端了一杯毒汁进来,他才收住"话匣子",接过杯子,一饮而尽。之后,他躺下来,微笑着对前来告别的朋友说,他曾吃过邻人的一只鸡,还没给钱,请替他偿还。说完,老人安详地闭上双眼,睡去了。这位老人就是大哲学家苏格拉底。

苏格拉底(前469—前399)既是古希腊著名的哲学家,又是一位个性鲜明、从古至今被人毁誉不一的著名历史人物。他和他的学生柏拉图及柏拉图的学生亚里士多德并称为"希腊三贤"。

据记载苏格拉底身为雅典的公民，最后被雅典法庭以不信神和腐蚀雅典青年思想的罪名判处死刑。尽管他曾获得逃出雅典的机会，但苏格拉底仍选择饮下毒汁而死，他认为逃亡只会进一步破坏雅典法律的权威，同时也是因为担心他逃亡后雅典将失去像他一样好的导师可以教育人们了。

◆为何说柏拉图的《理想国》是一部正义论？

柏拉图是西方第一个系统地论述正义的哲学家。可以说他的《理想国》就是一部正义论。该书自始至终贯穿着"正义"这条主线，正义论是柏拉图《理想国》中法律思想的出发点和归宿。

柏拉图的正义论让人诟病的地方是其中所蕴涵的极权主义思想。首先，城邦的政治权力为统治者和护卫者所垄断，虽然少数才智卓越的工匠也可能上升到统治阶层，但是如果你只是工匠身份的话，那么你是没有资格参加政治活动的。你只有服从命令的义务，这和现代民主政治中主权在民，

每个公民都依法享有一定政治权利的理念是格格不入的。其次，柏拉图在《理想国》第三章中提到过高贵的谎言，即让城邦的人们相信这样的传说，统治者身上天生揉有黄金，护卫者是白银，而农民工匠是铜铁。后世的学者由此认为理想国中的行为是愚民政策。比如波普尔就在《开放社会及其敌人》中猛烈抨击柏拉图的学说，认为柏拉图是极权主义政治的祖师爷。

波普尔发现柏拉图的正义学说与现代极权主义之间有着惊人的相似性，他在柏拉图的正义论中发现了一个极权主义的政治纲领，其要点是：一、严格的阶级区分，统治者是牧人，被统治者是畜群，二者必须严格区分；二、国家的命运就是统治阶级的命运，统治阶级的独特利益，就是国家的整体利益；三、统治阶级垄断军队；四、以持续的宣传造就和统一思想；五、国家要自给自足，即统治阶级必须控制经济。

◆古希腊的悲剧之父是谁？

埃斯库罗斯是古希腊三大悲剧家之一，被称为"悲剧之父"，约于公元前525年出生于阿提卡西部埃琉西斯的一个贵族家庭。他少年时期正是

雅典贵族和平民激烈斗争的时期，也是雅典由贵族统治向民主制过渡的时期，这对他的世界观的形成不无影响。公元前492年爆发了希波战争，埃斯库罗斯积极参加了抗击波斯的战争，参加过马拉松战役（前490）和萨拉弥斯战役（前480）。公元前472年，埃斯库罗斯上演悲剧《波斯人》，描写波斯海军在萨拉弥斯海战中的覆没，充满了强烈的爱国主义精神，赞颂雅典的民主制度。公元前470年左右，埃斯库罗斯应邀前往西西里，创作悲剧《埃特纳女子》，纪念该城的创建。公元前468年，埃斯库罗斯在戏剧比赛中败给年轻的索福克勒斯，使他愤愤不平，认为是寡头派首领客蒙和他作对。公元前476年，埃斯库罗斯上演悲剧《俄狄浦斯》三部曲，获头奖。公元前458年，埃斯库罗斯重赴西西里，两年后在该岛南部的杰拉城去世。关于埃斯库罗斯晚年离开雅典的原因说法不一。有可能是政治性的，即在那时期民主势力的胜利和贵族权力的削弱使他难以接受。

埃斯库罗斯于公元前499年首次参加戏剧比赛，一生写过约70部剧本（一说约90部），生前得过13次奖，传世剧本7部，它们是：《乞援人》（约前490年，一说前463年）、《波斯人》（前472年，得头奖）、《七将攻特拜》（前467年，得头奖）、《普罗米修斯》（约前465年，一说前469年）、"奥瑞斯特斯"三部曲（前458年，得头奖）。

◆ **古希腊医圣是谁？**

希波克拉底是古希腊极受推崇的医生和老师，后世尊为"现代医学之父"。现在的医生在就业之前都要宣读《希波克拉底誓言》，来纪念这位古希腊医圣。历史学家对希波克拉底的了解不多，只知道他在公元4世纪时生于希腊的科斯岛，大概在公元377年左右去世。当时的人都相信疾病是恶魔邪灵作祟的结果，但是希波克拉底却不以为然。他认为，疾病是由于体内四种体液失去平衡而造成的，这四种体液包括血液、黏液、黄胆汁和黑胆汁。希波克拉底相信，饮食不当是引起健康失调的元凶，由于饮食不当会导致体液滞留，所以他致力提倡以适当饮食和草药来预防和治疗疾病。

◆ **《伊索寓言》有何特点？**

《伊索寓言》是一部寓言故事集。相传伊索是公元前6世纪古希腊人，善于讲动物故事。现存的《伊索寓言》，是古希腊、古罗马时代流传下来的故事，经后人汇集，统归在伊索名下。《伊索寓言》通过简短的小寓言故事来体现日常生活中那些不为我们察觉的真理。这些小故事言简意赅，平易近人。不但读者众多，在文学史上也具有重大影响。作家、诗人、哲学家、平常百姓都从中得到过启发和乐趣。许多故事家喻户晓，如《龟兔赛跑》《牧童作剧》《狼来了》《狐狸和葡萄》等。几千年后的今天，《伊索寓言》已成为西方寓言文学的范本。亦是世界上流传最广的经典作品之一。

《伊索寓言》共收集了三四百个小故事，与抒情诗主要反映贵族奴隶主的思想感情不同，这些小故事主要是受欺凌的下层平民和奴隶斗争经验与生活教训的总结。寓言通过描写动物之间的关系来表现当时的社会关系，主要是压迫者和被压迫者之间的不平等关系。寓言作者谴责当时社会上人压迫人的现象，号召受欺凌的人团结起来与恶人进行斗争。例如，《农夫和蛇》的故事劝告人们不要对敌人仁慈；《狗和公鸡与狐狸》告诉人们要善于运用智慧，战胜敌人；在《狮子与鹿》

《捕鸟人与冠雀》《两个锅》等故事里，作者揭露出当政权掌握在贪婪残暴的统治者手中时，贫苦的人是不可能平安地生活下去的。

《伊索寓言》被誉为西方寓言的始祖，它的出现奠定了寓言作为一种文学体裁的基石。两千多年来，《伊索寓言》在欧洲文学发展史上产生过极其深远而广泛的影响，一再成为后世寓言创作的蓝本。如拉封丹的《龟兔赛跑》、克雷洛夫的《狐狸和葡萄》等都直接采用《伊索寓言》中的题材，经过艺术加工而成。

◆ 亚里士多德为什么创办吕克昂学园？

柏拉图死后，亚里士多德离开了学园。从公元前343年起，他给当时的马其顿王子亚历山大当老师。亚历山大继承王位后，亚里士多德来到雅典办学。

他首先提出了对青年学生必须进行"智育、德育、体育"三方面的教育，并且提出了划分年级的学制。他主张，对于7岁到14岁的儿童，国家应该为他们办小学，让他们学习体操、语文、算术、图画和唱歌。对于14岁到21岁的青少年，国家应该为他们办中学，教他们历史、数学和哲学。体育是为培养强健的体魄，德育是为了培养自尊心和勇敢豪放的性格。他还主张，在青年们中学毕业之后，还要对其中的优秀分子继续培养。因此，他创办了吕克昂学园。这个学校是古希腊科学发展的中心之一。

亚历山大国王十分支持亚里士多德办学，据说先后提供了800金塔兰（每塔兰约合黄金60磅）的经费。亚里士多德在学园里建立了欧洲第一个图书馆，里面珍藏了许多自然科学和法律方面的书籍。

亚历山大还通令全国，凡是猎手和渔夫抓到稀奇古怪的动物，都要送到亚里士多德那里。学园里开展生物学的研究，时常解剖各种动物。经过无数次的解剖，师生们发现一条规律：动物进化愈是高级，它的生理机构也就愈复杂。

公元前323年，亚历山大死后，雅典人激烈地反对马其顿的统治。有人告发了曾做了亚历山大老师的亚里士多德，准备将他逮捕。亚里士多德的学生及时得到消息，护送着他们的老师逃出雅典，来到亚里士多德的故乡优卑斯亚岛的卡尔喀斯城避难。次年夏天，这位伟大的思想家在凄凉的境遇中死去。

◆ 伊壁鸠鲁为何被称为"花园哲学家"？

伊壁鸠鲁出生于公元前341年的萨摩斯，他的父母都是雅典人。他在18岁时搬到雅典，之后曾去过小亚细亚，并在那里受到德谟克利特哲学的影响。公元前307年，他开始在雅典建立一个学派，这个学派在他去世之前一直在雅典活动。传说该学派居于他的住房和庭院内，与外部世界完全隔绝，因此他被人称为"花园哲学家"。据说在庭院的入口处有一块告示牌写着："陌生人，你将在此过着舒适的生活。在这里享乐乃是至善之事。"

伊壁鸠鲁的学说和苏格拉底及柏拉图最大的不同在于，前者强调远离责任和社会活动。伊壁鸠鲁认为，最大的善来自快乐，没有快乐，就不可能有善。快乐包括肉体上的快乐，也包括精神上的快乐。伊壁鸠鲁区分了积极的快乐和消极的快乐，并认为消极的快乐拥有优先的地位，它是"一种厌足状态中的麻醉般的狂喜"。同时，伊壁鸠鲁强调，在我们考量一个行动是否有趣时，我们必须同时考虑它所带来的副作用。在追求短暂快乐的同时，也必须考虑是否可能获得更大、更持久、更强烈的快乐。他还强调，肉体的快乐大部分是强加于我们的，而精神的快乐则可以被我们所支配，因此交朋友、欣赏艺术等也是一种乐趣。

◆阿基米德确立了什么定律？

人们从远古时代起就会使用杠杆，并且懂得巧妙地运用杠杆。在埃及造金字塔的时候，奴隶们就利用杠杆把沉重的石块往上撬，造船工人用杠杆在船上架设桅杆，人们用汲水吊杆从井里取水，等等。但是，杠杆为什么能做到这一点呢？在阿基米德发现杠杆定律之前，是没有人能够解释的。当时，有的哲学家在谈到这个问题的时候，一口咬定说，这是"魔性"。阿基米德却不承认是什么"魔性"。他懂得，自然界里的种种现象，总有自然的原因来解释。杠杆作用也有它自然的原因，他决定把它解释出来。阿基米德经过反复地观察、实验和计算，终于确立了杠杆的平衡定律。就是，"力臂和力（重量）成反比例。"换句话说，就是：小重量是大重量的多少分之一重，长力臂就应当是短力

臂的多少倍长。阿基米德确立了杠杆定律后，就推断说，只要能够取得适当的杠杆长度，任何重量都可以用很小的力量举起来。据说他曾经说过这样的豪言壮语："给我一个支点，我就能撬动地球！"

◆地心说的创立者是谁？

克罗狄斯·托勒密（约90—168），古希腊地理学家、天文学家、数学家。公元127年，年轻的托勒密被送到亚历山大城去求学。在那里，他阅读了不少的书籍，并且学会了天文测量和大地测量。他曾长期住在亚历山大城，直到公元151年。

托勒密于公元2世纪提出了自己的宇宙结构学说，即"地心说"。主张地球处于宇宙中心，且静止不动，日、月、行星和恒星均环绕地球运行。托勒密这个不反映宇宙实际结构的数学图景，却较为完满地解释了当时观测到的行星运动情况，并取得了航海上的实用价值，从而被人们广为信奉。托勒密本人声称他的体系并不具有物理的真实性，而只是一个计算天体位置的数学方案。至于教会利用和维护"地心说"，那是托勒密死后一千多年的事情了。

◆罗得岛太阳神铜像始建于何时?

罗德岛太阳神铜像是世界七大奇观之一,始建于公元前200年。

希腊的罗德岛是爱琴海通往地中海的门户。2000多年前,岛上有一个繁华的港口——罗德斯港。这里的商业十分发达,穿梭往来的商船每天都挤满了航道,一派热闹兴隆的景象。独特的地理位置和巨大的商业利益使罗德岛成了兵家必争之地,著名的罗德岛保卫战就发生在这里。

公元前305年,马其顿帝国出动4万大军(这已超过了当时岛上的人口总数)包围了罗德斯港。岛上居民联合起来共同抵抗侵略,经过艰苦战斗,罗德岛联邦赶跑了入侵者,缴获了敌人大量的兵器。为庆祝胜利,岛上居民决定用缴获的青铜兵器为自己的守护神太阳神西里奥斯建一座雕像。

雕像大约于公元前282年完工,整体用大理石建成,表面用青铜包裹,内部用石头和铁柱加固,高约33米,与10层楼高的纽约自由女神像差不多。公元前226年,大地震使这幢伟大的雕像从膝盖处折断,从此倒在了罗德斯港的岸边。"沉睡"了800多年后,公元654年,罗德岛被阿拉伯人占领,残存的雕像被侵略者运到了叙利亚,从此便"杳无音信"。

◆斯巴达克为何要发动起义?

公元前73年的一个深夜,罗马中部卡普亚城的角斗士的铁窗内突然发出可怕的惨叫,在静寂的夜晚里显得格外凄惨。3名卫兵急忙赶了过去,隔着铁窗厉声问道:"干什么?找死啊!还不老实睡觉!"

一名角斗士伸了脑袋说:"打死人了,高卢人打死了我们的伙伴,他被我们制伏了,你们看该怎么处理他?你们不管我们就勒死他。"卫兵拿着油灯一照,果然是死了一个人,另一个人正被几个人反扭着手。士兵说:"把他交给我们吧,把死人也抬出来。"边说边开了门。说时迟,那时快,角斗士们迅速击倒他们,拔出他们身上的短剑,冲出牢门。沉重的铁门被一扇扇打开,角斗士们挥舞着镣铐向屋外冲出。"向维苏威跑啊!"只见一声高昂的呼喊声划破夜空,角斗士们蜂拥着向外跑去,消失在夜幕中。

这次角斗士起义的领袖是斯巴达克。他本是希腊东北的色雷斯人,生得英俊健美,勇毅过人,在一次反罗马的战斗中被俘,沦为奴隶。因他聪明，富有教养，体格健壮，他的主人把他送进角斗士学校，想把他训练成一名出色的角斗士。在角斗士学校，他以他的勇敢和智慧，成了角斗士们的精神领袖。他利用一切机会劝说角斗士们为自由而死，而不应成为罗马贵族取乐的牺牲品。他组织了200多个角斗士准备暴动的时候，不慎泄密，于是他决定提前行动，结果有78人冲出虎口。

◆ 你知道断臂维纳斯的由来吗？

维纳斯雕塑是希腊米洛农民伊奥尔科斯1820年春天刨地时掘获的。出土时的维纳斯右臂下垂，手扶衣衿，左上臂伸过头，握着一只苹果。当时法国驻米洛领事路易斯·布勒斯特得知此事后，赶往伊奥尔科斯住处，表示要以高价收买此塑像，并获得了伊奥尔科斯的应允。但由于手头没有足够的现金，只好派居维尔连夜赶往君士坦丁堡报告法国大使。大使听完汇报后立即命令秘书带了一笔巨款随居维尔连夜前往米洛洽购女神像，却不知农民伊奥尔科斯此时已将神像卖给了一位希腊商人，而且已经装船外运。居维尔当即决定以武力截夺。英国得知这一消息之后，也派舰艇赶来争夺，

双方展开了一场激烈的战斗，混战中雕塑的双臂不幸被砸断，从此，维纳斯就成了一个断臂女神。

◆ 何谓"皮洛士的胜利"？

皮洛士是古希腊伊庇鲁斯国王（前318年—前272），年少时崇拜亚历山大大帝，勇敢而有野心，12岁即位，一度被贵族放逐，后随姐夫德米特里入小亚细亚，参加易普斯河战役（前301）。很快他又去托勒密埃及，被招为婿，在托勒密国王支持下，返回伊庇鲁斯复位。他企图在地中海地区建立一个大帝国。德米特里在马其顿称王，皮洛士联合托勒密一世、莱西马库斯等共同征讨，又瓜分马其顿部分领土，势力日益壮大。乘希腊殖民城市塔林敦求援之机，他于公元前280年率2万步兵、3000骑兵及20头战象渡海入意大利，初在赫拉克里亚附近与罗马执政官瓦勒留交战，得胜，但损失大量有生力量，后世称损失很大而获胜为"皮洛士的胜利"。次年在阿斯库伦附近再败罗马军队，向罗马元老院提议议和，未成。公元前278年，他应叙拉古之请去西西里同迦太基作战，在各希腊殖民城市配合之下获胜。他接着攻打利利贝城，失

败，各城邦纷纷脱离，转战 3 年无果。公元前 226 年秋，他到意大利，次年与罗马执政官登塔图交战，失败后狼狈回国，后又入侵南希腊，战死于阿哥斯。

◆ 何谓王政时代？

从公元前 753 年罗慕路斯建城到公元前 509 年罗马共和制的建立，这一时期的罗马历史被古典史学家称为"王政时代"。在这一时期，统共经历了七个国王。关于七王的业绩，按历史发展可分为两个阶段。第一阶段包括前四王统治时期，这 4 个王分别是罗慕路斯、努玛·庞庇里乌斯、图鲁斯、荷斯提里乌斯。此间罗马社会和政治的特点是：处于氏族制末期的军事民主制朝代，社会组织仍分为 3 个部落（特里布斯）、30 个库里亚（胞族）和 300 个氏族，最基本的政治管理机构有国王（勒克斯）、库里亚大会（民众大会）、元老院和一些其他公职人员。其中库里亚大会是最高权力机构，无论是选举国王、宣战、讲和，还是决定死刑及其他重大刑事案的判决都由它来决定。考古材料表明，王政时代早期，既没有城市，也没有一个高高在上的统治阶层，所谓的王应该是氏族时代部落联盟的军事领袖。当时实行的是氏族成员的民主制而不是阶级压迫的国家。特里布斯、元老院、库里亚大会等只能说是氏族公社的组织和机构。罗马王政时代的第二个阶段包括来自伊达拉里亚人的后三王，他们分别是第五王老塔克文、第六王塞尔维乌斯和最后一个王塔克文（前 535—前 509）。其中塞尔维乌斯统治时期进行了重大的政治和军事改革，建立了新的以财产区分阶级关系的标准。这是罗马社会由氏族向国家转变的重要一步，成为罗马国家形成的划时代标志。而到最后一个王塔克文统治时期，因为其施行暴政，极端专制。最后元老院召集会议，宣布推翻塔克文的统治，以执政官来代行政务。至此，罗马王政时代结束。

◆ 何谓庇护制？

"庇护制"是古代罗马的一种人身依附制度，约起源于公元前 7 世纪"王政时代"。当时，随着氏族内部分化的加剧，一些贫困破产的氏族成员便依附在氏族贵族的门下，成为贵族的"被保护人"。贵族成为保护人。被保护人与保护人的关系是世袭的。前者多为贫穷破产及无公民权者，托庇于后者门下，领取份地并为之献纳服役。后者为有财势的贵族，对前者负"保护"之责。保护人通常拥有大批被保护人，作为掠取利禄的工具。帝国时代特别是3世纪以后，这种庇护制逐渐流行起来。随着奴隶制危机的加深，贫苦农民在捐税繁重、官府欺压、社会动乱的情况下难以维持独立经济，于是纷纷把土地"献给"大土地所有者，求得"庇护"。被庇护者虽失去自由，为庇护者服役；但可以终身使用原来的土地，免受国家税吏的欺凌。4世纪末，在帝国境内庇护制的发展已经使罗马皇帝感到忧虑。

◆ 何谓罗马共和制？

罗马共和制是古罗马在公元前509年到公元前27年之间的政体。三权分立为其主要特征：

王权：两名执政官，掌管国内事物，指挥军队作战。一年一任，不得连任。由百人议会中选出。两名执政官权力平等，如遇非常时期，设独裁官（又称狄克推多）代替两名执政官，任期仅为半年，独裁官有24名扈从，扛插战斧的笞棒，此权标就是法西斯的来源。

贵族：元老院、百人队会议、库里亚会议继续保留，但库里亚会议形同虚设，百人队会议仍是富人占优势，所提议案要经元老院批准，所以元老院是实权机关，300名终身职的元老是贵族势力的坚实堡垒，他们掌管着国库的运作和一切对外事宜。

平民：公元前494年设立的保民官一年一任，且必须由贫民中选出，初为2名，后增至10名。此官职是为保护平民的利益而设的，凡是不利于平民利益的行为、法令等，保民官都有权力予以否决，保民官的人身与其否决权神圣不可侵犯，其权力以后又进一步扩大。

除此之外，还设立财务官、市政官和大法官。均为一年一任，不得连任。三权分立是古罗马共和国的基本政治体系，也是被后人认为古代最经典的政治体系之一。这种结合了君主、议会、共和三种政体基本特点的体制为其称霸一方提供了保障。

◆ 何谓《十二铜表法》？

公元前454年，罗马元老院被迫承认人民大会制定法典的决议，设置法典编纂委员10人，并派人赴希腊考察法制，至公元前451年制定法律十表，第二年又补充二表。这就是著名的《十二表法》。因各表系由青铜铸成，故习惯上称作《十二铜表法》。这些法律条文后经森图里亚会议批准，公布于罗马广场。这是古罗马第一部成文法典。公元前390年，高卢人入侵罗马，在战火中铜表全部被毁，原文散佚，现在只能从其他古代著作中略见梗概。

《十二铜表法》的内容分别为：传唤、审判、求偿、家父权、继承及监护、所有权及占有、房屋及土地、私犯、公法、宗教法、前五表之补充、后五表之补充。《十二铜表法》颁布之后，就成为共和时期罗马法律的主要渊源。

◆ 何谓"狄克推多"？

狄克推多是古罗马独裁官（Dictator）的音译。它是古罗马共和国时期的非常任最高级长官。狄克推多产生于罗马共和国前期。国家处于危急时，才设立这一职位。任命独裁官的决议是由元老院作出的，然后由执政官执行其任命程序。独裁官的任期很短，一般不超过6个月，此后，他必须交卸职权。在军事紧急的时期中的战事独裁官，任期可达6个月之久，他握有绝对的军事与文治权力。

在初期，罗马的独裁官一般都非常简朴、勤劳。据说，当元老院任命一位名叫肯奇那图斯的人为独裁官时，他还在农田里干活。当使者向他宣读了元老院的任命后，他才匆匆地穿上妻子给他拿来的长袍，与使者一起离开农场，前往战场。

狄克推多任职期间，享有决断重大事务的全权。出巡时，身后有24名扈从紧随，扈从肩上扛一束笞棒，笞棒中间插一把战斧，这种插斧的笞棒称为"法西斯"，象征权力。对于违抗狄克推多命令的人，实行严惩，判决后由扈从立即执行。只有在人民大会面前，扈从才遵照狄克推多的命令，将"法西斯"垂下，表示承认他的权力来自人民。

共和末年，这一制度有了很大的改变。一部分军队首领，如苏拉、恺撒，他们利用手中的实力，迫使人民大会和元老院推选他们为终身独裁官。

恺撒被谋杀之后，元老院为了免除个人独裁给国家带来的不幸，通过了执政官马克·安东尼提出的"安东尼法"，撤销了独裁官任期，并且将它从共和国的宪法除去，这一官职也就从此消亡。

◆为何说"条条大道通罗马"?

西方有一句闻名世界的谚语:"条条大道通罗马。"这句谚语的起源就来自古罗马大道的修建。在古代罗马的建筑奇迹中最著名的就是"罗马大道"——以首都罗马为中心面向全国的四通八达的公路网。

罗马在古代是意大利中部的一个小城,后来逐步向外扩张,势力遍及整个地中海地区并扩展到大西洋方向和欧洲大陆内部,建立了罗马帝国。

公元1、2世纪之交,罗马帝国国势和人口达到高峰,建立了规模宏大的古代交通运输网。罗马人共筑硬面公路8万千米,其中著名的有阿庇亚大道、波匹利亚大道、奥莱莉亚大道、弗拉米尼亚大道、埃米利亚大道、瓦莱里亚大道和拉丁大道等,另有无数条支线通往帝国各行省。这些道路四通八达,故有"条条大道通罗马"之说。

◆格拉古兄弟改革有何影响?

提比留·格拉古(前162—前132)、盖乌斯·格拉古(前153—前121)兄弟生活在罗马城邦扩张为地中海霸国的时代。罗马领土的急剧膨胀,财富的增长和奴隶占有制的迅速发展,导致土地集中和大批农民破产,促使社会矛盾日趋激烈。格拉古兄弟出身于豪门贵族,受过希腊启蒙主义思想教育,长于演说。提比留青年时投身行伍,经历对迦太基的战役和在西班牙的殖民战争,了解时务,体察民情,锐意改革。他设想在广阔的公有地上进行殖民,可以解决罗马人力资源的问题。公元前133年,提比留当选为保民官,提出土地法案,规定公民每户所占公有地不能超过1000尤格;超过土地由国家偿付地价,收归国有,并划成每块30尤格的份地分给贫穷农民,由一个三人委员会负责分配土地。经过激烈斗争,法案在公民大会上获得通过。元老贵族保守势力竭力反对改革法案的实施。提比留在竞选下一年(前132)的保民官时,元老院贵族蓄意挑起械斗,提比留连同他的300名支持者被杀害。但失地农民要求分配土地的斗争并未停息,在他死后10年间仍有7.5万多公民分得土地。

公元前123和前122年,盖乌斯任保民官。他重申提比留的土地法,提出了实行赈济城市贫民的粮食法和授予骑士司法权的审判法等内容广泛的法案；国家向平民廉价供应粮食；在亚细亚行省由包税人负责征收什一税；改组审理行省中官员违法案件的法庭；在迦太基故址设置殖民地；授予意大利人罗马公民权等。其中有的被通过执行，但在迦太基设殖民地以及授予意大利人罗马公民权的问题都遭到反对。公元前121年，反对改革的元老贵族杀害了盖乌斯及其追随者3000余众。但盖乌斯提出的法案大多保留了下来。

格拉古兄弟改革，从单纯的土地立法发展为广泛的改革运动，冲击了豪门贵族的统治，提出了罗马国家进一步发展所必须解决的一些重大问题，对于罗马社会的发展起了促进作用。

◆古代最大的圆形剧场在哪里？

世界上现存最大的古代圆形剧场是意大利罗马的非拉维广场。它是罗马非拉维王朝的创立者韦斯巴芗为纪念征服耶路撒冷，强迫数万名犹太人于公元72年开始建造，历经八载，到公元80年由其子获度完成，故有非拉维剧场之称。

整个建筑从地面看上去形状好似正圆，从高处俯瞰才知它呈椭圆形，长轴189米，短轴162米，周长527米，占地2万平方米。墙高57米，共四层，剧场中央是舞台，亦呈椭圆形。四角有四米多高的墙。台上铺木板，下面有乐池、道具间及供角斗士准备搏斗的小室和关闭猛兽的笼子80多间。

◆罗马前三巨头是怎样实行独裁统治的？

公元前48年，恺撒在法萨鲁战役中击败庞培的军队，庞培逃往埃及。当时埃及处在托勒密王朝统治之下，后来国王去世，指定女儿克里奥佩特拉为埃及国王。摄政王朴典纳废黜克里奥佩特拉，立王子托勒密十二世为埃及国王。朴典纳为讨好恺撒杀死庞培，将庞培的首级和戒指送上，愤怒的恺撒随即灭了埃及，野心勃勃的埃及女王克里奥佩特拉出于政治目的与恺撒联姻。至此恺撒掌握了罗马的政治、军事、经济、财政及宗教大权，开始了他的军事独裁统治，共和制进一步遭到破坏，这为罗马后来的君主专制制度奠定了基础，直到后来恺撒的继承人屋大维建立罗马奴隶制帝国。元老院作为共和国时期的权力中心之一，曾经起到调和矛盾、稳定政局的作用，并使罗马成为称霸欧亚非大陆特别是环地中海地区的军事强国。而此时元老院已经风光不再。"那些在共和国发展的巅峰时期构成元老院基本权力的东西，在君主制中已大部分丧失，因为它们被君主的权力所吸收。"元老制度作为共和制的象征和堡垒，二者是紧密联系、息息相关的，元老院权力的丧失，标志着罗马共和国终于寿终正寝了。生活在同一时代的西塞罗说："共和国之火熄灭了。"身为元老院议员的西塞罗与当时柏拉图以及亚历士多德政治学说相左，他坚持共和主义主张，反对独裁专政，受到当权者的迫害，后来被安东尼杀死。但是作为罗马在这一历史转型期唯一具有代表性的政治思想人物，他在西方政治法律史中都具有不可替代的地位。

恺撒的独裁统治，引起了以秉承共和制为传统的元老院贵族的极大不满和仇视。为了维护自身岌岌可危的权力与地位，公元前 44 年 3 月 15 日，以布图斯和卡西约为首的元老院议员在议会上刺杀了恺撒，恺撒身中 23 刀倒在其前政敌庞培塑像的脚下，曾经力阻恺撒赴会的嘉佩莲娜伏在她丈夫的尸体上悲痛欲绝。恺撒死后，归于和平的罗马再度陷入战乱，刺杀恺撒的元老院议员认为刺杀恺撒可以得到人民的拥护，然而事与愿违，人民虽痛恨独裁，但对元老院的行径更为愤慨。刺杀恺撒的凶手没有任何一个人能够活过三年，均死于非命。布图斯和卡西约兵败自杀，战胜共和派后安东尼和克里奥佩特拉相爱并回到埃及，后来在亚历山大里亚战役中被恺撒的义子和继承人屋大维打败，安东尼和克里奥佩特拉双双自刎。

恺撒的继承人屋大维结束了罗马长达 15 年的内乱，重新统一了罗马，并于公元前 27 年被封为"奥古斯都"，建立了以共和制为外衣的君主专制制度。这为罗马奴隶制社会的发展提供了条件，从此罗马进入了奴隶制帝国时代。

◆ 何谓"奥古斯都的元首政治"？

公元前 28 年，屋大维当选为执政官。他以执政官的身份对元老院进行了"清洗"。"清洗"后的元老院增加了大批拥护屋大维的新贵，从此元老院成了屋大维的驯服工具。表面上屋大维宣布恢复共和制，实际上他已窃取了罗马共和国的一切重要官职，他是终身执政官、终身保民官、大祭司长、首席法官和最高统帅。接着，元老院又授予他"奥古斯都"（意思是"神圣的"和"至尊的"）及"元首"的称号。从此，元首和执政官合二为一，屋大维虽保留了共和国的形式，但是他独揽行政、军事、宗教和司法大权，成了事实上的专制君主，罗马共和国名存实亡。因此，后世的历史学家就把这种屋大维式的个人独裁统治，称为"奥古斯都的元首政治"，简称为"元首制"。元首制确立的那一年——公元前27年，也就是罗马帝国开始的日子。

◆汉尼拔有着怎样的传奇经历？

汉尼拔（约前247—前183或前182），迦太基统帅，军事家。迦太基将领哈米尔卡·巴卡之子。

第一次布匿战争后，汉尼拔随父去西班牙受过良好教育和军事训练，立誓向罗马复仇。公元前221年任西班牙地区迦太基军队统帅，前219年率军攻占罗马在西班牙的同盟城市萨贡托。前218年第二次布匿战争爆发后，率步骑兵约6万人、战象数十头，从新迦太基城出发，穿过高卢南部地区，翻越阿尔卑斯山，出其不意地出现在山南高卢。随后粉碎罗马人阻击，绕过敌人重兵设防的阵地向罗马挺进。公元前217年6月在特拉西梅诺湖之战中几乎全歼罗马追兵。公元前216年在坎尼之战中，针对罗马军布阵特点，采取两翼包围战术，击败罗马军。同时，怂恿罗马"同盟者"叛离，使罗马陷于困境。此后，罗马军采取费边的迁延战术，消耗迦太基军实力，而迦太基贵族因疑惧汉尼拔权重而不予必要的援助。公元前209年，汉尼拔的后方基地新迦太基城陷落。公元前207年，其弟哈斯德鲁拔从西班牙率领的援军途中被罗马人消灭。汉尼拔孤军无援，被迫退守意大利南部。公元前204年，罗马军在北非登陆。翌年秋，汉尼拔奉命回国救援。公元前202年在扎马之战中被西庇阿（大）指挥的罗马军击败，迦太基被迫求和。公元前196年，汉尼拔任迦太基最高行政长官，实行改革，遭到贵族派反对和政敌诬陷。翌年其流亡叙利亚。曾向叙利亚国王安条克三世献计攻取意大利，未被采纳。公元前189年，罗马击败安条克，汉尼拔辗转逃到小亚细亚。公元前183年，在罗马人的追捕下服毒自杀。

◆你知道公元纪年的来历吗？

公元纪年又称西元纪年，简称"西元"或"公元"。西元纪年是基督教的纪年法。西元在中世纪拉丁文的写法是 Anno Domini，简写 AD，意为"主的年代"（In the year of the Lord）。以西元525年罗马僧侣狄欧尼休认定的耶稣生年为纪元元年。西元前则在英语中表示为 BC，即基督之前的年代（Before Christ）。西元纪年采用的历法叫格里高利历（Gregorian calendar）。通常称为"西历、公历"。

◆印加文化有何特殊的意蕴？

在人类文明的废墟上，让我们深情地回望南美洲文化史上一颗璀璨的明珠——印加文化。"印加"意思是"太阳的子孙"，因为这支印第安人自认为是太阳的后代，国王是太阳的化身（亦称印加）。他们原居今秘鲁的库斯科，讲歧楚阿语。公元之初，印加人已有相当发达的农业。他们在坡地上修筑了许多带石砌护墙的梯田，并且建造了复杂的灌溉系统，最长的水渠长达113千米。掘地用人工，主要的工具是装有青铜尖头的木镢。印加时代秘鲁的人口比现在还多，所以食物的供给是一个重要的问题。大部分的家庭在高山的斜坡上开辟出梯田。

印加人擅长建筑，被誉为印第安人的建筑工程师。首都库斯科有宏伟的太阳庙，正庙四壁装饰着厚厚的金片，人称金宫，中间是一座金铸的太阳像，镶满宝石和翡翠，一旦晨光照进，光芒四射。庙旁有太阳神的"黄金花园"，布满金银制成的花卉草木、飞禽走兽，千姿百态，栩栩如生，几可乱真。他们修建两条贯通南北的大道：一条在高原，从哥伦比亚南部直通智利，长约5600千米；另一条在沿海，从厄瓜多尔经秘鲁到智利中部，长4000千米。路面宽5—8米，逢山开路，遇水架桥，有的藤编吊桥长达60米。干线之外还有支线，通往全国各地。大道沿线遍设驿站，险要地段筑有要塞和烽火台。

印加人在数学和天文学方面也有

成就。库斯科设有观象台和测定时间、季节的"日表"。他们采用阴阳合历：太阴历以月亮圆缺一次为一个月，一年有 12 个月，共计 354 天；太阳历以冬至为岁首，一年有 365.41 日。他们会制作木乃伊，把国王的尸体保存下来供人们崇拜，或在盛大节日时抬着游行。他们能用青铜刀进行开颅手术，还知道从古柯叶中提取可卡因作麻醉剂。印加人没有文字，用结绳记事，以结子的位置代表数字，以颜色代表物品，如黄、白两色分别表示金银。

1532 年，西欧殖民者皮萨罗等攻占库斯科，最后一位国王被杀，印加灭亡。

◆ 何谓巴高达运动？

巴高达运动是罗马帝国时期高卢下层人民的一场反抗运动。因参加者自称"巴高达"（高卢语意为"战士"）而得名。始于公元 3 世纪 70 年代，80 年代遭到镇压。5 世纪时再度兴起，给罗马政府以沉重打击。

巴高达的名称源于高卢语"斗争"一词，意为"战士"。巴高达的队伍，主要由奴隶和隶农组成。公元 269 年，巴高达开始起义。不久，起义者围攻

鲁格敦高卢的奥古斯托敦城（奥登）。这个城市原与罗马城订有兄弟联盟的条约。奥登城向罗马求援，罗马皇帝忙于同哥特人斗争，无力援救。经过 7 个月的围攻，巴高达终于攻克了奥登城，杀死了一部分奴隶主贵族，剥夺了他们的财产。这次起义坚持了三年多，后来被罗马皇帝奥勒良（270—275）镇压。但是巴高达运动并未停止，从公元 283 年起，又展开了更大规模的斗争。这次斗争仍以鲁格敦高卢为中心，巴高达以农民为步兵，以牧人为骑兵，攻城陷阵，杀富豪，焚庄园，分地分财。他们选举两位首领埃里安和阿芒德为皇帝，自铸钱币。罗马皇帝戴克里先于 286 年派共治者马克西米安前往高卢镇压，马克西米安几次被化整为零的巴高达击败，士兵临阵退却。后来，马克西米安以十一抽杀法处罚退却士兵，才镇压了这次起义。此后，巴高达余部仍继续活动，直到 5 世纪末，坚持斗争二百余年。

◆ 西罗马帝国亡于何时？

从 4 世纪中叶起，罗马帝国接连不断发生被压迫人民起义和外族入侵。高卢的巴高达运动再次兴起，北非也

爆发了奴隶、隶农和贫民参加的阿哥尼斯特运动。378年，西哥特人大败罗马军队，继而于410年攻占罗马城，418年在高卢西南部建立西哥特王国。汪达尔人进入北非，于439年建立汪达尔-阿兰王国。匈奴人于452年侵入意大利，给西罗马帝国以沉重打击。在高卢东南部，457年出现了勃艮第王国。476年9月，日耳曼人雇佣军长官奥多亚克废黜最后一个西罗马帝国皇帝罗慕卢斯·奥古斯图卢斯，西罗马帝国遂亡。

中古史

◆《查士丁尼法典》是怎样制定的?

476年，西罗马帝国遭遇着前所未有的内忧外患，本已摇摇欲坠的帝国大厦，在强悍野蛮的日耳曼人冲击之下终于灭亡。西罗马覆灭后，东罗马帝国依然健在，而且相当繁庶，这主要得力于东罗马有利的地理环境。东罗马帝国的首都君士坦丁堡（旧称拜占庭）位于欧亚两洲交界处，扼黑海咽喉，海上贸易发达，经济发展十分迅速。特别是6世纪查士丁尼在位时，国势日盛。在这种情况下，查士丁尼才有机会制定一部伟大的传世法典。

526年2月13日，查士丁尼大帝颁布一项敕令，任命特里布尼亚斯组织一个由10名法学家组成的委员会，主席由"圣宫廷"的前司法长官约翰担任。委员会有权力用现存的所有资料，并可加以增删、修订，随后把这些敕令分别标上发布皇帝的名号，以

及施行的对象与日期，再按内容分类，按时间先后排列。这部《敕法汇集》在529年颁布施行，也就是著名的《查士丁尼法典》。534年《查士丁尼法典》修改后再度颁布。

《查士丁尼法典》是世界上第一部完备的奴隶制成文法，它系统地搜集和整理了自罗马共和时期至查士丁尼为止所有的法律和法学著作，卷帙浩繁，内容丰富，标志着罗马法本身已发展到极其发达、完备阶段，对之后欧洲各国的法学和法律的发展有着较大影响。该法典的内容远比其他奴隶制法更为详尽。它所确定的概念和原则具有措辞严格、确切和结论明晰的特点，尤其是它所提出的自由民在"私法"范围内的形式上平等、契约以当事人同意为生效的主要条件和财产无限制私有等重要原则，为后世法律奠定了基础。

◆日耳曼民族大迁徙的原因是什么？

376—568 年，散居罗马帝国境外的以日耳曼人为主的诸"蛮族"部落大举强行移居帝国境内，并各自建立国家。民族大迁徙的原因是日耳曼人的原始公社制解体，部落显贵、军事首领及亲兵渴望向外掠夺新的土地和财富；人口自然增长对生产发展力形成压力，为了发展畜牧经济，日耳曼人不得不向外地迁徙。罗马奴隶制的危机和帝国的衰落，无力抵御外族入侵，因而使"蛮族"的武装迁徙深入帝国腹地。直接推动民族大迁徙的导火线是 375 年匈奴人对日耳曼民族的一支东哥特人的侵袭。

历时约两个世纪的日耳曼民族大迁徙，在当地奴隶、隶农起义的支持下，摧毁了罗马奴隶制帝国，建立了日耳曼诸王国。这些日耳曼王国虽各具特点，但在本身原始公社制解体和国家产生的过程中，由于受到罗马帝国生产力的影响，使日耳曼人阶级和剥削的萌芽与帝国晚期所发生的奴隶制解体及封建制因素的萌芽结合起来，结果都先后确立起新的封建制度，其中以力量最强、存在最久的法兰克王国最为典型。民族大迁徙的结果导致了罗马古典奴隶制的灭亡和西欧封建社会的开始。

◆何谓"加洛林文化"？

加洛林是古代西欧法兰克王国的一个王朝名字。加洛林取自查理大帝的"查理"拉丁文译音，所以后来的历史学家把查理大帝统治时代的文化称为"加洛林文化"。

法兰克王国是在古罗马的废墟上建立的。起初，日耳曼人并没有重视古代希腊、罗马的优秀文化传统。相反，在这些过惯了游牧生活的日耳曼人眼里，有强壮的体魄比有文化知识更重要。

那时的帝国中，别说是老百姓，就是查理大帝的王公大臣们，目不识丁的也大有人在。

为了培养为国家服务的人才，查理当上国王以后，曾经多次下令让教会和寺院兴办学校（那时，由于宗教盛行，所以掌握文化知识的多是一些神职人员），他自己也参加学习。在远征意大利的时候，查理大帝广收天下人才，一些学者和有学问的教士被他带回国，他强令贵族子弟必须发奋学习。在选举教区的主教时，他极力主张推举那些有学识有作为的青年人晋升主教，并拒绝了皇后和达官显贵提升碌碌无为者的请求。

在查理大帝统治的 46 年间，法兰克的文化教育比过去几个世纪有长足的发展。这正是加洛林文化兴起的原因。

◆罗马帝国与天主教是怎样的关系？

962 年，德意志国王、萨克森王朝的奥托一世（962—973 年在位）在罗马由教皇约翰十二世加冕称帝，成为罗马的监护人和罗马天主教世界的最高统治者。从 1157 年起，帝国被称为神圣罗马帝国，帝国极盛时期的疆域包括近代的德意志、奥地利、意大利北部和中部、波希米亚、法国东部、荷兰和瑞士。帝国统治者以罗马帝国和查理大帝的继承者自命，对外大肆扩张，对内则以农奴制和依附农奴制的形式剥削农民。

11—12 世纪，神圣罗马帝国皇帝同罗马教皇为争夺主教叙任权发生激烈斗争，这不仅是争夺教会控制权的斗争，也是中央王权同地方封建分离主义势力的斗争。尽管如此，在整个中世纪，帝国和教会在维护封建制度方面，是始终紧密合作的。帝国统治者为称霸世界，多次入侵意大利，旷日持久的战争消耗了帝国的实力。霍亨施陶芬王朝统治时期，中央权力衰落，国内各地缺乏经济联系，帝国成为承认皇帝最高权力的各封建公国和自由市的不牢固联盟。1254—1273 年是德意志历史上的空位时期。这个时期，各诸侯、骑士和城市间的纷争和内讧连绵不断。13 世纪末，帝国出现许多独立的封建领主，皇帝对其直辖领地外的封建诸侯没有管辖权。1356 年，查理四世颁布金玺诏书，确认皇帝须由七大选帝侯推选。从 15 世纪初起至帝国最终瓦解，皇位均由奥地利哈布斯堡家族占据。13 世纪下半叶后，由于勃艮第和意大利脱离帝国，其领土主要限于德语地区。1474 年起，帝国被称为"德意志民族神圣罗马帝国"，已成为徒具虚名的政治组合。

◆西欧封建城市是怎样兴起的？

在西欧城市重新兴起和工商业迅速发展的过程中，市民阶级形成了。它进一步分化出手工业者和商人、银行家等。富裕商人和银行家发展成早期资产阶级，他们的出现，为资本主义的兴起准备了条件。

中世纪后期，欧亚世界有了一个不寻常的重大发展。一方面，伊斯兰教帝国和儒家帝国闭关自守，愈来愈僵化；另一方面，欧亚大陆西端正经历着一场空前的、彻底的变革。西欧人生活的各个方面几乎都在发生深远的变化。向海外的大规模扩张就是西欧具有新动力的一个表现。这一扩张给整个世界后来的历史产生极其重要的影响。它使西欧人控制了外洋航线，能够抵达、征服南北美洲和澳大利亚人迹稀少的广阔地区，并移居那里；从而改变了世界各种族传统的地区分布。最后，通过扩张，西欧财富迅速增加、在力量大大加强的 19 世纪已能渗入并控制位于中东、印度和中国的古老欧亚文明中心。

◆加纳为何被称为黄金国度？

加纳帝国，或称加纳王国，是古代非洲一个黑人王国，其中心约在尼日尔河中上游地区。加纳帝国的强盛时期约在 9 世纪至 11 世纪，统治着撒哈拉沙漠以南的西非地区。因为一度垄断了西非的黄金交易（后来被马里帝国取代），日常生活又几乎都与黄金有关，加纳帝国又被称为黄金国度。

帝国以商业为基础，将其权力范围向外扩展，向北控制食盐进口，向南控制黄金买卖。帝国岁入的大部分都来自对这些商品买卖的征税。

300 年前后，古加纳王国在塞内加尔河至尼日河上游之间建立。7 世纪后，伊斯兰教的势力扩张至北非，而加纳一直独立于伊斯兰世界之外，并进入了版图最为辽阔的时期。11 世纪，摩洛哥地区伊斯兰化的穆拉比特王朝兴起，于 1062 年侵略加纳，被击退；不过到了 1076 年，穆拉比特王国终于攻陷加纳的首都昆比，逼迫当地人民改信伊斯兰教。此后加纳帝国开始衰微，最后被马里帝国吞并。

◆何谓诺曼征服？

1066 年，诺曼底公爵威廉一世在"黑斯廷斯战役"中战胜哈罗德，加冕为英格兰国王，史称"诺曼征服"。诺曼征服给英格兰社会带来了前所未有的变化。学者梅特兰甚至称："诺曼征服是英格兰历史上的一次'巨变'。"

就诺曼征服对英格兰封建制度带来的变化而言，我们可以看到：一方面诺曼征服为英格兰带来了欧陆各国所不能比拟的王权，借助它英格兰建立了最完善的封建制度；但另一方面，在诺曼征服带来强大王权的同时，这种独特的王权又在社会体系内部瓦解着英格兰的封建割据，使整个英格兰社会出现一种微妙的平衡。正如梅特兰所言："如果我们现在开始讨论封建制度，我们会明显地发现，英格兰的封建制度不同于法兰西，13 世纪的封建制度不同于 12 世纪。基于封建制度这一空泛的概念，我们甚至可以认为，在所有的欧洲国家中，英格兰是封建化最完善的地方，但从另一个角度看，英格兰又可能是最低限度推行封建化的国家。威廉征服在为英格兰引入封建制度的同时，又在破坏着这一体系。"

◆ 你知道《自由大宪章》的内容吗？

1215 年 6 月 15 日，英国贵族胁迫约翰王在泰晤士河畔的兰尼米德草地签署《自由大宪章》文件。文件共 63 条，用拉丁文写成。其主要内容有：保障教会选举教职人员的自由；保护贵族和骑士的领地继承权，国王不得违例征收领地继承税；未经由贵族、教士和骑士组成的"大会议"同意，国王不得向直属附庸征派补助金和盾牌钱；取消国王干涉封建主法庭从事司法审判的权利；未经同级贵族的判决，国王不得任意逮捕或监禁任何自由人或没收他们的财产。此外，少数条款涉及城市，如确认城市已享有的权利、保护商业自由、统一度量衡等。

《自由大宪章》是对王权的限定，国王若违背了《自由大宪章》，由 25 名贵族组成的委员会有权裁定对国王使用武力。《自由大宪章》后来成为近代资产阶级建立法治的重要依据之一。

◆ 亨利三世何时取消《牛津条例》？

1258 年，英国大贵族在牛津开会，通过了进一步限制王权的决议，即《牛津条例》。当时在位的英王亨利三世被迫接受了条例。条例规定：由 15 名大贵族组成委员会，实际掌握国家政权。同时，由实际掌握政权的贵族和另外选出来的 12 名贵族组成国会，每年开会 3 次，讨论重大国事。由此进一步限制了王权，初步提出了组成国会管理国家的思想。但是，当时控制政府的大贵族缺乏秉公执政的精神，导致贵族阵营发生分裂，一些贵族组成支持王权的派别。1262 年，亨利三世正式取消该条例，导致内战的爆发，最终于 1265 年恢复了王权。

◆ 英法百年战争的结局如何？

12 世纪中叶，英国金雀花王朝在法国占有广阔领地，后来，法国国王夺回部分被英国占领的土地。14 世纪初，英国仍占据法国南部阿基坦地区，成为法国政治统一的一个障碍。双方还争夺富庶的佛兰德地区。佛兰德毛纺业主要依赖英国的原料，英国则从羊毛贸易中获取巨利。1328年，法国占领佛兰德，英王爱德华三世（1327—1377年在位）下令禁止羊毛出口。佛兰德因失去原料来源，转而支持英国的反法政策。战争的导火线主要是王位继承问题。1328年，查理四世去世，法国卡佩王朝绝嗣，支裔瓦卢瓦家族的腓力六世继位，英王爱德华三世以法王查理四世外甥的资格，与腓力六世争夺王位，触发战争。

1337年11月，英王爱德华三世率军进攻法国，战争爆发。1340年，英法两国发生海战，法军战败。英国控制了英吉利海峡。1346年8月，双方在克雷西会战，英军获胜，乘机进入诺曼底。1347年攻占法国的加来。1356年9月，普瓦提埃之战，法军大败，法王约翰二世（1350—1364年在位）及众臣被俘，英国借此向法国索取巨额赎金。1360年法国王子查理被迫签订屈辱的《布勒丁尼和约》，把加来及法国西南部大片领土割让给英国。

1364年，法国王子查理继位，称查理五世（1364—1380年在位），为

了夺回失地，改编军队，整顿税制，加紧备战。1369年起连续发动攻势，几乎收复全部失地，1396年双方缔结二十年停战协定。

1415年8月，英王亨利五世（1413—1422年在位）趁查理六世（1380—1422年在位）即位后法国统治阶级发生内讧之机，领兵进攻法国，10月占领法国北部。1420年，双方签订《特鲁瓦条约》，条约规定法国王子的王位继承权转归英王亨利五世。亨利五世与查理六世之女结婚。这项条约实际上将法国分为由亨利五世、勃艮第公爵和法国王子查理分别统辖的三个部分。1422年法王查理六世与英王亨利五世先后去世，英方宣布由未满周岁的亨利六世（1422—1471，1470—1471在位）兼领法国国王。1428年10月，英军围攻通往法国南方的要塞奥尔良城，形势危急。法国人民组成抗英游击队，袭击敌人。1429年，法国女民族英雄贞德率军击退英军，解奥尔良城之围。此后，法国人民抗英运动继续高涨，英军节节败退。1429年7月，王子查理在兰斯加冕，称查理七世。1435年勃艮第公爵臣服于法院国王。1453年10月，

驻波尔多英军投降，除加来外，法国领土全部收复。至此，百年战争以法国的胜利而结束。

◆ 何谓"红白玫瑰战争"？

1337—1453年，英国和法国进行了长达百年的战争。在这百年中，英国的各封建贵族都建立有自己的武装。这种武装力量在同外敌作战时也许还管用，但对于维护内部政权来说不啻是一种祸根。当英法百年战争结束后，英国内部各封建贵族利用自己手中握有的武装蠢蠢欲动，企图掌握国家的最高统治权。经过一番分化组合，贵族分为两个集团，分别参加到金雀花王朝后裔的两个王室家族内部斗争。其中，以兰开斯特家族为一方，以红蔷薇为标志；以约克家族为另一方，以白蔷薇为标志。这两个封建集团之间为争夺王位继承权，进行了长达30多年的自相残杀。由于这次战争以蔷薇为标志，所以称为"蔷薇战争"。蔷薇又名玫瑰，所以也叫"红白玫瑰战争"。

◆ 圣女贞德是怎样死的？

贞德原本是一位法国农村少女，她17岁时便成为闻名法国的女英雄，但在两年后的19岁便遭处死。她声称在16岁时的一天，在村后的大树下遇见天使圣弥额尔、圣玛嘉烈和圣凯瑟琳，从而得到"神的启示"，要求她带兵收复当时由英格兰人占领的法国失地。后来她几经转折，得到兵权，于1429年解奥尔良之围，并带兵多次打败英格兰的侵略者，更促使拥有王位承继权的查理七世于同年7月17日得以加冕。然而圣女贞德于1430年在贡比涅一次小冲突中为勃艮第公国所俘，不久为英格兰人以重金购去，由英格兰当局控制下的宗教裁判所以异端和女巫罪判处她火刑，于1431年5月30日在法国鲁昂当众处死。20年后英格兰军队被彻底逐出法国时，贞德年老的母亲说服教宗卡利克斯特三世重新审判贞德的案子，最终于1456年为她平反。

贞德死后成为西方文化的一个重要角色。从拿破仑到现在，法国的政治人物都曾以她的伟大形象进行宣传。主要的作家和作曲家，包括莎士比亚、伏尔泰、席勒、威尔第、柴科夫斯基、马克·吐温、萧伯纳和布莱希特都创作了有关她的作品，而大量以她为题材的电影、戏剧和音乐也一直持续发展到今天。

◆瓦特·泰勒为什么起义？

14世纪时，英国货币地租已相当流行，有些地方庄园经济瓦解。农奴的人身依附关系也日益松弛。商品货币关系深入农村。农民受剥削更甚，分化加剧。1348—1349年黑死病席卷全国，人口大减，农村凋敝，劳动力缺乏，一时各地工资高涨。封建政府从1349年起多次颁布劳工法令，企图把工资限制在黑死病以前的水平，以保障封建主利益。另外，长期对法战争，政治腐败，司法弊端丛生，税收不断增加，都给广大城乡劳动人民带来深重灾难。为了反抗封建剥削压迫，各地农民不断开展拒服劳役、怠工、抗税等多种形式的斗争。以约翰·保尔为代表的穷教士在起义前长期在群众中布道，用原始基督教的平等思想论证农民应当和封建贵族平等，愤怒的封建主干脆把他投入监狱。

1381年6月初，肯特郡起义群众占领了达特福德和梅德斯通，推举瓦特·泰勒为领袖。6月10日起义军进抵坎特伯雷，从监狱中救出约翰·保尔。6月12日，肯特和埃塞克斯起义群众十万余人会合于布莱克希思。6月13日，起义群众在伦敦贫民的帮助下进入城内。国王理查二世和一些封建主躲入伦敦塔中，起义群众完全控制了局势。他们焚毁封建主宅邸，打开监狱，释放政治犯，焚烧庄园档案等。6月14日，起义群众和国王在伦敦东北面的迈尔恩德谈判。瓦特·泰勒代表起义群众，要求取消农奴制，大赦起义者，在国内自由贸易，消灭领主对人民的奴役，规定每亩地征收货币地租4便士。在国王口头答应这些要求后，起义群众冲入伦敦塔，处死坎特伯雷大主教西蒙·苏德伯雷和财政大臣海尔斯及其他一些封建主。同日，有一部分起义者，特别是埃塞克斯的起义者在得到国王给予的自由敕书后，受骗散去。6月15日，坚持斗争的起义群众再次和国王在伦敦北面的史密斯菲尔德进行谈判。他们进一步要求废除一切反动法令，取消领主权，剥夺教会财产在教区人民中分配，取消农奴制等。这些要求具有更激进的反封建性。在谈判中，伦敦市长沃尔沃思和国王的随从发动突然袭击，杀死瓦特·泰勒。随后追杀失去领袖的起义者。起义失败，约翰·保尔受酷刑而死。

◆ 你知道哥特式建筑的起源吗？

哥特建筑是 11 世纪下半叶起源于法国，13—15 世纪流行于欧洲的一种建筑风格。主要见于天主教堂，也影响到世界建筑。哥特式建筑以其高超的技术和艺术成就，在建筑史上占有重要地位。最负盛名的哥特式建筑有意大利米兰大教堂、德国科隆大教堂、英国威斯敏斯特大教堂、法国巴黎圣母院。

哥特式建筑是以法国为中心发展起来的。在 12—15 世纪，城市手工业和商业行会相当发达，城市内实行一定程度的民主政体，市民们以极高的热情建造教堂，以此相互争胜来表现自己的城市。另外，当时教堂已不再是纯属宗教性建筑物，它已成为城市公共生活的中心，成为市民大会堂、公共礼堂，甚至可用作市场和剧场。在宗教节日时，教堂往往成为热闹的赛会场地。

哥特式建筑的特点是尖塔高耸、尖形拱门、大窗户及绘有圣经故事的花窗玻璃。在设计中利用尖肋拱顶、飞扶壁、修长的束柱，营造出轻盈修长的飞天感。以及新的框架结构以增加支撑顶部的力量，使整个建筑以直升线条、雄伟的外观和教堂内空阔空间，再结合镶着彩色玻璃的长窗，使教堂内产生一种浓厚的宗教气氛。教堂的平面仍基本为拉丁十字形，但其西端门的两侧增加一对高塔。

◆ 哪座教堂被誉为“石头的交响乐”？

巴黎圣母院坐落于巴黎市中心塞纳河中的西岱岛上，始建于 1163 年，是巴黎大主教莫里斯·德·苏利决定兴建的，整座教堂在 1345 年全部建成，历时 180 多年。巴黎圣母院是一座石头建筑，被法国作家雨果誉为“石头的交响乐”。

巴黎圣母院是一座典型的哥特式教堂，之所以闻名于世，主要因为它是欧洲建筑史上一个划时代的标志。圣母院的正外立面风格独特，结构严谨，看上去十分雄伟庄严。它被壁柱纵向分隔为三大块；三条装饰带又将它横向划分为三部分，其中，最下面有三个内凹的门洞。门洞上方是所谓的“国王廊”，上有分别代表以色列和犹太国历代国王的二十八尊雕塑。1793 年，大革命中的巴黎人民将其误认作他们痛恨的法国国王的形象，而将它们捣毁。后来，雕像又重新被复原并放回原位。“长廊”上面为中央部分，两侧为两个巨大的石质中棂窗子，中间一个玫瑰花形的大圆窗，其直径约10米，建于1220—1225年。中央供奉着圣母圣婴，两边立着天使的塑像。两侧立的是亚当和夏娃的塑像。

教堂内部极为朴素，几乎没有什么装饰。大厅可容纳9000人，其中1500人可坐在讲台上。厅内的大管风琴也很有名，共有6000根音管，音色浑厚响亮，特别适合奏圣歌和悲壮的乐曲。

◆欧洲骑士文学有哪些特点？

欧洲骑士文学繁盛于12、13世纪的法国，主要形式有三种：骑士抒情诗、英雄史诗、骑士传奇。其中骑士抒情诗以《破晓歌》为代表，英雄史诗以《罗兰之歌》为代表，骑士传奇则完全出于文学的浪漫想象而由文人或宫廷诗人创作，数量众多、系统繁复，可以说是骑士文学的主要形式。

骑士的忠君、护教、行侠乃是以政治和宗教利益为准则的，实际上他们不但是封建领主所豢养的武力阶层，而且其自身也属于封建统治者。他们忠君、护教、行侠是建立在一整套封建伦理道德和基督精神之下的，以维护封建伦理道德和基督精神为最终归宿。

骑士文学描写骑士，采取传奇的题材，即非现实的叙事诗和幻想小说；以忠君、护教、行侠为内容；以英雄与美人，冒险与恋爱为题材；采用即兴的、自由的、浪漫的创作方法编纂而成。从某种意义上讲，英雄的最高荣誉就是被授予骑士的头衔，而骑士也就象征着英勇与忠诚。骑士的荣誉来自封建领主的授予。换言之，以全身之英勇与忠诚换取统治阶层的认可与表彰是作为英雄的最高价值或终极目的。

◆拜占庭艺术有哪些特点？

自从罗马帝国分为东西两个帝国之后，以君士坦丁堡（现在的伊斯坦布尔）为首都的东罗马帝国即被称为拜占庭帝国。其中蓬勃发展的东方基督教艺术也发展成为拜占庭艺术。拜占庭艺术在现今的土耳其、希腊、保加利亚等地仍然有很多遗址。

拜占庭艺术的奥秘，在于拜占庭的艺术家能奇妙地混合单纯和复杂的形式，简化空间并强化戏剧性的效果，还将冲突性的故事安排在纯粹装饰性的画面上。他们的用色不再研究和模仿自然界的颜色，反而喜欢用一些浓烈而非现实的装饰性颜色：比如黄金、宝石蓝、深绿等，来表现自己的典雅品位和描述自己想象中富贵华丽的天堂。

拜占庭艺术的主要特点是：有华丽的贴金箔的背景，镶嵌马赛克的造型技巧，宝光流动的颜色变化，空间简化，戏剧张力强。头顶上神圣人物有金色圣光等。

◆尼卡起义是怎么一回事？

532 年 1 月 11 日，东罗马帝国的都城君士坦丁堡（今土耳其的伊斯坦布尔）爆发了一场平民起义，起义者以"尼卡"（希腊语"胜利"之意）为口号，故称尼卡起义。起义是由皇帝查士丁尼的横征暴敛和官吏的贪赃枉法引起的。起义者袭击官署，焚毁富人宅邸，包围王宫。起义延续 8 天之久，控制了除皇宫以外的整个君士坦丁堡，并推选希巴提斯为皇帝。查士丁尼先是用罢免一些文官职务的办法，企图扑灭起义的烈火，缓和平民对官吏的仇恨，但未能奏效。后又假意认罪，答应施行大赦，亦未能成功。当查士丁尼企图逃走时，被皇后狄奥多拉阻止，并用激昂的言辞鼓励他和大

臣们的信念。最后查士丁尼的大将贝利撒留施展阴谋诡计，将起义者诱进赛车场，利用雇佣军四面包围，残酷地镇压了这场起义。3.5 万起义者被屠杀，领导人被处决，但起义沉重地打击了东罗马帝国的统治。

◆何谓保罗派运动？

保罗派，拜占庭帝国的基督教异端教派之一。约 5 世纪起产生于亚美尼亚和小亚细亚，7 世纪下半叶传播于拜占庭，8—9 世纪广泛发展。其教义受摩尼教影响，相信善恶二元论：善指精神世界或灵魂世界，为天父所创造的"天国"；恶指物质世界，为恶魔所创造的"现世"。要求恢复原始基督教会的朴素和平等精神，简化宗教仪式，谴责正统教会的豪富、奢华和教阶制，反对崇拜圣母、圣徒、十字架和各种圣像、圣物，主张取消修道院制度和正统教会所奉行的圣礼，保持洗礼，但洗礼宜在耶稣受洗年龄 30 岁时在河水中举行。

保罗派信徒多为农民和城市平民。拜占庭帝国反对圣像崇拜的皇帝，一度对他们采取笼络政策。752 年，皇帝命保罗派信徒从亚美尼亚和小亚细亚一带移居巴尔干半岛，以对抗保加

利亚人，从此他们在巴尔干各地广泛发展。督马起义时，保罗派参加。起义失败后，大批保罗派信徒被屠杀。在帝国政权的镇压下，保罗派仍在阿拉伯人占领地区和帝国东部边疆一带活动，并在东部边境附近建立军事根据地，不时出击。872年，保罗派的最后军事根据地被拜占庭皇帝巴西尔一世攻陷，有组织的武装斗争终结。此后，信徒被迁往色雷斯，并逐渐同10—15世纪流行于保加利亚的异端鲍格米勒派合流。

◆ 13 世纪是谁行走了 44 个国家？

伊本·白图泰（1304—1377），摩洛哥人，大旅行家，1304年2月24日出生于摩洛哥丹吉尔的一个柏柏尔人家庭。20岁左右时，他去麦加朝圣。从此，他踏上了一条漫长的旅途，经过了44个国家。

首先，他沿着北非海岸旅行，穿过现今摩洛哥、阿尔及利亚、突尼斯、利比亚和埃及的国土，到达开罗。从开罗到麦加有三条路线，白图泰选择了最短且最不常用的那一条，即从今日苏丹的苏丹港过红海去麦加。就在他到达苏丹的时候，当地爆发了针对埃及马穆鲁克统治者的叛乱，于是白

图泰只得折回开罗。在路上，据说他碰到了一位"圣人"，预言他除非先去叙利亚，否则永远到不了麦加。这样，白图泰就决定先去大马士革，沿途参拜耶路撒冷等圣地后，再转向去麦加。

在大马士革度过斋月后，白图泰顺利地同一支商队抵达了麦地那和麦加，完成了朝圣。这个时候，已经迷上旅行的他，决定不再回家，而朝下一个目的地、当时在伊儿汗国统治下的巴格达前进。

白图泰穿过现今沙特阿拉伯境内的茫茫沙漠，抵达了巴士拉，然后他转向东北，朝拜了圣地伊斯法罕，再折回西南，经过设拉子、纳杰夫，抵达巴格达。当时的巴格达尚未从旭烈兀的劫掠中恢复，仍是一片破败景象。白图泰在巴格达遇见了伊儿汗国的大汗不赛因，随着他一同去了伊儿汗国首都大不里士。在蒙古入侵之时，大不里士没有抵抗即开城，因此没有受到什么兵灾，加之位于丝绸之路上，所以当时大不里士成了西亚首屈一指的商贸中心。在此之后，白图泰回到了麦加，做第二次的朝圣。

白图泰的足迹，几乎踏遍了当时伊斯兰世界的每一个国家。在蒸汽时

代到来以前，他可能是旅行路程最长的人。在阿拉伯世界，白图泰获得了崇高的声名，摩洛哥人将其作为英雄加以纪念。近代天文学家以其名字命名了月球上的一座环形山。

◆ **伊凡四世为何要采用"沙皇"称号？**

"沙皇"是俄罗斯国家帝王的称号，"沙"是由拉丁文"恺撒"一词转音而来的。早在15世纪后半叶，有一种说法就在俄罗斯流传，认为莫斯科大公是世界上拜占庭教会的唯一保护人，是拜占庭皇位的继承者。君士坦丁堡被土耳其人攻陷以后，拜占庭帝国和皇帝的权力移到了"第三罗马"莫斯科及其大公的身上。伊凡四世时期，俄罗斯中央集权国家逐渐形成，作为公国统治者称号的"大公"已不再适用。因此，1547年，伊凡四世加冕称沙皇。这是为了彰显自己至高无上的君权，也是为了强调莫斯科大公国在欧洲国家中的地位。

◆ **沙皇"特辖制度"是怎么一回事？**

瓦西里三世的儿子伊凡四世（1533—1584年在位）即位时年仅3岁，大贵族为了控制实权不断地互相争夺，俄罗斯一片混乱状态。1547年伊凡已经成年，举行加冕仪式，自封

沙皇（音译自罗马皇帝的头衔"恺撒"），表明自己要像罗马皇帝那样行使权力。伊凡性格狂暴、手段狠毒，因此被称为"伊凡雷帝、恐怖伊凡"。

为了加强皇权，从1549年起伊凡四世开始改革。改革依靠有军功的中小贵族的支持，限制大贵族的专横。军功贵族是为沙皇服军役的贵族，沙皇封给他们土地，称领地，不服役时收回。而大贵族则主要是俄罗斯王公的后代，他们世袭占有大面积的土地，对加强皇权不满，因而是伊凡四世打击的对象。

1565年2月，伊凡四世在全国推行"特辖制"，把全国划分为两大部分：普通区和特辖区，前者由贵族组成的杜马管理，后者由沙皇直接派人管理。特辖区内原来的大贵族（王公、波雅尔）一律迁入普通区，在那里领取相应的土地，特辖区里的土地转归沙皇，但又分发给亲信和军功贵族。波雅尔的经济基础被摧毁，敢于反抗和表示不满者，则被严厉镇压。对于曾与沙皇分庭抗礼的斯塔里茨公国和诺夫哥罗德，镇压尤为残酷。特辖制刚一推行就从斯塔里茨公国开刀。1565年初，以"重大叛国"罪处

世界历史1000问

决该公国的数名显赫王公。1566年，把200名上书要求废止特辖制的贵族全部杀死。沙皇听说波雅尔杜马成员费多罗夫等与波兰国王勾结，1568年4月，便在皇宫里当着杜马成员的面亲自杀死费多罗夫，并血洗其领地。1570年1月，沙皇亲自率领特辖军到诺夫哥罗德，以所谓"阴谋叛变"罪，在那里进行六个星期的大屠杀。特辖制的实行，沉重地打击了大贵族势力，有利于君主专制制度的确立和巩固。

从1584年3月18日伊凡四世病死，到1613年罗曼诺夫王朝建立，将近30年间俄罗斯处于混乱时期。贵族争权、政变频繁，外敌入侵，人祸天灾，国家处于极度动荡之中。

◆ 巴黎大学创办于何时？

巴黎大学是一所在国际上享有盛誉的综合大学，其前身是索邦神学院，成立于12世纪初期。1180年，法国国王路易七世正式授予其"大学"称号。巴黎大学与意大利的博洛尼亚大学以及萨莱诺大学并称欧洲最早的三所大学，故被誉为"欧洲大学之母"。欧洲各主要大学的建立均受此三校影响。

在13世纪时，巴黎大学的学生已经上万，许多来自欧洲的邻国。在很长时间里，巴黎大学同教皇和国王都有特殊关系。17世纪，宰相黎世留出任巴黎大学校长，使巴黎大学有了飞速的发展，奠定了它的国际威望。巴黎大学原址坐落在巴黎市第五区，是个知识密集的地区。因为13世纪的大学里以拉丁文传授知识和交谈，所以该区又称为"拉丁区"。作为文化象征，老巴黎大学周围的地区有五多：学校多、书店多、咖啡馆多、旧书摊多、旅馆多。文化名城巴黎正是因为有了巴黎大学才名扬世界。

◆ 意大利比萨斜塔为何斜而不倒？

意大利比萨斜塔始建于1173年，由著名建筑师那诺·皮萨诺等主持修建。比萨斜塔位于罗马式大教堂后面右侧，是比萨城的标志。开始时，塔高设计为100米左右，但动工五六年后，塔身从三层开始倾斜，直到完工还在持续倾斜，在其关闭之前，塔顶已南倾（即塔顶偏离垂直线）3.5米。

在实际工作中，许多有关专家对比萨斜塔的全部历史以及塔的建筑材料、结构、地质、水源等方面进行充分的研究，并采用各种先进的仪器设备进行测试。比萨中古史学家皮洛迪

070

教授研究后认为，建造塔身的每一块石砖都是一块石雕佳品，石砖与石砖间的黏合极为巧妙，有效地防止了塔身倾斜引起的断裂，成为斜塔斜而不倒的一个因素。但他仍强调指出，当务之急是弄清比萨斜塔斜而不倒的奥妙。

从事观测该塔的专家盖里教授根据比萨斜塔近几年来倾斜的速度推测出，斜塔将于250年后因塔身的重心超出塔基外缘而倾倒。但是公共事务部比萨斜塔服务局的有关人员，针对盖里教授的看法提出了反驳，认为只按数学方式推算是不可靠的，比萨斜塔是"一个由多种事实交织成的综合性问题"。另一些研究者调查发现比萨斜塔塔身曾一度向东倾斜，而后又向南倾斜，他们认为该塔在过去几百年间斜而不倒，250年后倒与不倒恐怕不能局限于简单的假设和预测。

当然，最关心斜塔命运的自然是比萨人，尽管他们也对斜塔的倾斜感到担忧，但更多的是骄傲和自豪，他们坚信斜塔不会倒下。他们有这样一句俗语："比萨塔像比萨人一样健壮结实，永远不会倒下去。"

◆卢浮宫始建于何时？

卢浮宫又译罗浮宫，是世界上最古老、最大、最著名的博物馆之一。位于法国巴黎市中心的塞纳河北岸（右岸），始建于1204年，历经800多年扩建、重修才形成今天的规模。卢浮宫占地面积（含草坪）约为45公顷，建筑物占地面积为4.8公顷。它的整体建筑呈"U"形，分为新、老两部分，老的建于路易十四时期，新的建于拿破仑时代。宫前的金字塔形玻璃入口，是华人建筑大师贝聿铭设计的。同时，卢浮宫也是法国历史上最悠久的王宫。

据统计，卢浮宫博物馆包括庭院在内占地19公顷，自东向西横卧在塞纳河的右岸，两侧的长度均为690米，整个建筑壮丽雄伟。用来展示珍品的数百个宽敞的大厅富丽堂皇，大厅的四壁及顶部都有精美的壁画及精细的浮雕，处处都是呕心沥血的艺术结晶，让人叹为观止。

◆黑死病是怎样横扫欧洲的？

在14世纪中期，欧洲受到一场具有毁灭性影响的瘟疫侵袭，即"黑死病"。它从中亚地区向西扩散，并在1346年出现在黑海地区。它同时向西南方向传播到地中海，然后在北大西洋东岸流行，并传至波罗的海。约在1348年，黑死病在西班牙流行，到1349年，就已经传到英国和爱尔兰，1351年到瑞典，1353年到波罗的海地区的国家和俄罗斯。只有路途遥远和人口疏落的地区才未受伤害。根据今天的估算，当时在欧洲、中东、北非和印度地区，大约有三分之一到二分之一的人口因此死亡。

黑死病是历史上最为神秘的疾病。从1348年到1352年，它把欧洲变成了死亡陷阱，这条毁灭之路断送了欧洲三分之一的人口，总计约2500万人！在今后300年间，黑死病不断造访欧洲和亚洲的城镇，威胁着那些劫后余生的人们。尽管准确统计欧洲的死亡数字已经不可能，但是许多城镇留下的记录却见证了惊人的损失：1467年，俄罗斯死亡12.7万人，1348年德国编年史学家昌贝克记载死亡了9万人，最高一天的死亡数字高达1500人！在维也纳，每天都有500—700人因此丧命。

◆何谓日本大化革新？

大化革新是日本的社会政治变革运动，发生于645年，因这一年为大化元年，故名。

593年，圣德太子摄政后实行推古天皇改革，初步确立中央集权制和皇权中心思想，削弱了氏姓贵族奴隶主的保守势力。但改革没有触动部民制，更未摧毁氏姓贵族势力。圣德太子死后，外戚苏我氏专权，苏我虾夷、苏我入鹿父子排斥改革势力，杀死圣德太子之子山背大兄王，另立天皇。640年，被圣德太子派到中国留学30多年的高向玄理、留学僧南渊请安归国（此前僧旻已于632年归国），他们带回隋唐的封建统治制度和思想文化，并传授给皇室贵族，为日本的封建化改革提供了思想基础。

645年6月，中大兄皇子、中臣镰足等人在皇极天皇接见高句丽、百济、新罗使节时，于朝中杀死苏我入鹿，其父苏我虾夷翌日自杀。这一事件史称"乙巳之变"。政变后，皇极天皇退位，革新派拥立孝德天皇，以中大兄为皇太子，中臣镰足为内臣，僧旻和高向玄理为国博士（顾问），建元大化，迁都难波（今大阪）。新政府以唐朝律令制度为蓝本，参酌日本旧习，规定了中央集权的封建国家体制。646年元月以诏书形式公布革新的主要内容：废止私有土地、部民，行公地公民制，皇室贵族、地方豪族的部民和屯仓、田庄，均收归国有，但保留朝廷的手工业部民，国家赐大夫以上的高官以食封（按级别所赐封户的赋课）；确定中央、地方的行政区划和组织，中央分京师和畿内（京都周围地带），地方分国、郡、里；整备军事、交通制度。官吏由国家任免，废除世袭制；编制户籍、计账（规定赋役的登记），行班田收授之法，统定班给人民土地和应负租赋的数额；废旧贡纳制，实行租庸调的新税法及向皇室献纳仕丁（夫役）、采女（宫女）的制度。律令规定授予皇族以下贵族、官吏的位阶及相应的特权。同时，确立了严格划分良贱的身份制。

◆ 日本为什么要设立天皇？

701 年，文武天皇颁布《大宝法令》，将以往的"大王"一律改为"天皇"，不久后编纂的《古事记》和《日本书纪》中有一段"天皇神话"。神话说："在天界'高天原'，有男女二神创造了日本国土，还生出了三个神。其中一个女神是'天照大神'，她是日本皇室的祖先。她派孙子'天孙'降临日本，'天孙'的曾孙就是日本的第一位天皇——神武天皇。"这个神话显然是为了神化天皇的统治地位而编造的，表示皇权神授。直到 1946 年，裕仁天皇发表《人间宣言》，承认天皇是人而不是神，关于天皇的神话才被否定。

◆ 世界最早最长的写实小说是哪部？

《源氏物语》是日本的一部古典文学名著，对于日本文学的发展产生过巨大影响，被誉为日本古典文学的高峰。作品的成书年代一般认为是在 11 世纪初，因此可以说，《源氏物语》是世界上最早的长篇写实小说。小说描写了平安京时期日本的风貌，揭露人性，宫中的斗争，反映了当时妇女的无权地位和苦难生活，被称为日本的"国宝"。

"源氏"是小说前半部男主人公的姓，"物语"意为"讲述"，是日本古典文学中的一种体裁，类似于我国唐代的"传奇"。《源氏物语》在日本开启了"物哀"的时代，在这以后，日本的小说中明显带有一种淡淡的悲伤。而"物哀"也成为日本一种全国性的民族意识，随着一代又一代的诗人、散文家、物语作者流传了下来。

◆你知道日本幕府的兴衰吗？

幕府是 12 世纪末至 19 世纪日本武家政治时期的最高权力机构。该词出自汉语，意为将军出征时的帐幕。日本历史上曾有镰仓幕府（源氏幕府）、室町幕府（足利幕府）和江户幕府（德川幕府）。

10 世纪以后，公地、公民制解体，皇权式微，社会动乱，武士阶层随之崛起。

1185 年，关东源氏和关西平氏两大武士集团相争，前者胜，控制中央政权。1192 年，源赖朝从朝廷取得征夷大将军称号，于镰仓置幕府，武士贵族专权自此始，天皇形同虚设。1333 年，镰仓幕府亡，政权复归皇室。1335 年，足利尊氏弟兄起兵镰仓，1336 年，两度攻入京都，废后醍醐天皇，立光明天皇，设幕府于京都。1338 年，北朝天皇授足利尊氏征夷大将军称号；1378 年，第三代将军于京都室町街建新幕府，故名室町幕府。1573 年，室町幕府亡。1600 年，德川家康于关原（今岐阜县）之役击败反对派大名联军，权势日重；1603 年，任征夷大将军，于江户（今东京）建幕府。1867 年，将军德川庆喜被迫还政天皇。1868 年 1 月，天皇政府军大败幕府军；4 月，江户和平移交给政府军，幕府领地大部被没收。德川幕府亡。幕府历史至此结束。

◆你知道朱印船事件的始末吗？

朱印船即指 1592 年至 1639 年间持有幕府将军朱红印执照、可以从事海外贸易的日本商船。朱印船贸易期间，日本来往于海外的人数约有 10 万人，称得上是日本的大航海时代。东南亚一些地方出现了有数百甚至上千的日本人定居，实行自治制。朱印船一般认为是文禄元年（1592）丰臣秀吉开创的，但是近年来"德川家康说"也得到很多人认可。朱印船输入了生丝、绢织物、棉织物、毛织物等中国商品，鲨鱼皮、象牙、胡椒、水牛角、铅、药等东南亚商品。输出物主要是银、铜、铁、硫黄等矿物，其他还有刀剑、工艺品等。当时日本是世界上屈指可数的产银国，有相当的购买力，对英国、荷兰、西班牙等国的西方商人来说极具威胁。

1608 年 11 月 30 日，一艘日本"朱印船"的船员在澳门的码头上与葡萄牙人发生纠纷，接着，他们上岸寻衅，打伤了前来劝解的澳葡官员。中日贸易船队司令佩索和愤怒的士兵、市民一起进行反击，杀死、俘获近百名日本船员。1609年秋，消息传到日本，日本政府决定惩罚在长崎贸易的佩索。他们调集军队于1610年1月3日对佩索的船队发动围攻。战斗持续到1月6日晚，最后，佩索点燃船上的火药库将自己连同价值上百万的金银和近3000担生丝全部炸沉海底，史称朱印船事件。

◆ 你知道花剌子模王朝的兴亡吗？

1097年，突厥奴隶出身的军事首领忽特布丁（1097—1128在位），被塞尔柱王朝苏丹封为花剌子模总督，建立大花剌子模王朝，以玉龙杰赤为首府。1128年，其子艾尔西特（1128—1156年在位）继位，初效忠于塞尔柱苏丹，后宣告独立，自称"沙"（即国王），继而征服锡尔河下游坦吉等地。1142年，西辽军队攻打花剌子模，艾尔西特被迫向西辽称臣纳贡，成为西辽藩属。

1156年，伊尔·阿尔斯兰（1156—1170年在位）继位，趁塞尔柱王朝势衰，率兵向波斯东部扩展势力。1172年塔卡什（1172—1200年在位）继位后，继续扩张疆土。1194年，塔卡什率军打败控制巴格达的塞尔柱王朝末代苏丹，占领其领土，自称苏丹。1196年，阿拔斯王朝哈里发纳绥尔（1180—1225年在位）正式封塔卡什为苏丹，认可塔卡什独揽巴格达世俗大权。

1200年，阿拉乌丁·穆罕默德（1200—1220年在位）继苏丹位后，继续对外扩张，先后打败古尔王朝、西喀喇汗王朝和西辽，征服锡尔河、阿姆河流域及阿富汗、波斯地区，建立庞大的帝国，定都撒马尔罕。1214年，阿拉乌丁·穆罕默德占领加兹拉后企图挥师巴格达推翻阿拔斯王朝，因故未遂。1217年，阿拉乌丁·穆罕默德召开宗教会议，拥立阿里后裔阿拉·穆尔克为哈里发，但未能实现目标。

1219年秋，蒙古成吉思汗借口派往花剌子模的蒙古商队被杀、使臣受辱，亲率大军西征，花剌子模境内大部分城寨被蒙古军攻陷。1220年，穆罕默德因各地将领离心，队伍溃不成军，被迫从阿姆河南岸逃至里海一小岛，不久病逝。同年，其子哲拉鲁丁·明格布努继位，继续抵抗蒙古军。因国家分裂瓦解，他战败后退入印度，其辖地被蒙古人占领。1231年，哲拉鲁丁·明格布努去世，该王朝灭亡。

◆世界上最大的庙宇建在哪里?

12世纪中叶，真腊国王苏耶跋摩二世定都吴哥。苏耶跋摩二世信奉毗湿奴，为国王加冕的婆罗门主祭司地婆诃罗为国王设计了这座国庙，供奉毗湿奴，名之为"毗湿奴神殿"。中国古籍称为"桑香佛舍"。它是吴哥古迹中保存最完好的庙宇，以建筑宏伟与浮雕细致闻名于世，也是世界上最大的庙宇。

元成宗铁穆耳在元贞二年（1296），派遣周达观出使真腊。使团取海路从温州开拔，经七洲洋（西沙群岛海面）、占城、真蒲、查南、半路村、佛村（菩提萨州），横渡淡洋（今洞里萨湖）至吴哥登岸。周达观和他的使团驻吴哥一年。回国后周达观写了关于真腊风土民情的报告《真腊风土记》。《真腊风土记》称吴哥窟为"鲁班墓"，又说国王死后，有塔埋葬，可见吴哥寺乃皇陵。

一些学者认为，吴哥窟是苏耶跋摩二世的皇陵，根据有三：一、与吴哥大多数其他寺庙朝东，面对日出不同，吴哥窟正门朝西，面向日暮；根据

荷兰考古学家博施的研究，印度和爪哇的殡葬风俗，墓地一律朝西，祭祀的寺庙则朝东。二、画廊浮雕按反时针方向排列，是印度教葬礼时在墓地巡行的方向。三、吴哥窟画廊中苏耶跋摩二世与毗湿奴神相貌相似，暗含日后升天成毗湿奴，长驻毗湿奴神殿之意。

◆亚马孙河因何得名?

亚马孙河是全球水量最大的河流，流域面积占南美洲三分之一，其名源自传说中的女战士。要想象亚马孙河之壮阔，几乎跟理解"无限"同样困难。亚马孙河共有15000条支流，分布在南美洲大片土地上，流域面积几乎大如澳洲。干流河水很深，整条河有一半可容巨轮航行。远洋巨轮由大西洋经河口溯流而上，可航至秘鲁的伊基托斯。通航河道河面宽广，不能同时看到两岸。此河横贯南美洲，发源于秘鲁安第斯山脉。水从冰川融汇而成的湖泊流出，汹涌奔流，在东面山坡上冲刷出气势磅礴的峡谷。由于冲出大量沙泥，河水浑浊，恍如加了大量牛乳的咖啡，故称为白水河。还有一些支流流经沼泽，冲出腐殖质，水色较深，称为黑水河。随着地势渐趋平缓，河水流速减慢，流至山下广

阔的亚马孙盆地。

最早探测亚马孙河河口的欧洲人，是随哥伦布远航的西班牙船长平松。他于 1500 年来到这里，以为是个大淡水湖。

1541—1542 年，西班牙人德奥雷利亚纳由秘鲁的纳波河顺流而下，最先乘船驶过了亚马孙河大部分河道。他是皮萨罗率领的西班牙探险队队员，从厄瓜多尔出发，找寻黄金、香料和传说中的黄金国。但因意外，皮萨罗率领部分队员几经艰辛，终于沿陆路返回厄瓜多尔。最后只有德奥雷利亚纳和部分队员东航至亚马孙三角洲，辗转抵达加勒比海。

德奥雷利亚纳一行，沿途屡历艰险，经常受到土著袭击。他们曾遇上一个部族，战士全为女性。后来此事传扬出去，轰动一时，就把这个部族称为亚马孙人（古希腊神话中剽悍的女战士），大河亦因此得名。

◆ 津巴布韦国名有何来历？

"津巴布韦"一词在当地班图语中是"石屋"或"石头城"的意思。石头城是南部非洲地区最著名的古迹，是南部非洲古老文明的象征。

津巴布韦及其周边共有一百多座规模不同的石头城，规模最大的一座在维多利亚堡东南约 27 千米处附近，名字就叫作大津巴布韦。据考证，这座石头城建于 600 年前后，是马卡兰加古国的一处遗址。古城分为外城和内城两部分，外城筑在山上，城墙高 10 米，厚 5 米，全长 240 米，由花岗岩巨石砌成。内城建在山坡谷地，呈椭圆形。城内有锥形高塔、神庙、宫殿等，都由石块砌筑，而且这些建筑的入口、甬道和平台等都是在花岗岩巨石上就地开凿出来的。

古老的石头城令当地人引以为豪，并把它看作国家和民族的象征。因此，他们就用"津巴布韦"（石头城），来命名自己的祖国。

◆ 元朝曾是世界上最大的国家吗？

在世界史上，元朝除了中央直辖的领地之外，还包括四大汗国：钦察汗国、察合台汗国、窝阔台汗国、伊利汗国。四大汗国的统治者在血统上出自成吉思汗"黄金家族"，彼此血脉相连，同奉入主中国的元朝为宗主，与元朝驿路相通，使节往来频繁，对经济文化的发展起到了很大的推动作用。元帝国疆域最大时几乎囊括亚洲和欧洲的大部分领土，称其为世界上最大的国家，一点也不夸张！

◆《马可·波罗游记》是怎样的作品？

马可·波罗（1254—1324），世界著名旅行家、商人，1254年生于意大利威尼斯一个商人家庭，也是旅行世家。马可·波罗的父亲尼科洛和叔叔马泰奥都是威尼斯商人。17岁时，马可·波罗跟随父亲和叔叔，途经中东，历时4年多来到中国，在中国游历了17年。回国后写了一本《马可·波罗游记》，记述了他在东方最富有的国家——中国的见闻，激起了欧洲人对东方的热烈向往，对以后新航路的开辟产生了巨大的影响。同时，西方地理学家还根据书中的描述，绘制了早期的"世界地图"。

《马可·波罗游记》共分四卷，第一卷记载了马可·波罗诸人东游沿途见闻，直至上都止；第二卷记载了蒙古大汗忽必烈及其宫殿、都城、朝廷、政府、节庆、游猎等事，自大都南行至杭州、福州、泉州及东海沿岸及诸海诸洲等事；第三卷记载日本、越南、东印度、南印度、印度洋沿岸及诸岛屿、非洲东部；第四卷记载君临亚洲之成吉思汗后裔诸王的战争和亚洲北部。每卷分章，每章叙述一地的情况

或一件史事，共有229章。书中记述的国家、城市的地名达100多个，而这些地方的情况综合起来，有山川地形、物产气候、商贾贸易、居民、宗教信仰、风俗习惯等，乃至国家的琐闻轶事、朝章国故，也时时夹见其中。

◆"海上丝绸之路"又被称作什么？

根据《新唐书·地理志》记载，唐朝时，我国东南沿海有一条通往东南亚、印度洋北部诸国、红海沿岸、东北非和波斯湾诸国的海上航路，称作"广州通海夷道"，这便是我国海上丝绸之路的最早叫法。当时通过这条通道往外输出的商品主要有丝绸、瓷器、茶叶和铜铁器四大宗；往回输入的主要是香料、花草等一些供宫廷赏玩的奇珍异宝。这种状况一直延续到宋元时期。到明初郑和下西洋，把这条海上丝绸之路发展到鼎盛。郑和之后的明清两代，随着海禁政策实施，我国航海业的衰败，这条曾为东西方交往做出巨大贡献的海上丝绸之路，也随着愈来愈严厉的海禁而逐渐消亡了。

海上通道在隋唐时运送的主要大宗货物是丝绸，所以大家都把这条连接东西方的海道叫作"海上丝绸之

路"。到了宋元时期，瓷器的出口渐渐成为主要货物。因此，人们也把它称作"海上陶瓷之路"。同时，还由于输入的商品历来主要是香料，又称作"海上香料之路"。

◆达·伽马是哪国航海家？

瓦斯科·达·伽马（约1469—1524），欧印航线的发现者，葡萄牙航海家，从欧洲绕好望角到印度航海路线的开拓者。达·伽马出生于葡萄牙锡尼什，卒于印度科钦，青年时代参加过葡萄牙与西班牙的战争，后到葡宫廷任职。1497年7月8日，达·伽马受葡萄牙国王派遣，率船队从里斯本出发，寻找通向印度的海上航路，船队经加那利群岛，绕好望角，过莫桑比克等地，于1498年5月20日到达印度西南部卡利卡特。同年秋离开印度，于1499年9月9日回到里斯本。达·伽马在1502—1503年和1524年又两次到印度，后一次被任命为印度总督。达·伽马通航印度，促进了欧亚贸易的发展。在1869年苏伊士运河通航前，欧洲对印度洋沿岸各国和中国的贸易，主要通过这条航路。这条航路的通航也是葡萄牙和欧洲其他国家在亚洲从事殖民活动的开端。

船队在东渡印度之前，先沿非洲东海岸向北行驶。达·伽马请当地领航员引导，并让他向自己通报天气情况。船队终于在1498年5月抵达印度西南海岸的卡利卡特（即今科泽科德）。达·伽马在返航前与印度统治者签订了贸易协定。返回的航程实在是艰难至极。越来越多的人死于坏血病，回国后只剩下了55人。1502年，达·伽马肩负着谋求更多贸易权利的使命再次来到印度。在第三次去印度航行后，他于1524年死于热征。坏血病曾是害死成千上万名长途航行水手的疾病，直到18世纪时才发现了预防该病的方法。医生们发现在长途航行中只要保证新鲜水果、蔬菜或果汁（均含维生素C）的供应，就可以预防坏血病。

◆首次登上南美大陆的航海家是谁？

约在1484年，哥伦布向葡萄牙国王若昂二世提出他的航海计划，寻求财政支持，未成功。1485年，他移居西班牙，向伊莎贝拉一世女王求助。1492年4月，他的计划终为西班牙国王所接受，同他签订航海协议，授予海上大将称号，任命他为所发现的岛屿和陆地的总督。

1492年8月3日，哥伦布携带

西班牙王室致中国皇帝的国书，率领"圣玛丽亚"号、"平塔"号和"尼尼亚"号3艘船、船员约90人，从西班牙西南海岸的帕洛斯港起航，经加那利群岛向西行驶，历尽艰险，终于在10月12日发现巴哈马群岛中的瓜纳阿尼岛，接着发现古巴的东北海岸。继转东航，又发现海地岛，并称之为"埃斯帕尼奥拉"，意为"小西班牙"。他在海地岛寻找黄金，筑纳维达德堡，派人驻守，旋即返航。1493年4月15日返抵帕洛斯。

1493年9月25日，他在西班牙国王的资助下，怀着在新发现地区殖民和寻找黄金的目的，率领约1500人分乘17艘船只，满载牲畜、农具、种子和粮食，从加的斯出发，第二次前往美洲。11月3日发现多米尼加岛，接着又发现瓜德罗普岛和波多黎各等岛，然后驶抵海地岛。因纳维达德堡已为当地印第安人夷平，于是另筑伊莎贝拉堡，建立西班牙在美洲的第一块殖民地。印第安人被课以黄金重税，或被驱使到金矿从事奴隶劳动，有的被捕捉运回欧洲贩卖。1496年，哥伦布返西班牙，其弟B.哥伦布留在海地岛，另建圣多明各城作为西班牙新的殖民据点。

1498年5月30日，哥伦布带领由6艘船只和200人组成的船队，分两组从圣卢卡尔起锚，3只船直驶海地岛，另3只船由哥伦布亲自率领，经佛得角群岛向西航行，于8月1日发现特立尼达岛。8月5日在委内瑞拉帕里亚半岛登陆，第一次踏上南美大陆。8月31日返回圣多明各。海地岛西班牙人互相倾轧，争权夺利，哥伦布实行委托监护制进行安抚，仍不能稳定局势。1500年9月，哥伦布连同他的两个弟弟被强行押回西班牙。哥伦布后虽获释，却失去统辖其所发现土地的权力。

1502年5月9日，哥伦布率领4艘船只和约150人从加的斯出发，企图在古巴和帕里亚半岛之间的海面上尽快找到通往"印度"的航道。1502年6月15日，发现马提尼克岛，然后沿海地岛南海岸西行，过牙买加向中美洲进发，再沿洪都拉斯南驶，越尼加拉瓜和哥斯达黎加，最后抵巴拿马的达连湾。因无西行航道，只得于1503年6月折回牙买加岛，经圣多明各于1504年11月7日回到西班牙圣卢卡尔。他请求西班牙国王给予他应得的财富和统治新大陆的权力，未能如愿。

1506 年 5 月 20 日，哥伦布在贫病交加中死于巴利亚多利德。直到去世时哥伦布还以为他发现的陆地是印度。

◆ 谁最先发现了"风暴角"？

1487 年 8 月，葡萄牙航海家迪亚士奉葡萄牙国王若昂二世之命，率两艘轻快帆船和一艘运输船自里斯本出发，踏上远征的航路。他的使命是探索绕过非洲大陆最南端通往印度的航路。迪亚士率领的船队首先沿着以往航海家们走过的航路先到加纳的埃尔米纳，后经过刚果河口和克罗斯角，约于 1488 年 1 月间抵达现属纳米比亚的卢得瑞茨。

船队在那里遇到了强烈的风暴。苦于疾病和风暴的船员们多数不愿继续冒险前行，数次请求返航。迪亚士力排众议，坚持南行。船队被风暴裹挟着在大洋中漂泊了 13 个昼夜，不知不觉间已经过了好望角。风暴停息后，对具体方位尚无清醒意识的迪亚士命令船队掉转船头向东航行，以便靠近非洲西海岸。但船队在连续航行了数日之后仍不见大陆。此时，迪亚

士醒悟到船队可能已经绕过了非洲大陆最南端，于是他下令折向北方行驶。

1488 年 2 月间，船队终于驶入一个植被丰富的海湾，船员们还看到土著黑人正在那里放牧牛羊，迪亚士遂将那里命名为"牧人湾"（今南非东部海岸的莫塞尔湾）。迪亚士本想继续沿海岸线东行，无奈疲惫不堪的船员们归心似箭，只好下令返航。

在返航途中，他们再次经过好望角时正值晴天丽日。葡萄牙历史学家巴若斯在描写这一激动人心的时刻时写道："船员们惊异地凝望着这个隐藏了多少世纪的壮美的岬角。他们不仅发现了一个突兀的海角，而且发现了一个新的世界。"感慨万千的迪亚士据其经历将其命名为"风暴角"。

1497 年，葡萄牙航海家达·伽马率船队探索直通印度的新航路。同年 11 月 27 日，达·伽马的船队再次绕过好望角，次年 5 月 20 日驶抵印度西海岸重镇卡利库特。又经历了千辛万苦之后，达·伽马约于 1499 年 9 月 1 日前后返回里斯本。

◆ 何谓"海盗时代"？

在约 800—1500 年间，由于人口增长迅速再加上内部政治动乱，北欧

地区一些善于航海的瑞典人、丹麦人、挪威人，往往结队出海去寻求新的生路。他们在海上横行一时，拦截来往商船，袭击别国海岸进行掠夺，因而被称为"北欧海盗"。所谓"海盗时代"就是欧洲中世纪史学家对这一时期的称呼。北欧海盗原意是"居住在海湾的人"，由于北欧海盗的原字是 Vikings，所以许多书上也将其译作"维京人"。

900 年左右，挪威的维京人到达格陵兰并且把居民点建在了西海岸，这是他们的许多探险活动的一次。1000 年前后，由冰岛人莱夫·艾列克逊带领的一批人乘船从格陵兰出海，到达了北美海岸。由于他们在那里发现了一种很像葡萄样的藤科植物，就把这儿称为"酒的土地"，音译就是"汶兰"，现在的圣劳伦斯河的河口一带可能就是那时的"汶兰"一带。由于遭到当地土著人的袭击使他们要在那里建立居民点的打算没能实现。

◆殖民地大国葡萄牙为何由盛转衰？

16 世纪，葡萄牙人控制了跨越半个地球的商业航线，竭力排斥欧、亚各国商人，截断阿拉伯人同印度和印度尼西亚的商业往来，打破阿拉伯人和意大利商人对印度洋的传统垄断。

人口不到 200 万的小小葡萄牙，垄断了世界上的香料、食糖、黑奴等贸易，成为世界性的商业帝国，变得富庶强大，欧洲的权力中心也从意大利的城邦国家转移到了伊比利亚国家（它的邻国西班牙也因美洲的黄金、白银而强大起来）。

盛世之下有隐忧。欧洲其他国家眼红葡萄牙取得的成功，他们或跟随或绕开葡萄牙纷纷染指香料贸易，在激烈的竞争中，葡萄牙自身的问题充分暴露，很快处于劣势。

第一，人口过少。16 世纪初，葡萄牙的人口只有 150 万，对于一个跨越欧洲、美洲、非洲、亚洲的帝国来说，这是远远不够的。1515 年，在与摩尔人的一次海战中，一次就有 4000 名葡萄牙士兵丧生，随船准备在北非殖民的葡萄牙人被俘，许多人被当作奴隶卖掉。国王曼努埃尔视为奇耻大辱，发誓一定要报仇，但人力和金钱十分匮乏，远征队最终没能组织起来。由于兵力不足，使葡萄牙人的殖民网络除几个关键地点外，都是以据点形式存在，根本无力控制内陆，建立直接殖民统治。

第二，财富大量流失。当大量的财富突然来到时，葡萄牙人没有投资于生产，而是把大量的财富投入到消费之中。不论是国王还是贵族都大兴奢侈之风，浪费大量财富。一名布拉甘沙公爵每次举杯饮水时，他的宫殿里都要奏乐致敬。到16世纪中叶，国民缺乏追求、思想颓废的情况已相当严重。葡萄牙的繁荣主要依赖香料贸易，很少有其他财富来源，一旦香料贸易出现问题，又无所追求的话，衰落就是时间问题了。

◆是谁以实际行动证明了地球是圆的？

1519年9月，麦哲伦率领一支由200多人、5艘船只组成的浩浩荡荡的船队，从西班牙塞维利亚城的港口出发，开始了环球远洋探航。经过两个多月的海洋漂泊，船队越过大西洋来到巴西海岸。船队沿海岸向南继续航行，在第二年一月来到了一个宽阔的大海湾。

"海峡找到了！""海峡找到了！"海员们高兴地欢呼起来，以为已到达了美洲的南端，可以进入新的大洋了。然而随着船队在海湾中的前进，发现海水变成了淡水，原来此处只是一个宽广的河口，这就是今天乌拉圭的拉普拉塔河的出口处。

船队继续向南前进。南半球与北半球的季节刚好相反，三月的南美洲已临近冬季，风雪交加，航行极其困难。月底，船队来到圣胡利安港，并在这里抛锚过冬。由于几次探索海峡失败，大多数海员都灰心丧气，有三个船长也借机反对麦哲伦。麦哲伦设下计谋平定了这次叛乱，避免了探航半途而废的结局。

经过近5个月的休整，到了8月，又到了这个地区春暖花开的季节，麦哲伦又率领船队出发了。由于有一艘船在5月份的探航中沉没，此时只剩下4条船了。两个月后，船队在南纬52°处又发现了个入海口。这个海峡弯弯曲曲，忽窄忽宽，港汊交错，波涛汹涌。麦哲伦派出一艘船去探航，然而这艘船却调转船头逃回了西班牙。麦哲伦只好率领着剩下的3条船像钻迷宫似的在海峡中摸索着前进。麦哲伦以坚强的意志率领船队前进。在这个海峡迂回航行一个月后，他们终于驶出海峡西口，见到了浩瀚的大海。向来以沉着、坚定著称的麦哲伦激动地掉下了眼泪。

为了纪念麦哲伦这次探航的功绩，

后人把这条海峡命名为"麦哲伦海峡"。如果你打开世界地图，就可以在南美洲的南端，约南纬52°的地方找到它。

◆ **第一个发现太平洋的欧洲人是谁？**

1513年9月1日，西班牙冒险家巴尔沃亚率船队离开圣玛利亚·安提瓜据点去寻找"西方的海"。他们在印第安向导的指引下，向西行驶了约150千米后，到了巴拿马地峡东部较窄处。9月6日登陆，开始向西横穿地峡。陆上远征探险队包括190名西班牙人（其中原奥赫达的部下皮萨罗也随队前往）和数百名印第安人。在丛林中，探险队与当地印第安人发生激战并获胜。于是继续前进，但道路坎坷，自然环境恶劣，一些西班牙人因为染上了丛林热而死去，故而前进速度缓慢，三星期内仅仅走了72千米。9月24日，探险队击退了上千丛林印第安人的进攻，在夸雷夸人村落里缴获了一些食品。9月25日，探险队前行至一座陡峭的山峰之下，巴尔沃亚登上山，果然发现了西南方的大海，他把这片新发现的海洋命名为南海（即太平洋，因为那时人们根本不知道它有多宽多大，而且也缺乏区别海与洋的概念）。随后，探险队继续南下，9月29日到达巴拿马湾的圣米格尔湾。巴尔沃亚蹚进水里举行了占有仪式，宣布以西班牙国王的名义占有了南部这些海洋、陆地、海岸、海湾和岛屿。探险队还做了独木舟在海湾航行，发现了珍珠丰富的渔场，并沿海岸考察了圣米格尔半岛。然后又横穿地峡。

此前，欧洲人在西半球的地理发现都是属于美洲的东海岸，而巴尔沃亚首次横穿美洲大陆中部的巴拿马地峡，到达美洲西海岸，发现了欧洲人前所未知，东方人和印第安人前所未识的太平洋。而且，这次重大的地理发现是近一个世纪以来西欧人首次通过陆上跋涉探险来完成的，这也为其他探险家指明了另一条成功的路径。

◆ **太平洋因何得名？**

1514年1月初，巴尔沃亚向西班牙政府送回了发现大南海的报告和包括宝石、珍珠和黄金在内的所获财物的五分之一。这样，西班牙政府宽恕了巴尔沃亚，并提升他为南海、巴拿马和科伊瓦总督。巴尔沃亚发现大南海为往后麦哲伦环球航行奠定了基础。

1520 年，葡萄牙航海家麦哲伦受西班牙国王委托，率领船队寻找通往东方的航线。经过四个多月的艰难航程，越过狂风恶浪的大西洋，穿过麦哲伦海峡，进入了新的大洋。当时天气晴朗，风平浪静，与前段航行截然不同，因此麦哲伦便把这个叫作"南海"的大洋改称为"和平之洋"，汉译为"太平洋"。

◆ 你知道亚美利哥洲的来历吗？

亚美利哥，意大利航海家，1454 年 3 月生于佛罗伦萨，1512 年 2 月 22 日卒于西班牙塞维利亚。亚美利哥的父亲是一个为佛罗伦萨银行家工作的公证人，经常被派到西班牙办事。哥伦布的远航震撼了世界，人们都以为这次航行到达了亚洲，但却没有看到亚洲的财富和文明。1497—1504 年，亚美利哥为了弄清这一总问题，参加了去大西洋西岸的航行。亚美利哥此行并未获得任何带有根本性的具体发现，但他却做了一件更重要的事情。他具有敏锐的洞察力。哥伦布一直到临终前还自以为到达了亚洲，而亚美利哥则认为这是不可能的。这块新的陆地向南方延伸太远。1504 年亚美利哥断言，这块新陆地不是亚洲，而是一块前人们从不知道的新大陆。而这块新大陆和亚洲之间，一定还有一个大洋。

1499 年，亚美利哥随同葡萄牙人奥赫达率领的船队从海上驶往印度，他们沿着哥伦布所走过的航路向前航行，克服重重困难终于到达美洲大陆。亚美利哥对南美洲东北部沿岸作了详细考察，并编制了最新地图。1507 年，他的《海上旅行故事集》一书问世，引起了全世界的轰动。在这本书中，引人入胜地叙述了"发现"新大陆的经过，并对大陆进行了绘声绘色的描述和渲染。亚美利哥向世界宣布了新大陆的概念，一下子冲垮了中世纪西方地理学的绝对权威普多列米制定的地球结构体系。于是，法国几个学者便修改和补充了普多列米的名著《宇宙学》，并以亚美利哥的名字为新大陆命名，以表彰他对人类认识世界所做的杰出贡献。新《宇宙学》一书出版后，根据书中的材料，在地图上也加上了新大陆——亚美利哥洲。后来，依照其他大洲的名称构词形式，"亚美利哥"又改成"亚美利加"。起初，这一名字仅指南美洲，到 1541 年麦卡托的地图上，北美洲也算美洲的一部分了。

◆马丁·路德是谁?

马丁·路德（1483—1546），是16世纪德国宗教改革运动的发起者，新教路德宗的奠基人。

少年时的马丁·路德目睹了天主教会的腐败糜烂，便下定决心要进行宗教改革。大学毕业以后，他在父母亲朋诧异的目光中"遁入空门"——进入雷尔福特圣奥古斯丁修道院当修士。在那里他学习神学，并且洁身自律。1508年，他成为维登堡大学的神学教授。教皇和天主教会的腐败奢侈，日益坚定了他进行宗教改革的决心。他开始着手创建自己的宗教学说——"因信称义"说。1517年，为反对教皇利奥十世借颁发赎罪券盘剥百姓，路德在维登堡大教堂门前贴出了《关于赎罪券效能的辩论》（即《九十五条论纲》，简称《论纲》）。《论纲》所引起的强烈反响，甚至出乎路德自己的预料。社会各阶层都对《论纲》表现出浓厚的兴趣。可以说《论纲》点燃了第一次德国资产阶级革命——宗教改革的火焰。各阶层的热烈支持，使路德走上了同罗马教廷彻底决裂的道路。

1543年，路德翻译的德文《圣经》面世了，海涅认为路德对《圣经》的翻译是"创造了德语"。路德所译的《圣经》是依照未经后世篡改的希伯来文和希腊文原本。他的翻译为人民提供对抗天主教会的思想武器。从另一种意义上说，他译的《圣经》使用的是德国语言，这种统一的语言成为联系德意志各邦的重要纽带。

1546年2月，路德死于出生地艾斯勒本，享年63岁。路德一生功过参半。他所发起并领导的宗教改革运动席卷整个欧洲，结束了罗马天主教会对于西欧的封建神权统治。

◆但丁最著名的作品是哪一部?

1265年6月，但丁诞生在佛罗伦萨的一个没落小贵族家庭。当时，佛罗伦萨是意大利最繁荣的手工业中心和文化中心。但丁在少年时代就勤奋好学，善于思考，对当时的各个学术领域无不研究，这使他在青年时就成为一个多才多艺、学识渊博的人。

13世纪的意大利在政治上处于分裂状态。24岁时，但丁开始参加了当时的政治斗争。后来，他所支持的党被打败，但丁因拒不认罪，被判没收全部家产，终身流放。在此后的近 20 年里，但丁虽然也作过多次努力想重返故里，但都没有成功，最终客死他乡。但丁在流亡过程中，周游了许多城市，广泛接触到意大利动乱的现实和平民阶层的困苦生活，加深了对意大利的认识，坚定了自己的政治理想。他的重要作品几乎全部是在流亡中写成的，其中以《神曲》最为著名。

《神曲》是一部比较特殊的史诗，因为诗中叙述的是诗人自己想象中的经历。全诗分《地狱》《炼狱》《天堂》三部，每部由 33 首"歌"组成，加上全书的序曲，总共有 100 首歌之多，计一万四千多行。后人为了表示对诗人的崇敬，称这部作品为神圣的《喜剧》。这部长诗采用的是中古时期所特有的梦幻文学形式，通过但丁的自叙，描述了他在 1300 年复活节前的那个星期五凌晨，在一座黑暗的森林里迷了路。黎明时分，他来到一座洒满阳光的小山脚下。他正要登山，却被三只张牙舞爪的野兽（豹、狮、狼，象征淫欲、强暴、贪婪）拦住了去路，情势十分危急。这时，古罗马时代的伟大诗人维吉尔出现了。他受但丁青年时期所爱恋的对象贝雅特丽齐的嘱托前来搭救但丁，然后又作为他的向导带他游历了地狱和炼狱。地狱分成三部分：第一部分在狄斯城内，分成五层，分别收容一些异教徒的灵魂、好色之徒、犯饕餮罪者、贪婪挥霍者、生前动辄发怒的灵魂，这些人在这里受尽了各种煎熬。第二部分在狄斯城内，也分成三层，收容的都是罪孽深重的灵魂。第三部分是一个分成四层的巨大的深井，其底部是个冰湖，凡生前有残杀亲人或各种背叛罪行的灵魂都给冻在湖里。

◆ 你知道罗马"桂冠诗人"彼特拉克吗？

弗朗西斯克·彼特拉克（1304—1374），出生在意大利佛罗伦萨附近的阿雷佐，是一个公证人的儿子。他的童年是在一个靠近佛罗伦萨的名为 Incisa 的乡村中度过的。他的父亲瑟·彼特拉克和但丁一起于 1302 年被黑党政权从佛罗伦萨放逐。他与其家人追随从 1309 年教会分裂中迁居亚维农的教皇克雷芒五世迁至亚维农居住。

1316—1320 年，他在法国的蒙彼利埃就学；1320—1326 年，在意大利北部的博洛尼亚学习。尽管父亲希望彼特拉克学习法律和宗教，但是他的主要兴趣却是写作和古罗马文学。他常与他的朋友薄伽丘分享他的创作激情。

为了搜寻拉丁语写成的经典和手稿，他不惜穿梭于法国、德国、意大利和西班牙。随着他的首部描写第二次布匿战争的大型叙事诗《阿非利加》的出炉，彼特拉克成了欧洲的一个名人。1326 年，父亲过世后，彼特拉克又回到了亚维农。在那里，他在许多事务所工作过。1341 年，彼特拉克因《阿非利加》热情讴歌了古罗马的爱国主义精神而荣获罗马"桂冠诗人"称号。

◆莎士比亚是如何成为文学巨匠的？

1564 年，莎士比亚出生在英国中部一个叫斯特拉特福的小镇。七八岁时，他就被送到学校，学习法文和拉丁文，也接触过一些古罗马的诗歌和戏剧。他聪明伶俐，对知识的领悟非常快。可因家里破产，他只得离开学校，回家帮父母做一些家务。

回家后，他一边干活，一边继续学习知识。后来，莎士比亚去了伦敦。为了谋生，他东奔西走，才在一家戏剧院里谋到了一个替绅士牵马的活。开始时，他对戏剧也不了解，只是在闲暇时，透过门缝和小洞去看舞台上的演出。看得多了，他对戏剧产生了浓厚兴趣。有时，戏散了，他还在那里琢磨剧情和角色呢。一次偶然的机会，他被临时叫去扮演一个仆从，他表演得惟妙惟肖，非常出色。打这以后，他就得到了大家的赏识，最后竟成了正式演员。他演戏很认真，演什么像什么。为了把戏演得更好，他还深入伦敦的下层社会，接触一些下层农民，去熟悉他们的语言谈吐。

从 1590 年开始，他尝试着去修改一些旧剧本。在一年多的时间里，他写成了《亨利六世》等三个剧本，引起了戏剧界的注意。紧接着，他又写了《理查三世》《错误的喜剧》等作品，都获得了巨大的成功，从而奠定了他在戏剧界的地位。在随后的 20 多年里，他埋头进行创作，共完成了叙事长诗两部，十四行诗一卷和戏剧 37 部。他的作品语言形象生动，笔调辛辣幽默，还塑造了哈姆雷特、奥赛罗和朱丽叶等许多不朽的艺术形象，成为世界上伟大的戏剧家和诗人，堪称一代文学巨匠。

◆米开朗基罗有哪些著名雕塑作品？

米开朗基罗（1475—1564），文艺

复兴意大利艺坛三杰之一，文艺复兴时期伟大的绘画家、雕塑家和建筑师，文艺复兴时期雕塑艺术最高峰的代表。1475 年 3 月 6 日生于佛罗伦萨附近的卡普莱斯，父亲是奎奇市和卡普莱斯市的自治市长。他 13 岁进入佛罗伦萨画家基尔兰达约的工作室，后转入圣马可修道院的美第奇学院做学徒。1496 年，米开朗基罗来到罗马，创作了第一批代表作《酒神巴库斯》和《哀悼基督》等。1501 年，他回到佛罗伦萨，用了四年时间完成了举世闻名的《大卫》。

《大卫》是文艺复兴人文主义思想的具体体现，它对人体的赞美，表面上看是对古希腊艺术的"复兴"，实质上表示着人们已从黑暗的中世纪桎梏中解脱出来，充分认识到了人在改造世界中的巨大力量。米开朗基罗在雕刻过程中注入了巨大的热情，塑造出来的不仅仅是一尊雕像，而是思想解放运动在艺术上得到表达的象征。作为一个时代雕塑艺术作品的最高境界，《大卫》将永远在艺术史中放射着无尽的光辉。

1505 年他在罗马奉教皇尤里乌斯二世之命负责建造教皇的陵墓，1506年停工后回到佛罗伦萨。1508 年，他又奉命回到罗马，用了四年零五个月的时间完成了著名的西斯廷教堂天顶壁画。1513 年，教皇陵墓恢复施工，米开朗基罗创作了著名的《摩西》《被缚的奴隶》和《垂死的奴隶》。1519—1534 年，他在佛罗伦萨创作了他生平最伟大的作品——圣洛伦佐教堂里的美第奇家族陵墓群雕。1536 年，米开朗基罗回到罗马西斯廷教堂，用了近六年的时间创作了伟大的教堂壁画《末日审判》。之后他一直生活在罗马，从事雕刻、建筑和少量的绘画工作，直到 1564 年 2 月 18 日逝世于自己的工作室中。

◆ 文学史上的第一部现代小说叫什么？

塞万提斯·萨维德拉（1547—1616），文艺复兴时期西班牙小说家、剧作家、诗人。他被誉为西班牙文学世界里最伟大的作家。评论家们称他的小说《堂吉诃德》是文学史上的第一部现代小说，同时也是世界文学的瑰宝之一。

1605 年《堂吉诃德》第一部出版，立即风行全国，一年内竟再版了六次。这部小说虽然未能使塞万提斯摆脱贫困，却为他赢得了不朽的荣誉。书中对时弊的讽刺与无情嘲笑遭到封建贵族与天主教会的不满与憎恨。1614年有人出版了一部伪造的续篇，站在教会与贵族的立场上，肆意歪曲、丑化小说主人公的形象，并对塞万提斯本人进行了恶毒的诽谤与攻击。塞万提斯为了抵制伪书的恶劣影响，赶写了《堂吉诃德》第二部，于1615年推出。该书几乎被译成各种文字，广泛流传于世，老少皆宜且寓意深刻。小说主要描写一个瘦弱的没落贵族堂吉诃德因迷恋古代骑士小说，竟像古代骑士那样用破甲驽马装扮起来，以丑陋的牧猪女作美赛天仙的崇拜贵妇，再以矮胖的农民桑丘·潘札做侍从，3次出发周游全国，去创建扶弱除强的骑士业绩。以致闹出不少笑话，到处碰壁受辱，被打成重伤或被当作疯子遣送回家。

小说中出现的人物近700个，描绘的场景从宫廷到荒野遍布全国。揭露了16世纪末到17世纪初正在走向衰落的西班牙王国的各种矛盾，谴责了贵族阶级的荒淫腐朽，展现了人民的痛苦和斗争，触及了政治、经济、道德、文化和风俗等诸方面的问题。

小说塑造了可笑、可敬、可悲的堂吉诃德和既求实胆小又聪明公正的农民桑丘这两个世界文学中的著名典型人物，将现实主义和浪漫主义有机地结合起来，既有朴实无华的生活写实，也有滑稽夸张的虚构情节，在反映现实的深度、广度上，在塑造人物的典型性上，都迈上了一个新的台阶。

◆达·芬奇最早在何处接受人文主义熏陶？

列奥纳多·达·芬奇（1452—1519），诞生在意大利芬奇镇附近的安奇亚诺村。芬奇镇靠近佛罗伦萨。父亲皮耶罗是当地有名的公证人，家庭富有。达·芬奇是非婚生子，他的童年是在祖父的田庄里度过的。孩提时代的达·芬奇聪明伶俐，勤奋好学，兴趣广泛。他歌唱得很好，很早就学会弹七弦琴和吹奏长笛。他的即兴演唱，不论歌词还是曲调，都让人惊叹。他尤其喜爱绘画，常为邻里作画，有"绘画神童"的美称。

皮耶罗确信儿子有绘画天赋，便将小芬奇送往佛罗伦萨，师从著名的艺术家韦罗基奥，开始系统地学习造型艺术。此时的达·芬奇只有14岁。当时，皮耶罗受一位农民的委托，要画一幅盾面画。他听说儿子会画画，想试试儿子的画艺，便将这个任务交给了小芬奇。小芬奇凭借自己丰富的想象力，用了一个月的时间，画成了一个骇人的妖怪美杜莎。这幅作品完成后，小芬奇请父亲来到他的房间。他把窗遮去一半，将画架竖在光线恰好落在妖怪身上的地方。皮耶罗刚走进房间时，一眼就看到了这个面目狰狞的妖怪，吓得大叫起来。小芬奇则笑着对父亲说："你把画拿去吧，这就是它该产生的效果。"

韦罗基奥的作坊是当时佛罗伦萨著名的艺术中心，经常有意大利人文主义者在这里聚会，讨论学术问题。达·芬奇在这里结识了一大批知名的艺术家、科学家和人文主义者，开始接受人文主义的熏陶。达·芬奇在20岁时已有很高的艺术造诣，他用画笔和雕刻刀去表现大自然和现实生活的真、善、美，热情歌颂人生的幸福和大自然的美妙。其代表作有壁画《最后的晚餐》《安吉里之战》和肖像画《蒙娜丽莎》。

◆《蒙娜丽莎》是一幅怎样的画作？

《蒙娜丽莎》是一幅享有盛誉的肖像画杰作。它代表达·芬奇的最高艺术成就，成功地塑造了文艺复兴时期一位新兴资产阶级妇女的形象。画中人物坐姿优雅，笑容微妙，背景山水幽深茫茫，淋漓尽致地发挥了画家那奇特的烟雾状"无界渐变着色法"般的笔法。画家力图使人物丰富的内心感情和美丽的外形达到巧妙的结合，对于人像面容中眼角唇边等表露感情的关键部位，也特别着重掌握精确与含蓄的辩证关系，达到神韵之境，从而使蒙娜丽莎的微笑具有一种神秘莫测的千古奇韵，那如梦似的妩媚微笑，被不少美术史家称为"神秘的微笑"。

达·芬奇在人文主义的思想影响下，着力表现人的感情。在构图上，达·芬奇改变了以往画肖像画时采用侧面半身或截至胸部的习惯，代之以正面的胸像构图，透视点略微上升，使构图呈金字塔形，蒙娜丽莎就显得更加端庄、稳重。另外，蒙娜丽莎的一双手，柔嫩、精确、丰满，展示了她的温柔及身份和阶级地位，显示出达·芬奇的精湛画技和敏锐观察力。

◆谁最早提出了计算工具设想？

欧洲文艺复兴时期的伟人达·芬奇，在科学方面的造诣丝毫不亚于其艺术成就，他很早就提出过计算工具的设想。后人在达·芬奇的手稿中，发现了关于机械式计算工具设计方案的记录，人们根据达·芬奇的手稿仿制出了机械式计算器。

1621年，英国人冈特发明计算尺，这是世界上最早的模拟计算工具。17世纪的文献详细记载了冈特发明这种计算工具的过程。

1642年，法国数学家、物理学家和思想家帕斯卡发明加法机，这是人类历史上第一台机械式计算机，其原理对后来的计算机械产生了持久的影响。

1673年，德国数学家莱布尼茨发明乘法机，这是第一台可以运行完整的四则运算的计算机。莱布尼茨同时还提出了"可以用机械代替人进行繁琐重复的计算工作"的伟大思想，这一思想至今鼓舞着人们探求新的计算工具。

◆提香是哪个画派的代表？

提香·韦切利奥（1490—1576），意大利文艺复兴时期威尼斯画派代表。他是乔凡尼·贝里尼的学生，并受乔尔乔内的影响，青年时代在人文主义思想的主导下，继承和发展了威尼斯派的绘画艺术，把油画的色彩、造型

和笔触的运用推进到新的阶段。其神话题材画作《爱神节》《酒神与阿丽亚德尼公主》等，洋溢着欢欣的情调和旺盛的生命力。

◆波兰"百年辉煌"是指哪个时期？

从15世纪初到16世纪的近100年，是波兰历史上最辉煌的时期，史称"百年辉煌"或"黄金时代"。此时由于波兰国王是入赘的女婿，为了争取主要由骑士军人组成的波兰贵族集团的支持，对他们做了较大让步，使波兰贵族享受到较为广泛的民主自由，成立了实行多数决定制的议会，限制了王权和教会。这在中世纪的欧洲具有一定积极意义，甚至对后来英国、法国的资产阶级革命都产生了重要影响。这一时期，整个波兰基本上没有发生战争，国家呈现安定局面，经济发展，科学进步，文化繁荣，国土面积扩大到近百万平方千米，人口达700万。波兰当时发展成一个多民族、多宗教、多文化的中欧大国。著名的天文学家哥白尼就生活在这个时代。

◆哥白尼是怎样认识天体运动的？

尼古拉·哥白尼（1473—1543）是波兰一位伟大的天文学家。他以惊

人的才华和勇气揭开了宇宙的秘密，奠定了近代天文学的基础。他认为天体运动必须满足以下七点：

1. 不存在一个所有天体轨道或天体的共同的中心。

2. 地球只是引力中心和月球轨道的中心，并不是宇宙的中心。

3. 所有天体都绕太阳运转，宇宙的中心在太阳附近。

4. 日地距离同天穹高度之比，就如同地球半径同日地距离之比一样渺小。地球到太阳的距离同天穹高度之比是微不足道的。

5. 在天空中看到的任何运动，都是地球运动引起的。

6. 在天空中看到的太阳运动的一切现象，都不是它本身运动产生的，而是地球运动引起的。地球带着大气层，像其他行星一样围绕太阳旋转。由此可见，地球同时进行几种运动。

7. 人们看到的行星向前和向后运动，是由于地球运动引起的。地球的运动足以解释人们在空中见到的各种现象了。

1515 年，哥白尼着手撰写《天体运行论》。十几年来，哥白尼进行了大量的天文观测，收集了大批资料，终于在 1533 年完成了这部巨著的初稿。随后，他又长期进行观测、验证、修改，使得他的宇宙体系更具说服力，成为一种科学理论。

《天体运行论》的第一卷是全书的精髓，先后论述了"宇宙是球形""大地也是球形""天体的运动是均匀永恒之圆运动或复合运动"。由于哥白尼的学说触犯了基督教教义，遭到教会的查禁。直至 1882 年，罗马教皇才不得不承认哥白尼的学说是正确的。这一学说经过 3 个世纪的艰苦斗争，终于被科学界普遍接受。

◆ 伽利略如何发现自由落体定律？

伽利略·伽利雷（1564—1642），意大利物理学家、天文学家和哲学家，近代实验科学的先驱者。

1590 年，伽利略在比萨斜塔上做了"两个铁球同时落地"的实验，得出了重量不同的两个铁球同时下落的结论。从此推翻了亚里士多德"物体下落速度和重量成比例"的学说，纠正了这个持续了 1900 多年之久的错误结论。关于自由落体实验，伽利略做了大量的实验，他站在斜塔上面让不同材料构成的物体从塔顶上落下来，并测定下落时间有多少差别。结果发现，各种物体都是同时落地，而不分先后。也就是说，下落运动与物体的具体特征并无关系。无论木制球或铁制球，如果同时从塔上开始下落，它们将同时到达地面。伽利略通过反复的实验，认为如果不计空气阻力，轻重物体的自由下落速度是相同的。

◆ 伽利略是如何研制出天文望远镜的？

1609 年 6 月，伽利略听到一个消息，说是荷兰有个眼镜商人利帕希偶然用一种镜片看见了远处肉眼看不见的东西。"这难道不正是我需要的千里眼吗？"伽利略非常高兴。不久，伽利略的一个学生从巴黎来信，进一步证实这个消息的准确性，信中说尽管不知道利帕希是怎样做的，但是这个眼镜商人肯定是制造了一个镜管，用它可以使物体放大许多倍。

"镜管！"伽利略把来信翻来覆去看了好几遍，急忙跑进他的实验室。他找来纸和鹅管笔，开始画出一张又一张透镜成像的示意图。伽利略由镜管这个提示受到启发，看来镜管能够放大物体的秘密在于选择怎样的透镜，特别是凸透镜和凹透镜如何搭配。他找来有关透镜的资料，不停地进行计算，忘记了暮色爬上窗户，也忘记了

曙光是怎样射进房间。整整一个通宵，伽利略终于明白，把凸透镜和凹透镜放在一个适当的距离，就像那个荷兰人看见的那样，遥远的肉眼看不见的物体经过放大也能看清了。

伽利略非常高兴，他顾不上休息，立即动手磨制镜片，这是一项很费时间又需要细心的活儿。他一连干了好几天，磨制出一对对凸透镜和凹透镜，然后又制作了一个精巧的可以滑动的双层金属管。

伽利略小心翼翼地把一片大一点的凸透镜安在管子的一端，另一端安上一片小一点的凹透镜，然后把管子对着窗外。当他从凹透镜的一端望去时，奇迹出现了，远处的教堂仿佛近在眼前，可以清晰地看见钟楼上的十字架，甚至连一只在十字架上落脚的鸽子也看得非常逼真。

伽利略发明的望远镜，经过不断改进，放大率提高到 20 倍。现在，他犹如有了千里眼，可以窥探宇宙的秘密了。

◆ 谁被尊为"磁学之父"？

吉尔伯特（1544—1603），英国著名的医生、物理学家。他于 1544 年 5 月 24 日生在英国科尔切斯特市一个大

法官家里，年轻时就读于剑桥大学圣约翰学院，攻读医学，获医学博士学位，毕业后逐渐成为英国名医。由于他医术高明，1601年担任英国女王伊丽莎白一世的御医，直到1603年11月30日逝世。

吉尔伯特开创了电学和磁学的近代研究。1600年他发表了一部巨著《论磁》，该书的所有结论都是建立在观察与实验基础上的。书中记录了磁石的吸引与推斥；磁针指向南北等性质；烧热的磁铁磁性消失；用铁片遮住磁石，它的磁性将减弱。他研究了磁针与球形磁体间的相互作用，发现磁针在球形磁体上的指向和磁针在地面上不同位置的指向相仿，还发现了球形磁体的极，并断定地球本身是一个大磁体，提出了"磁轴"、"磁子午线"等概念。总之，在磁现象的研究方面，吉尔伯特的成就巨大，被尊为"磁学之父"。

◆ 弗朗西斯·培根有着怎样的经历？

弗朗西斯·培根于1561年出生于伦敦，是伊丽莎白一世手下一位高级政府官员的次子。他12岁进入剑桥大学三一学院，但是三年后中途辍学，未获得学位。他从16岁开始给英国驻巴黎大使当助手。18岁时，他的父亲猝死，未能给他留下什么钱财。因此他开始攻读法律，21岁时成为一名律师。

1602年，伊丽莎白去世，詹姆士一世继位。由于培根曾力主苏格兰与英格兰的合并，受到詹姆士的大力赞赏。1604年培根被任命为詹姆士的顾问，1607年被任命为副检察长，1613年被委任为首席检察官，1616年被任命为枢密院顾问，1617年被提升为掌玺大臣。但培根的才能和志趣不在国务活动上，而在探求科学真理上。这一时期，他在学术研究上取得了巨大的成果，出版了多部流传后世的著作。

1621年，国会指控培根贪污受贿，经高级法庭审理，培根被判处罚金四万镑，监禁于伦敦塔内，终生逐出宫廷，不得任议员等官职。虽然后来罚金和监禁皆被豁免，但培根却因此身败名裂。从此培根不理政事，开始专心从事理论著述。1626年3月底，培根坐车经过伦敦北郊。当时他正在潜心研究冷热理论及其实际应用问题。当路过一片雪地时，他突然想做一次实验。他宰了一只鸡，把雪填进鸡肚，以便观察冷冻在防腐上的作用。但他身体孱弱，未能经受住风寒侵袭，支气管炎复发，病情趋于恶化，于1626年4月9日清晨病逝。

◆ 谁被称为法兰西绘画之父？

古拉斯·普桑（1594—1665），17世纪法国巴洛克时期重要画家，17世纪法国古典主义绘画的奠基人。在法国17世纪画坛他的地位无与伦比。《阿卡迪亚的牧人》为其主要代表作。普桑的作品大多取材神话、历史和宗教故事。画幅通常不大，但是精雕细琢，力求严格的素描和构图的完美，人物造型庄重典雅，富于雕塑感；作品构思严肃而富于哲理性，具有稳定静穆和崇高的艺术特色。他的画冷峻中含有深情，可以从中窥视到画家冷静的思考。如果说法兰西民族绘画形成于17世纪，那么普桑可谓"法兰西绘画之父"。

◆ 撒尿小孩铜像有什么来历？

布鲁塞小撒尿小孩铜像是布鲁塞尔标志性建筑，位于市中心广场上叫"狗街"的转弯处。雕塑刻画的小男孩后来成为比利时的国家英雄。雕像建于1619年，1747年法国路易十五为了"雅观"起见，曾给他披上过衣服。

关于该雕像的传说有好几种，其中流传最广的说法是：在一次比利时人民反侵略战争期间，战败的西班牙入侵者在逃离该市之际，点燃了通往市政厅地下火药库的导火索，企图将市中心夷为平地。当时一个名叫于廉的小男孩发现正在燃烧的导火索，急中生智，立刻撒了泡尿将导火索浇灭，使该市幸免于难。不幸的是于廉最终中弹身亡。人民为纪念这位小英雄创作了此尊铜像。另一种传说是，中世纪有伙强盗在布鲁塞尔燃起漫天大火，此时有位神童从天而降，撒了一泡尿将大火浇灭，挽救了人民的生命财产，后来人们特立铜像进行纪念。小于廉的塑像极为生动逼真，赤身露体，叉腰挺肚，泰然自若地不断撒尿，十分引人喜爱。欧美各国每年狂欢节便以小于廉造像大撒啤酒，引得参加狂欢的人们争相狂饮，一派热闹异常的动人情景。

◆ 谁提出了血液循环理论？

威廉·哈维（1578—1657），出身于英国一个富裕农民家庭，19岁毕业于英国的剑桥大学，之后到意大利留学，5年后他获得医学博士学位。在意大利学医时，他还常常去听伽利略讲授的力学和天文学，深受这位教授的影响。他的求知欲已跨越学科的界线。伽利略注重实验的做法，对哈维影响极大，这为他日后研究医学，发现人的血液循环奠定了基础。

　　说到认识人的血液循环，对于今天的青少年来讲，似乎无人怀疑过。然而，在古代要认识它并不容易，而且有很多科学家、学者付出了昂贵的代价——鲜血和生命。在古代，著名学者、哲学家亚里士多德的言论，被誉为仅次于神的权威，不容置疑。他对于人的血液循环毫无认识，因而十分错误地提出人体内（血管内）充满着空气。这种错误的说法延续了几百年，直到公元 2 世纪，被一位古罗马的神医盖仑否定，他指出人血管里流的是血。显然，这一认识比亚里士多德前进了一大步。盖仑的理论认为，血液在人体内像潮水一样流动之后，便消失在人体四周。由于他是一位名望极高的神医，人们一千年内都把他这种血液理论奉为真理，没有怀疑。

　　哈维用兔子和蛇，反复做实验，他把它们解剖之后，找出还在跳动的动脉血管，然后用镊子把它们夹住，观察血管的变化，他发现血管通往心脏的一头很快膨胀起来，而另一端就

马上瘪下去了，这说明血是从心脏里向外流出来的，由此证明动脉里的血压在升高。他又用同样的方法，找出了大的静脉血管，用镊子夹住，其结果正好与动脉血管相反，靠近心脏的那一段血管瘪了下去，而远离心脏的另一端鼓胀了起来，这说明静脉血管中的血是流向心脏的。哈维终于得出了这样一个结论：血液由心脏这个"泵"压出来，从动脉血管流出来，流向身体各处，然后，再从静脉血管中流回去，回到心脏，这样完成了血液循环。他把这一发现写成了《动物心脏和血液运动》一书，正式提出了关于血液循环的理论。

◆托马斯·莫尔因何被亨利八世处死？

　　托马斯·莫尔（1478—1535），英国的空想社会主义者，也是《乌托邦》一书的作者。1478 年 2 月 7 日，出生在英国伦敦一个不太显赫的富有家庭。莫尔幼年丧母，由父亲带大。他的父亲约翰·莫尔曾担任过皇家高等法院的法官，是一位勤俭持家、正直明达的人。他对儿子要求极为严格，这对莫尔一生产生了深刻的影响。

　　在当时的欧洲，拉丁文被视为进入上层社会的通行证。因此，幼小的

莫尔被送入了伦敦的圣安冬尼学校，学习拉丁文。13岁时，父亲将他寄住在坎特布雷大主教、红衣大主教莫顿的家中。莫顿是当时一位很有影响的政治家，他学识渊博、机智过人、谈吐优雅，曾担任过英国的大法官，对此莫尔在《乌托邦》中专门做过描述。莫尔从他那儿受到了很多有益的影响。1535年，托马斯·莫尔因反对英国国王亨利八世兼任教会首脑而被处死。1935年，在他逝世400年后，被罗马天主教会册封为圣人。

◆英国"圈地运动"的起因是什么？

15世纪末至16世纪初，欧洲直通印度新航线的开辟和美洲大陆的发现，以及环球航行的成功，使英国的对外贸易迅速增长，进一步刺激了英国羊毛出口业和毛织业的发展。羊毛价格不断上涨。养羊业成为获利丰厚的事业。往往10英亩（约0.04平方千米）牧场的收益超过20英亩（约0.08平方千米）的耕地。在英国，虽然土地早已有主，但森林、草地、沼泽和荒地这些公共用地则没有固定的主人。一些贵族利用自己的势力，首先在这里扩大羊群，强行占有这些公共用地。当这些土地无法满足贵族们

日益扩大的羊群需要时，他们又开始采用各种方法，把那些世代租种他们土地的农民赶出家园，甚至把整个村庄和附近的土地都圈起来，变成养羊的牧场。根据1630年和1631年的调查报告，莱斯特郡在两年内圈地10万英亩（约405平方千米），约占该郡土地2%。大部分圈占地变成牧场。主要的圈占者是乡绅。1485—1550年，他们在莱斯特郡圈地的面积占圈地总面积的60%。大批农民被迫出卖土地，或远走他乡，或到处流浪，陷于极端悲惨的境地。托马斯·莫尔在《乌托邦》一书中，辛辣地指责这是"羊吃人"。

曾经有一群农民在向国王控诉一个叫约翰·波米尔的领主的上诉书中写道：

"这个有权有势的约翰·波米尔用欺骗、暴力占有您的苦难臣民——我们的牧场，这些土地是我们世代所拥有的。他把这些牧场和其他土地用篱笆围上，作为自己所有。

"后来，这个约翰·波米尔又强行夺取了我们的住宅、田地、家具和果园。有些房屋被拆毁，有些甚至被他派人放火烧掉，我们被强行驱逐出来。如果有谁不愿意，波米尔就率领打手

包围他的家。这些人手持刀剑、木棒，气势汹汹，凶猛地打破他家的大门，毫不顾忌他的妻子儿女的号哭。

"约翰·波米尔为了圈占我们的土地，不惜将我们投入监狱、毒打、致残，甚至杀害，我们现在连生命都难保全。"

在这种强行的圈地运动中，农民以前以各种形式租种的土地，无论是先前定下的终身租地，还是每年的续租地，都被贵族强行圈占了。这些成为牧场主的贵族们还互相攀比，使他们的牧业庄园变得越来越大。

英国的圈地运动从15世纪70年代开始一直延续到18世纪末。英国全国一半以上的土地都变成了牧场。在圈地运动的发展过程中，虽然英国国王也进行了一定程度的限制，颁布了一些企图限制圈地程度的法令，但这些法令没起多大作用，反而使圈地日益合法化。

◆ 西班牙无敌舰队如何覆灭？

1588年8月，西班牙和英国为了争夺海上霸权，在英吉利海峡进行了一场举世瞩目、激烈壮观的大海战。这次海战，西班牙实力强大，武器先进，战船威力无比，且兵力达3万余人，号称"最幸运的无敌舰队"。而当时英国军队规模不大，整个舰队的作战人员也只有9000人。两军相比，众寡悬殊，西班牙明显占据绝对优势。但出人意料的是，这场海战以西班牙惨遭毁灭性的失败而告终，"无敌舰队"几乎全军覆没。从此以后，西班牙急剧衰落，"海上霸主"地位被英国取而代之。

◆ 荷兰何时夺取了非洲西海岸的贸易垄断权？

荷兰从16世纪以来一直是葡萄牙与欧洲进行贸易的最大中间商，被称为"海上马车夫"。16世纪末，荷兰夺取了葡萄牙在非洲的重要贸易据点和军事要地。紧接着，又成立了荷属几内亚公司、西印度公司、东印度公司等，夺取了非洲西海岸的贸易垄断权。到17世纪中叶，荷兰几乎垄断了海上的奴隶贸易。

◆ 为什么东印度公司是英国侵略印度的工具？

英国东印度公司始建于1600年。最初，英国人主要是利用东印度公司做生意。慢慢地，东印度公司就成了英国殖民者侵略印度的工具了。1613年，英国在印度西部的苏拉特设立贸易站，不久，又在印度东南部的马德拉斯建立商馆。1698年，东印度公司向印度莫卧儿政府买下了位于孟加拉湾恒河口岸的加尔各答。加尔各答村庄虽小，作用却非常大，其周围盛产大米、黄麻，河流纵横交错，平原一望无边。东印度公司在这里设立了贸易总部，把印度的粮食和工业原料，源源不断地运回英国，从中获得了丰厚的利润。

英国东印度公司还通过垄断鸦片、食盐和烟草贸易等手段谋取暴利。其中，鸦片收入约占公司总收入的七分之一。他们强迫孟加拉农民种植鸦片，再走私到中国销售，从中渔利。18世纪初期，强盛的莫卧儿王朝开始衰落，印度又重新分裂为许多小的城邦，而此时英国东印度公司实力越来越强，于是它抛开了"商业公司"的外衣，逐渐占领了马德拉斯、加尔各答和孟买，然后在这里设立管区。为了能更顺利地入侵其他地区，英国东印度公司还在加尔各答修筑了一个巨大的堡垒，里面有为它服务的荷枪实弹、全副武装的英国军人。

◆英印"七年战争"是怎么回事?

做生意的英国东印度公司建立了军队，这下印度人终于不干了。1756年，孟加拉的纳瓦布（相当于总督）向东印度公司提出抗议，要求它们拆除堡垒，但英国人根本不予理睬。于是，纳瓦布发兵赶走了英国人，收回了加尔各答。这就是著名的英印"七年战争"的导火索。

1757年1月，英印开战。在狡猾的英国人的贿赂下，英军于普拉西战役中大败印军，孟加拉的纳瓦布被杀死，孟加拉国库被抢。据不完全统计，英军拿走的金银珠宝，总价值达3700万英镑，这还不包括个人装入腰包的总价值为2100万英镑的财物。贪婪的英国人还于1799年，在攻陷了印度封国迈索尔时，从迈索尔首府抢劫了价值超过1500万英镑的王室珍宝。

七年战争结束后，英国历史学家J.R.格林这样说道："七年战争是世界历史的一个转折点，也是英国历史的一个转折点。从战争结束时起，英国不再仅仅是一个欧洲强国，不再仅仅是德国、俄国或法国的对手。正如英国声称它是北美洲的霸主和印度未来的霸主那样，英国注定要在未来的世界历史中凌驾于仅仅在一块大陆内有影响力的区域性国家。"

◆英国东印度公司是怎样演变成殖民

政府的？

在英印"七年战争"中获胜的英军继而击败法军，独自霸占了孟加拉，并任命亲英派印度人做了纳瓦布。1765年，东印度公司取得孟加拉、比哈尔、奥里萨的收税权，主宰了孟加拉。公司直接掌握了财政和军权，并间接掌握了行政权。印籍人员负责办理事务，但无实权，史称"双层统治"。1767年，英国议会通过了"东印度公司管理法"，原加尔各答的省督改称总督，由英王直接任命，其任务是代表英国政府全权管理占领的印度全部领土。至此，英国政府开始通过东印度公司直接统治印度，东印度公司最终变成了统治印度的殖民主义政府。

英国殖民统治给印度带来了巨大的灾难。在18世纪中叶前，手工棉纺织业是印度最具有"比较优势"的产业，然而到了18世纪末的产业革命发生前，曾经辉煌上千年的印度手工业一蹶不振，千百万的手工业者失去了生活来源，成批地饿死。达卡城的人口由18世纪中期的15万下降到1840年的三四万人。"这种灾难在商业史上几乎绝无仅有。织布工人的尸骨把印度的平原漂白了。"一位东印度总督曾经这样说。

第三篇

近代史

◆ **哪场革命建起了第一个资产阶级共和国？**

1566 年，尼德兰爆发了反对西班牙统治的人民起义，历史上称作尼德兰革命。1566 年 4 月的一天，几个身穿乞丐服，系着乞食袋的人出现在布鲁塞尔城总督府门前。他们奇异的装扮引起了人们的注意，原来他们是大贵族奥兰治亲王威廉、厄格蒙特伯爵和荷恩大将。他们是代表尼德兰的"贵族同盟"向西班牙驻尼德兰总督请愿来了。西班牙驻尼德兰总督是个女公爵，叫玛格丽特。奥兰治亲王将请愿书递交给总督，要求废除迫害新教徒的法令，召开三级会议，撤退西班牙驻军。总督不仅拒绝了这些要求，而且还大骂这些富贵的乞丐，下令将他们赶出总督府。贵族们原打算让西班牙统治者作些让步，所以他们在请愿书中还表示效忠西班牙国王，但他

们的愿望落空了。正当他们商量新的对策时，人民群众已忍无可忍，于 8 月掀起了反对天主教会的圣像破坏运动。同年 10 月，参加起义者达数万人。后由于资产阶级和贵族同盟的动摇、妥协，1567 年春运动遭镇压。同年 8 月，西班牙国王腓力二世派阿尔法为尼德兰总督。阿尔法设"调查骚乱委员会"，血腥镇压尼德兰革命者，并推行新的税制。尼德兰人民在南方密林中，组成"森林乞丐"游击队；在北方沿海，组成"海上乞丐"游击队，英勇反抗西班牙的暴政。

1572 年，北方各省举行大起义，解放了荷兰、泽兰两省的大部。同年 8 月，威廉·奥伦治被推为北方各省执政。南方革命形势也日趋高涨。1576 年 9 月 4 日，布鲁塞尔爆发起义，推翻了西班牙在尼德兰的统治机构。1576 年 11 月 8 日，南北各省代表缔

结《根特协定》，恢复南北统一，共同反对西班牙的统治。慑于革命的不断深入，在西班牙增兵的情况下，西南几省贵族于 1579 年 1 月 23 日结成阿拉斯同盟，宣布承认腓力二世对尼德兰的主权，天主教神圣不可侵犯。北方 7 省和南方部分城市为对抗西南几省贵族的背叛，于同年 1 月 6 日结成乌得勒支同盟，规定建立统一的军队，采取统一的税率、币制和度量衡制，制定共同的军事、外交政策。同盟促使北方 7 省完全摆脱西班牙的统治，为联省共和国的成立奠定了基础。

1581 年，由北方各省代表组成的三级会议宣布废黜腓力二世，正式成立联省共和国。由于荷兰省在联省中的经济和政治地位最重要，因此亦称荷兰共和国，简称荷兰。随后，荷兰在军事和外交上取得反西班牙斗争的胜利。1609 年 1 月 9 日，西班牙国王腓力三世被迫与荷兰签订《十二年停战协定》，在事实上承认了荷兰的独立。尼德兰革命在北方获得完全胜利。

这场革命以加尔文教为旗帜，以城市平民为斗争的主力，推翻了西班牙在尼德兰的专制统治，在欧洲建立第一个资产阶级共和国，为资本主义在尼德兰北部的发展开辟了道路。

◆ 你知道英国资产阶级革命的进程吗？

17 世纪中期，英国已经变成拥有广大殖民地的海上强国。市场扩大了，财富也随之增加，同时国内工场手工业也已经有了很大的发展。资本主义经济的发展大大加强了资产阶级和新贵族的势力。当时英国的封建经济基础瓦解了，但是保护它的上层建筑却不愿自动退出历史舞台，这成为资本主义进一步发展的最大阻碍，也成为英国爆发资产阶级革命的根本原因之一。

1603 年，苏格兰国王詹姆士·斯图亚特继承了英国王位，开始了斯图亚特王朝的统治。詹姆士一世登台便鼓吹"君权神授"的说法，声称国王是上帝派到人间的最高权威，有无限的权力。他根本不把议会放在眼里，曾三次解散议会；他不关心英国的海上贸易，不重视建设海军；这些政策大大阻碍了英国资本主义的发展，引起了资产阶级和新贵族的强烈不满。查理一世继位后，仍然独断专行，由于议会不同意他随意收税，他竟多次解散议会，结果形成多年无议会统治的局面。此时的英国，一方面王室生活极度腐化，挥霍无度，国家处在无序之中；另一方面国王征收各种苛捐杂税，压榨劳动人民，大量工人失业，反对封建压迫的农民要求取消地租，获得土地，革命运动随之蓬勃兴起，愈演愈烈。城市平民和失业的手工业者为生活所迫时常暴动，查理一世的专制统治使英国社会的各种矛盾迅速激化。

1640 年，查理一世为了筹措军费镇压起义，不得不恢复长期关闭的议会。资产阶级和新贵族联合起来，利用议会同国王进行斗争，起草了《大抗议书》，抨击查理一世暴政，提出一系列限制王权的主张，查理一世拒绝接受《大抗议书》，最终和议会决裂。1642 年，查理一世挑起了内战，组织王军，向议会军发起进攻。1643 年，克伦威尔前往英格兰东部，募集了一支主要由自耕农和城市平民组成的骑兵，在马斯顿荒原战役（1644 年 7 月）、纳西比战役（1645）等战役中屡次击溃王军。内战结束后，1649 年，查理一世被送上断头台处死。英吉利共和国时代开始。1653 年 4 月 30 日，克伦威尔发动政变，解散议会。12 月

16 日，他正式宣布自己就任英格兰、苏格兰和爱尔兰（1649 年占）的"护国主"，英吉利共和国时代结束，以克伦威尔的个人军事独裁为特色的护国政体时期开始。1658 年，克伦威尔病逝。英国重新进入混乱时期。1688 年，支持议会的辉格党人与部分托利党人邀请詹姆士二世的女儿玛丽和时任荷兰奥兰治执政的女婿威廉（后来的玛丽二世和威廉三世）回国执政，发动宫廷政变，推翻斯图亚特王朝封建统治，建立了资产阶级新贵族的统治，史称"光荣革命"。

◆ 你知道英国资产阶级革命的历史意义吗？

英国资产阶级革命历经近半个世纪的斗争，最终以"光荣革命"的形式完成了革命任务。玛丽和威廉三世虽然仍属于斯图亚特家族（后为汉诺威家族），但是，作为封建专制统治的君主制已经被推翻了。这次革命为资本主义经济的发展提供了保证，为资本主义政治、经济制度的建立开辟了道路。

从此，欧洲和世界其他地区的一些国家在英国资产阶级革命的影响下，进行了不同形式的革命，使世界历史

进入了一个新时代，即资产阶级革命的时代。

◆ **克伦威尔是怎样的一个人？**

1599 年，克伦威尔出生在英国亨廷顿。在他的青年时期，英国被各教派之间的纠纷弄得动荡不安，在任的国王信仰并且想实行君主专制制度。克伦威尔是一个农场主和乡绅，一个虔诚的清教徒。1628 年他被选进议会，但是为期不长，因为翌年国王查理一世就决定解散议会，独自一人统治国家。直到 1640 年在对苏格兰人作战需要资金的情况下，才召集了一个新议会。

克伦威尔又当选为议员。新议会强烈要求国王不再实行专制统治。但是查理一世不甘屈从议会，于是 1642 年在忠实于国王和忠实于议会的军队之间爆发了一场战争。

克伦威尔站在议会一边。他返回亨廷顿，组织一支骑兵队同国王作战。在历时四年的战争中，他杰出的军事才能使之声望日隆。在使战争出现转机的关键性的马斯顿战役中，克伦威尔起了举足轻重的作用。1646 年战争结束，查理一世成了阶下囚，而克伦威尔则被认为是议会方面最成功的将军。

但是和平并没有到来，因为内部发生分裂，各派别间存在着根本的分歧，还因为国王对此了如指掌且无求和之意。没过一年，国王潜逃，企图东山再起，重新纠集他的军队，就这样第二次内战爆发了。这场战争的结果是克伦威尔击败了国王的军队，从议会中解散了占多数的温和派议员，并于 1649 年 1 月 30 日把国王推上了断头台。

当克伦威尔开始执政时，1640 年组成的议会所保留的成员都属于一个数目不多、无代表性、过于激进的少数派，即所谓的残余议会。起初克伦威尔企图通过谈判来进行新的选举，但是当谈判破裂时，他就用武力解散了残余议会（1653 年 4 月 20 日）。此后，克伦威尔依靠军队的支持来维系统治，成为军事独裁者，直至 1658 年因患病在伦敦去世。

◆ **英国独立派是如何掌权的？**

独立派是英国资产阶级革命中清教徒的一个资产阶级派别，产生于 16 世纪末，主要包括公理会、浸礼会等派别。主张教徒独立体会上帝的意旨，教堂各自独立，由全体教徒直接管理。各教堂之间只有联合性质，并无隶属关系。专业牧师有教堂全体教徒聘请。英国资产阶级革命期间，该教派逐渐演变为政治派别，它代表了中等贵族和中等资产阶级的利益，态度较激进。在革命初期，独立派与长老派联合，利用国会共同与国王作斗争。独立派领袖人物为克伦威尔，由于其在军事上的胜利，从而使独立派在国会中的地位大为加强。独立派主张建立共和国，后在各个问题上与长老派的分歧加剧。在长老派掌权时，独立派和平等派联合行动。1644年通过的《自抑法》，迫使长老派的势力撤出军队，独立派掌握军队指挥权。1648年进行的普莱德清洗，将长老派彻底清洗出国会，独立派掌握了国会的领导权。并在平等派的推动下，把查理一世送上了断头台，取得了内战的胜利。1649年，在克伦威尔的领导下，建立了英吉利共和国，独立派执掌政权，把资产阶级革命推向了高峰。其间，坚决打击王党分子的复辟活动，镇压平等派、掘土派的起义，且远征爱尔兰和苏格兰；并积极为资产阶级谋取更多的经济利益，颁布《航海条例》；又在英荷战争中打败荷兰。1653年，

独立派建立以克伦威尔为"护国主"的军事独裁体制。

◆ 何谓掘地派？

17世纪，英国资产阶级革命期间代表无地和少地农民的空想社会主义派别。领导人是温斯坦莱和埃弗拉德。温斯坦莱原为伦敦小商人，破产后到乡间为人放牧，同情贫苦农民争取土地的斗争。他认为独立派于1649年3月建立的自由共和国并不自由，"真正的自由就是自由使用土地"，主张土地公有；自称"真平等派"，认为基督是世界上最伟大、最真诚的平等派。1649年4月，退役军人埃弗拉德带领4个农民到伦敦附近圣乔治山冈开垦荒地，人数渐增至二十几人。温斯坦莱加入，并发表《真正的平等派举起的旗帜》的宣言。掘地派的活动引起土地私有者的仇视。在政府的示意下，土地私有者进行骚扰和破坏，推倒小屋，践踏庄稼，围打垦荒者，拉走牲畜。掘地派不主张暴力斗争，而想用仁爱感化土地私有者。1650年3月，公社被迫解散。但是在其他许多地区，有不少支持者，出现了贫民耕种村社公地的运动。有的地方参加者达千人之多。由于地主和军队的镇压，到

1651 年，掘地派运动失败。1652 年，温斯坦莱发表《自由法》，详细阐述了掘地派的主张，描绘了公有制共和国的蓝图。该著作被认为是早期空想社会主义的重要文献，与莫尔的《乌托邦》和康帕内拉的《太阳城》齐名。

◆ 你知道圣荷西沉船事件吗？

1708 年 5 月 28 日，是一个晴朗的日子。一艘西班牙大帆船"圣荷西"号缓缓从巴拿马起航，向西班牙领海驶去。这艘船上载满了金条、银条、金币、金铸灯台。这批宝藏据估计现在至少值 10 亿美元。当时，西班牙正与英国、荷兰等国处于敌对状态，英国著名海军将领韦杰正率领着一支强大的舰队在巡逻，危险随时会降临在"圣荷西"号上。然而，归国心切的"圣荷西"号船长费德兹却全然不顾。"圣荷西"号帆船平安行驶了几天后，1708 年 6 月 8 日，当人们惊恐地发现前方海面上一字排开的英国舰队时，全都傻了眼。猛然间，炮火密布，水柱冲天，几颗炮弹落在"圣荷西"号的甲板上，海水渐渐吞噬了巨大的船体，"圣荷西"号连同 600 多名船员以及无数珍宝沉往海底。沉没地点经无数寻宝者的测定，终于有了一个大概的结果：它在距哥伦比亚海岸约 25 千米的加勒比海 200 多米深的海底。

1983 年，哥伦比亚政府正式宣布："圣荷西"号是哥伦比亚国的国家财产。人们估计，该国政府已经勘察出沉船的地点。奇怪的是，直到现在，哥伦比亚还没有对沉船进行打捞。

◆ 莫卧儿王朝的末代皇帝是谁？

巴哈杜尔·沙二世是印度莫卧儿王朝的末代皇帝，也是一位乌尔都语诗人。巴哈杜尔·沙是莫卧儿皇帝阿巴克二世与其印度妻子所生。在阿巴克二世去世后，巴哈杜尔·沙于 1838 年 9 月 28 日正式登基。1848 年，戴贺胥就任印度总督后，抛出"丧失权利论"。根据这一理论，印度王公死后如无直系后嗣，他们的领地和年金就要收归英国东印度公司所有。1854 年，巴哈杜尔·沙原先所立的太子因病死去。为维系王朝命脉，巴哈杜尔·沙写信请求戴贺胥允许他另立太子，戴贺胥虽然同意了他的要求，但却宣布巴哈杜尔·沙死后，其继承人不能称皇帝，皇室成员也要从红堡迁居至郊区，皇室的赡养金则从每月 10 万卢比缩减到 1.5 万卢比。消息传出后，印度举国愤怒，一向柔弱的巴哈杜尔·沙也忍无可忍了。他决心寻找机会摆脱英国人的控制，重现帝国的辉煌。1857年，印度民族大起义爆发，揭竿而起反对英国殖民统治的印度军民们攻占了德里，并攻进莫卧儿皇宫红堡，杀掉5名英国人，拥立莫卧儿皇帝巴哈杜尔·沙为印度皇帝。不久德里陷落，巴哈杜尔·沙二世向英军投降，次年被英国殖民当局流放至缅甸仰光，1862年于仰光大金寺去世。

◆印度民族起义的导火索是什么？

印度民族大起义一般指1857—1859年发生在印度北部和中部，给英属东印度公司服役的印度土兵发动的反对英国统治的民族大起义。起义的导火索是关于子弹润滑油的传言。

1857年初开始在雇佣兵中流传这样一种说法：东印度公司用猪油或牛脂做润滑油涂在来福枪的子弹上。当时在装子弹之前，士兵必须用牙齿咬破来福枪子弹的弹壳，印度教徒和伊斯兰教徒生怕用嘴接触不纯净动物的脂肪，因而拒绝使用这些子弹。东印度公司宣称，这种说法是谣言，并且已经换了新的用蜡作润滑剂的子弹。但是印度士兵依然怀疑润滑油不干净。

3月，第34团的一名士兵潘迪攻击他的英国中士，伤害了一名军士长并开枪自尽。

作为公共的惩罚，东印公司决定取消这个兵团，其他士兵因为不满，推举末代莫卧儿王朝的皇帝巴哈杜尔·沙二世为名义上的领袖，引发抗英起义，迅速占领了印度部分领土。英国人集中全部力量，利用锡克教徒和廓尔喀雇佣军的人力，残酷镇压了这次起义。

◆波旁王室的主轴来自哪个分支？

波旁家族是一个在欧洲历史上曾断断续续地统治纳瓦拉（1555—1848）、法国（1589—1830）、西班牙（1700年至今）、那不勒斯和西西里王国（1734—1816）、卢森堡（1964年至今）等国和意大利若干公国的跨国家族。

值得一提的是，波旁王室的近代成员都以保守著称，因此在美式英语中，"波旁"一词成为对极端保守主义者的称呼。

波旁王室起源于法国中部的波旁地区。而这个采邑最早出现于13世纪初，是法王一位家臣，也是今天波旁王室成员的母系祖先的私人封地。而其成员的父系祖先可追溯到来自卡佩王室的法王路易九世。路易九世之子克莱蒙伯爵罗贝尔与其子孙通过他和波旁领地的女继承人勃艮第的比阿特丽斯的婚姻，获得了对波旁公国的统治权。他们二人的长子路易在 1327 年获封为波旁公爵。自此以后，他的子孙以封国波旁为姓，因此这次受封被视为波旁王室的起源。

虽然波旁的主系家族在 1523 年因其公爵夏尔三世涉嫌叛国而被褫夺爵位，失去领地，但波旁家族分支经过 200 多年的繁衍，亦已获得不少其他爵位。其中的拉马尔什-旺多姆分支成了日后波旁王室的主轴。

◆ 何谓《威斯特伐利亚和约》？

1648 年 10 月 24 日，欧洲三十年战争的参战各方代表齐集明斯特市政厅签署《奥斯纳布吕克条约》和《明斯特和约》。奥斯纳布吕克和明斯特两个城市都在威斯特伐利亚境内，故两个和约统称《威斯特伐利亚和约》。

和约规定：法国得到洛林的 3 个主教区（梅林、图尔、凡尔登）和整个阿尔萨斯（斯特拉斯堡除外）。瑞典获取西波美拉尼亚及东波美拉尼亚的一部分、维斯马城和不来梅、维尔登两个主教区，从而得到了波罗的海和北海沿岸的重要港口；正式承认荷兰和瑞士独立；神圣罗马帝国境内勃兰登堡、萨克森、巴伐利亚等邦诸侯的领地大体恢复到战前的状况，诸侯在领地内享有内政、外交上的自主权。

关于教派问题，和约重申 1555 年的《奥格斯堡宗教和约》继续有效，承认德意志境内新旧教地位平等。

《威斯特伐利亚和约》削弱了哈布斯堡王朝的统治地位，加深了德意志境内分裂割据的局面；为法国称霸欧洲准备了条件；削弱了西班牙的国力，增强了瑞典的国力。

◆ 谁被誉为"业余数学家之王"？

皮埃尔·德·费马，法国数学家，1601 年 8 月 17 日生于法国南部博蒙-德-洛马涅，1665 年 1 月 12 日卒于卡斯特尔。他利用公务之余钻研数学，在数论、解析几何学、概率论等方面都有重大贡献，被誉为"业余数学家之王"。

费马最初学习法律，但后来却以图卢兹议会议员的身份终其一生。他博览群书，精通数国文字，掌握多门自然科学。虽然年近三十才认真学习数学，但成果累累。其 1637 年提出的费马大定理是数学研究中最著名的难题之一，至今尚未得到解决。

费马性情淡泊，为人谦逊，对著作无意发表。去世后，很多论述都遗留在旧纸堆里，或书页的空白处，或在给朋友的书信中。他的儿子将这些汇集成书，在图卢兹出版。

◆谁被称为"太阳王"？

1638年9月5日，路易十四诞生于圣日耳曼的王室城堡。他是法王路易十三和王后（西班牙国王腓力三世的女儿）安娜的长子。1643年，路易十四继任法兰西国王，那时他还是个年幼的孩子，之后一直统治法国到1715年其生日前4天去世为止。

路易十四22岁时才开始对统治国家感兴趣，令所有人吃惊的是，他执政有道。路易十四统治法国前后达72年之久。他被称为"太阳王"，是世界上执政时间最长的君主之一。

路易十四在当时被看作一小奇迹，因为他的父母结婚23年没有子女。他4岁时（1643）就登基做国王了，他的母亲安娜摄政，首相茹尔·马扎然执政。路易十四在巴黎过着优哉游哉的奢华生活。1661年马扎然死后，年已23岁的他开始亲政。他的执政期是

欧洲君主专制的典型和榜样。他在红衣主教阿尔芒·让·德·普莱西·黎世留的支持下，建立了一个以他为中心的、巴洛克式的专制王国。他发动战争、在凡尔赛宫举行豪华的庆祝，资助艺术和科学的发展来为他自己增光。在他的宠臣让·巴普蒂斯特·柯尔贝的帮助下，他将整个法国的官僚机构集中在他的周围，以此增强执政者的军事、财政力量。

1660年，路易十四与西班牙公主玛丽·泰蕾兹结婚，1683年玛丽·泰蕾兹死后他又与地位比他低的曼特农女侯爵弗朗索瓦丝·德·奥比尼结婚。路易十四比他的儿子和最大的孙子活得都长。1715年9月1日路易十四病逝，他的曾孙路易十五继承了他的王位。

◆路易十四为何修建凡尔赛宫？

1660年，法国国王路易十四参观财政大臣富凯的沃子爵城堡，为其房屋与花园的宏伟壮丽所折服，当时王室在巴黎郊外的行宫无一处可与其相提并论。于是，路易十四以贪污罪将富凯投入巴士底狱，并命令沃子爵城堡的设计师勒诺特和著名建筑师勒沃为其设计新的行宫。当时的路易十四

已决定将王室宫廷迁出因市民不断暴动以反抗王室而混乱喧闹的巴黎城，经考察权衡决定以路易十三在凡尔赛的狩猎行宫为基础建造新宫殿，并为此征购了 6.7 平方千米的土地。

1667 年，勒诺特设计凡尔赛花园及喷泉，勒沃在狩猎行宫的西、北、南三面添建新宫殿，将原来的狩猎行宫包围起来。原行宫的东面被保留下来作为主要入口，修建了大理石庭院。

1674 年，建筑师孟莎从勒沃手中接管了凡尔赛宫工程，他增建了宫殿的南北两翼、教堂、橘园和大小马厩等附属建筑，并在宫前修建了三条放射状大道。为了吸引居民到凡尔赛定居，还在凡尔赛镇修建了大量住宅和办公用房。为确保凡尔赛宫的建设顺利进行，路易十四下令 10 年之内在全国范围内禁止其他新建建筑使用石料。

1682 年 5 月 6 日，路易十四宣布将法兰西宫廷从巴黎迁往凡尔赛。1688 年，凡尔赛宫主体部分建筑工程完工。1710 年，整个凡尔赛宫殿和花园的建设全部完成并旋即成为欧洲最大、最雄伟、最豪华的宫殿建筑和法国乃至欧洲的贵族活动中心、艺术中心和文化时尚的发源地。在其全盛时

期，宫中居住的王子王孙、贵妇、亲王贵族、主教及其侍从仆人达 36000名之多。在凡尔赛还驻扎有总计近万人的瑞士近卫队、苏格兰卫队、宫廷警察、步兵和骑兵。所以当修建完成后，总共有 1300 多间房，整个宫殿显得巨大无比。

◆ 最早建立法国国家公路网的首相是谁？

1726 年，路易十五罢免了正在准备与西班牙和奥地利作战的波旁公爵内阁，提拔少时的家庭教师红衣主教弗勒里担任首相。红衣主教弗勒里从 1726 年上台起，直到 1743 年病逝，在路易十五的授意下统治了法国。弗勒里致力于稳定法国货币，平衡财政预算，改进交通。截至 1738 年，弗勒里已为法国建立了一个国家公路网系统，其设计的样式至今仍然是法国国道网络的主要部分。到 18 世纪的中期，法国拥有当时在世界上最现代和最广泛的公路网，并且大部分公路至今仍在使用。

◆ 哪些人参与了法国启蒙运动？

启蒙运动是 18 世纪欧洲资产阶级的一场思想文化运动，也是近代史上第二次声势浩大的思想解放运动（第

一次是文艺复兴，第三次则是马克思主义的兴起）。运动最初产生在英国，而后发展到法国、德国与俄国，此外，荷兰、比利时等国也有波及。与其他国家相比，法国启蒙运动的声势最大，战斗性最强，影响最深远，堪称为西欧各国启蒙运动的典范。

启蒙运动的倡导者将自己视为大无畏的文化先锋，并且认为启蒙运动的目的是引导世界走出充满着传统教义、非理性、盲目信念以及专制的一个时期（这一时期通常被称为黑暗时期）。这个时代的文化批评家、宗教怀疑派、政治改革派皆是启蒙先锋，但他们只是松散、非正式、完全无组织的联合。而当时的启蒙知识的中心是巴黎，法语则是共享语言。启蒙时代的学者亦不同于之前的文艺复兴时代的学者，他们不再以宗教辅助文学与艺术复兴，而是力图以经验加理性思考而使知识系统能独立于宗教的影响，作为建立道德、美学以及思想体系的方式。

在法语中，"启蒙"的本意是指"光明"。当时先进的思想家认为，迄今为止，人们处于黑暗之中，应该用理性之光驱散黑暗，把人们引向光明。

他们著书立说，激励地批判专制主义和宗教愚昧，宣传自由、平等和民主。这就是"启蒙运动"。法国思想启蒙运动是一场反封建、反教会的思想文化革命运动，它为资产阶级革命作了思想准备和舆论宣传。

在18世纪法国的启蒙运动中，启蒙思想家辈出，影响深远。他们当中，最为著名的有伏尔泰、孟德斯鸠、卢梭和以狄德罗为代表的百科全书派。法国启蒙运动的领袖则是伏尔泰。他的思想对18世纪的欧洲产生了巨大影响，所以，后来的人曾这样说："18世纪是伏尔泰的世纪。"

由于启蒙运动具有政治思想革命运动的性质，因此启蒙运动的参加者决不限于文学家。除法国的孟德斯鸠、伏尔泰、狄德罗、卢梭等四大启蒙作家外，英国的哲学家洛克，科学家牛顿，荷兰的哲学家斯宾诺莎，德意志的康德等，均属启蒙思想家的行列。

◆ 谁被称为"法兰西思想之王"？

伏尔泰（1694—1778），原名弗朗索瓦-马利·阿鲁埃，是18世纪法国资产阶级启蒙运动的旗手，被誉为"法兰西思想之王""法兰西最优秀的诗人""欧洲的良心"。

伏尔泰不仅在哲学上有卓越成就，也以捍卫公民自由，特别是信仰自由和司法公正而闻名。他曾两次被捕入狱，主张开明的民主制度，强调自由和平等。尽管在他所处的时代审查制度十分严厉，伏尔泰仍然公开支持社会改革。他的论说以讽刺见长，常常抨击基督教会的教条和当时的法国教育制度。雨果曾评价说："伏尔泰的名字所代表的不是一个人，而是整整一个时代。"他提倡卢梭所倡导的天赋人权，认为人生来就是自由和平等的，一切人都具有追求生存、追求幸福的权利，这种权利是天赋予的，不能被剥夺，这就是天赋人权思想。

伏尔泰出身在巴黎一个富裕的中产阶级家庭，自小受过良好的教育。他父亲是法律公证人，希望他将来做个法官，但他对文学产生了兴趣，后来成了一名文人。伏尔泰才思敏捷，一生多才多艺。他的作品以尖刻的语言和讽刺的笔调而闻名。他说："笑，可以战胜一切。这是最有力的武器。"

他曾因辛辣地讽刺封建专制主义而两度被投入巴士底狱。他的书被列为禁书，他本人多次被逐出国门。1725年，他被迫流亡英国，对英国资产阶级的政治、文化发生了浓厚的兴趣。他研究英国的资产阶级君主立宪制，研究洛克的唯物主义经验论和牛顿的万有引力理论。

伏尔泰经历了路易十四、路易十五、路易十六三个封建王朝的统治，目睹了封建专制主义由盛转衰，亦亲身感受到了封建专制主义统治的腐朽。他深刻地预见到革命必然到来，他对朋友说："我周围发生的一切事情，正在撒下革命的种子，尽管我自己未必成为革命的见证人，但它是必然要到来的。"

◆《哲学通信》主要是什么内容？

伏尔泰撰写过大量作品，其中最有影响的一本书是《哲学通信》，被人称为"投向旧制度的第一颗炸弹"。《哲学通信》是伏尔泰的哲学和政治思想代表作。伏尔泰于1726—1729年被迫流亡英国。《哲学通信》是他在英国的观感和心得的总结，因此又称《英国通信》，1733年首先在英国出版英文版，法文版于1734年问世。伏尔泰在《哲学通信》中重点论述认识论问题，强调感觉是观念的唯一来源，人的头脑唯一具有的能力是对感觉得来的观念进行组合和整理。该书坚持与宗教唯心论斗争，认为宗教和教会统治是人类理性的主要敌人，阻碍文明进步，是最大的社会祸害。

书中用牛顿力学的原理解释物质和运动，承认宇宙设计师和第一推动者神的存在，把物质看作消极被动的因素，认为如果没有外力推动，物质不会自己运动，表现出自然神论的思想。

◆你知道法国启蒙思想家孟德斯鸠吗？

1689 年 1 月 18 日，孟德斯鸠诞生在法国波尔多附近的拉布雷特庄园。孟德斯鸠自幼受过良好教育，19 岁时获法学学士学位，出任律师。1714 年开始担任波尔多法院顾问。1716 年，他继承了波尔多法院院长（他的祖父、伯父一直占有这个职务）职务，并获男爵封号。孟德斯鸠博学多才，对法学、史学、哲学和自然科学都有很深的造诣，曾经撰写过许多有关论文。

1721 年，孟德斯鸠化名"彼尔·马多"发表了名著《波斯人信札》。这部书通过两个波斯人漫游法国的故事，揭露和抨击了封建社会的罪恶，用讽刺的笔调，勾画出法国上层社会中形形色色人物的嘴脸，如荒淫无耻的教士、夸夸其谈的沙龙绅士、傲慢无知

的名门权贵、在政治舞台上穿针引线的荡妇等。书中还表达了对路易十四的憎恨，说法国比东方更专制。这部书受到了普遍欢迎。

1726 年，他出卖了世袭的波尔多法院院长职务，迁居巴黎，专心于写作和研究。漫游了欧洲许多国家，特别是在英国待了两年多，考察了英国的政治制度，认真学习了早期启蒙思想家的著作，还当选为英国皇家学会会员。

1731 年，孟德斯鸠回到法国后，潜心著述。1734 年发表《罗马盛衰原因论》，利用古罗马的历史资料来阐明自己的政治主张。

1748 年，他最重要的也是影响最大的著作《论法的精神》发表。这是一部综合性的政治学著作。这部书受到极大的欢迎，两年中就印行了 22 版。孟德斯鸠认为法律是理性的体现，法又分为自然法和人为法两类，自然法是人类社会建立以前就存在的规律，那时候人类处于平等状态；人为法又分政治法和民法等。孟德斯鸠提倡资产阶级的自由和平等，但同时又强调自由的实现要受法律的制约，政治自由并不是愿意做什么就做什么。他说：

"自由是做法律所许可的一切事情的权利；如果一个公民能够做法律所禁止的事情，他就不再有自由了。因为其他的人也同样会有这个权利。"

1755 年 1 月，孟德斯鸠在旅途中感染热病，同年 2 月逝世。临终前，他承认上帝伟大，人是渺小的。埋葬时，哲学家中有狄德罗在场，这使他享受了死后的荣光。

◆ 第一部法国《百科全书》的主编是谁？

狄德罗是 18 世纪法国唯物主义哲学家，百科全书派代表人物，第一部法国《百科全书》主编。狄德罗出身于法国东部小城朗格勒一个小资产者家庭，父亲开了一家刀剪作坊，家境谈不上阔绰，却也不算贫寒。他中学毕业后，只身到巴黎打天下。家里给他选择的职业是律师或医生，可他偏偏都不感兴趣，于是父亲不再支付生活费，他只好住进便宜的阁楼，吃了上顿没下顿。在 18 世纪的巴黎这个讲门第、讲等级、讲虚荣、讲排场的社会里，狄德罗和那些出身显赫或者家道殷实的青年站在一起，怎么说也有点乡巴佬的味道。然而他并不自惭形秽，也不因贫困而退却。虽然他曾经

一度被部分青年放浪形骸的生活所影响，然而他很快振作起来，脚踏实地、顽强地开始了思想家的创业之路。

狄德罗精通意、英等几国文字，以译述 A.A.C. 沙夫茨伯里的《德性研究》而著称。他在主编《百科全书》的二十余年中，深受 F. 培根、T. 霍布斯和 J. 洛克等人思想的影响，尤其是培根关于编辑百科全书的思想，促使他坚定地献身于《百科全书》的事业。狄德罗除主编《百科全书》外，还撰写了大量著作，在他的《哲学思想录》《对自然的解释》《怀疑者漫步》《论盲人书简》《生理学的基础》《拉摩的侄儿》《关于物质和运动的哲学原理》《达朗贝尔和狄德罗的谈话》《宿命论者让·雅克和他的主人》等著作中，表述了他的唯物主义哲学思想；在他的《美之根源及性质的哲学的研究》《论戏剧艺术》《谈演员》《绘画论》《天才》等著作中，表述了他的"美在关系"的美学思想。

◆ 亚当·斯密的《国富论》是一部什么著作？

《国富论》又名《国民财富的性质和原因的研究》，是 18 世纪苏格兰经济学家、哲学家亚当·斯密的一本经

济学专著。1776 年《国富论》第一次出版，全书包括两卷共 5 篇，在序言中，亚当·斯密对全书进行了概括描述，他认为国民财富的产生主要取决于两个因素，一是劳动力的技术、技巧和判断力，二是劳动力和总人口的比例，在这两个因素中，第一个因素起更为关键的作用。

18 世纪结束以前，《国富论》就已出了 9 个英文版本。人们以"一鸣惊人"来形容《国富论》的出版，并一致公认亚当·斯密是一门新学科——政治经济学的创始者。亚当·斯密因此而声名显赫，被誉为"知识渊博的苏格兰才子"。据说当时英国政府的许多要人都以当"斯密的弟子"为荣。国会进行辩论或讨论法律草案时，议员们常常征引《国富论》的语句，而且一经引证，反对者大多不再辩驳。《国富论》发表之后，被译为多国文字，传到国外，一些国家制定政策时都将《国富论》的基本观点作为依据。这本书不仅流传于学术界和政界，而且一度成为不少国家社交场合的热门话题。

◆《国富论》是什么学科研究的起点？

亚当·斯密（Adam Smith，1723—1790）并不是经济学说的最早开拓者，他最著名的思想中有许多也并非新颖独特，但是他首次提出了全面系统的经济学说，为该领域的发展打下了良好的基础。因此完全可以说《国富论》是现代政治经济学研究的起点。

该书的伟大成就之一是摒弃了许多过去的错误概念。亚当·斯密驳斥了旧的重商主义学说。这种学说片面强调国家储备大量金币的重要性。他否决了重农主义者的土地是价值的主要来源的观点，提出了劳动的基本重要性。亚当·斯密（分工理论）重点强调劳动分工会引起生产的大量增长，抨击了阻碍工业发展的一整套腐朽的、武断的政治限制。

《国富论》的中心思想是，看起来似乎杂乱无章的自由市场，实际上是个自行调整机制，自动倾向于生产社会最迫切需要的货品种类的数量。例如，如果某种需要的产品供应短缺，其价格自然上升，价格上升会使生产商获得较高的利润，由于利润高，其他生产商也想要生产这种产品。生产增加的结果会缓和原来的供应短缺，而且随着各个生产商之间的竞争，供应增长会使商品的价格降到"自然价格",即生产成本。谁都不是有目的地通过消除短缺来帮助社会,但是问题却解决了。用亚当·斯密的话来说,每个人"只想得到自己的利益",但是又好像"被一只无形的手牵着去实现一种他根本无意要实现的目的,……他们促进社会的利益,其效果往往比他们真正想要实现的还要好"。

《国富论》一书技巧高超,文笔清晰,拥有广泛的读者。亚当·斯密反对政府干涉商业和商业事务、赞成低关税和自由贸易的观点在整个19世纪对政府政策都有决定性的影响。

◆ **古典经济学与重商经济学有何区别?**

古典经济学,凯恩斯理论出现以前的经济思想主流学派,由亚当·斯密在1776年开创。主要追随者包括大卫·李嘉图、托马斯·马尔萨斯和约翰·穆勒。一般说来,该学派相信经济规律(特别如个人利益、竞争)决定着价格和要素报酬,并且相信价格体系是最好的资源配置办法。

古典经济学着重经济总量研究,这涉及经济增长、国际贸易、货币经济和财政问题等方面。这与1870年以后盛行的研究个人利益最大化的经济学是有所不同的。古典经济学关心的是国家经济问题,虽然那时候的学者也非常强调个人利益必须尊重,但他们更强调的是如何使个人利益与社会利益保持协调。斯密在讲到这一点时,总是谆谆地开导人们,国家大事相比个人更重要。

古典经济学的理论核心是经济增长产生于资本积累和劳动分工相互作用的思想,即资本积累进一步推动了生产专业化和劳动分工的发展,而劳动分工反过来通过提高总产出使得社会可生产更多的资本积累,让资本流向最有效率的生产领域,就会形成这种发展的良性循环。因此古典经济学似乎是想告诉人们,顺从市场对资源的配置,保持资本积累的良性循环,会更好地促进经济增长。但他们又看到劳动分工是受条件约束的,资本的积累会使现有的劳动分工以更大的规模出现,并表现出工资的随之上涨,而劳动分工的发展却不易实现,这将使资本积累受到劳动分工发展跟不上的影响。古典经济学的分析产生了自身的矛盾。李嘉图特别强调过这种矛盾,不过他的解释也不能消除这种核心思想中的矛盾。

后来创立的马克思主义政治经济学产生于对古典经济学的批判。卡尔·马克思曾这样概括地评价："古典政治经济学是属于阶级斗争不发展的时期的。它的最后的伟大的代表李嘉图，终于有意识地把阶级利益的对立、工资和利润的对立、利润和地租的对立当作他的研究的出发点，因为他天真地把这种对立看作社会的自然规律。这样，资产阶级的经济科学也就达到了它不可逾越的界限。"

◆ 斯拉法为何被称为"新李嘉图主义者"？

斯拉法（1898—1983），意大利经济学家，曾任佩鲁贾大学和卡利亚里大学教授。1927 年移居英国，在剑桥大学任研究员。斯拉法于 1960 年出版了《用商品生产商品：经济理论批判绪论》一书。斯拉法探究的问题是没有生产规模的变动或生产要素中的比例的变动的经济体系的特征，认为国民纯产品就是超过补偿生产资料所需要的产品的"剩余"，把生产看作是同样的商品既表现为生产资料、又表现为最终产品的一种"循环的过程"。这种研究方法正是复兴了古典学派的

思想。所以，他时常被称为"新李嘉图主义者"。

斯拉法证明了如何有可能解决李嘉图终生困惑而未找出的"不变的价值尺度"问题。他规定一种"标准合成商品"，或简称"标准商品"，即经济体系中所生产的合成商品本身配合的比例，必须等于参加生产该商品所需要的各种生产资料总量的比例。当收入分配发生变动时，用标准商品来计量的相对价格就未变动，除非有了技术的变革。

古典经济学产生于西欧资本主义生产方式处于上升发展的时期。在这种条件下，古典经济学还能对资本主义生产方式的内在联系和矛盾进行较为客观的探索，因而具有一定的科学成分。古典经济学主要的贡献是奠定了劳动价值论的基础，从而成为马克思的经济学说的一个重要来源。

◆ 谁激发了拉封丹对诗歌的浓厚兴趣？

让·德·拉·封丹（1621—1695），法国寓言诗人，1621 年 9 月 7 日出生于法国香槟省的夏托蒂埃里，父亲是湖泊森林管理处的小官吏。他幼年时常跟父亲到树林里去散步，从小就对大

自然产生了无比的热爱。他在祖父丰富的藏书中发现了马莱伯的抒情诗，从此对诗歌产生了浓厚的兴趣。1641年，拉封丹去巴黎学习神学，后又改学法律。1647年，他由父亲作主娶了玛丽·埃利卡特为妻，1652年接替父职，但他不善管理，于1657年携家定居巴黎。

拉封丹的后半生一直生活在达官贵人的庇护之下。他首先投靠财政总监富凯，以每季度写几首诗来换取一笔年金。1661年富凯被捕入狱，拉封丹陷入困境，妻子返回原籍。他先后投靠过奥尔良公爵夫人（1664—1672）、德·拉·萨布里也尔夫人（1673—1693）、银行家之女安娜·德尔瓦（1693—1695）。1695年4月13日，拉封丹去世。

拉封丹是个大器晚成的诗人。主要诗作有《寓言诗》（1668—1694）、《故事诗》（1664—1685）和韵文小说《普叙赫和库比德的爱情》（1669）等。拉封丹的寓言善于借用现成的民间故事情节，运用诗的语言对之进行再创造。他的寓言诗对17世纪法国社会上的丑陋现象进行了大胆的讽刺。拉封丹的《寓言诗》，与《伊索寓言》《克雷洛夫寓言诗》一起，构成了世界寓言作品中最高的三座丰碑。

◆ 谁是德国古典唯心论的创始人？

伊曼努尔·康德是德国古典哲学创始人，在西方近代哲学史上具有划时代的革命贡献。康德于1724年4月22日出生在东普鲁士的首府科尼斯堡，他出生时，普鲁士国王弗里德利希·威廉一世在那里已经统治了11个年头。

康德的父亲是一个马鞍匠，父母都是信仰新教的虔信派教徒，虔信派强调宗教精神，重视虔诚的信仰感情，康德小时候的精神世界受到很深的虔信派影响。8岁时，康德开始上学，学校提倡人文主义教育，反对宗教僵化人的思想。学校的教育改变了康德的宗教态度，他从此开始对宗教祈祷和教堂唱诗产生反感。也是因为学校的教育，他开始怀疑建立在感觉与感受上的宗教，他的宗教哲学简单地说也是对虔信派的一种反思。

1740年，康德进了科尼斯堡大学。人们现在无法考证他当时注册了什么专业，但可以肯定的是他经常听哲学课。1748年，24岁的康德大学毕业，因为他的父亲已经去世两年，他衣食无托，前途渺茫。由于大学没有他的位置，他决定到科尼斯堡附近的小城镇去做家庭教师。

康德曾说再也没有哪个家庭教师比他还差，但是实际上他这是谦虚，因为他教过的学生对他的口碑都不错。在做家庭教师期间，他发表了第一本著作《关于生命力的真实估计之思考》。做了五年的家庭教师后，康德重返科尼斯堡大学学习。1755年，康德以"自然通史和天体论"获得硕士学位，三个月后获得大学私人助教资格，开始教授哲学。在私人助教这个教职上，康德一干就是15年。

在任助教期间，康德开始经常发表著作。他的论题包罗万象，但贯穿其中的问题只有一个，那就是哲学研究应该如何进行：是从理性的观点出发，从普遍真理中推导出有关事物的真理还是从经验出发，通过观察得出普遍的结论？康德的著述和讲课使他成为一个受人尊敬的哲学家，他的影响开始超出科尼斯堡，很多学生慕名而来成为他的弟子，其中最著名的便是与歌德和席勒一起成为魏玛古典派顶梁柱的赫尔德。

1770年，康德在46岁时终于获得了科尼斯堡大学逻辑学与形而上学教授一职，他的就任报告题目是《感性与知性世界的形式与根据》。当上教授以后，他沉寂十年没有发表一篇文章，而是潜心研究他的批判哲学。1781年，他发表了《纯粹理性批判》，仅凭这一部著作，康德就可奠定他在哲学史上的不朽地位。

1804年2月12日，康德在他出生的城市科尼斯堡去世，他一生致力于书斋著述和课堂讲授，几乎没有离开过科尼斯堡。

◆ 谁被世人尊称为"乐圣"？

路德维希·凡·贝多芬（1770—1827），世界著名的作曲家兼演奏家，1770年12月17日出生于德国波恩。他的祖父和父亲都是宫廷音乐家。贝多芬一生创作了许多作品，对世界音乐从古典主义时期到浪漫主义时期的发展有着举足轻重的作用，被世人尊称为"乐圣"。

贝多芬从小就具有十分敏锐的乐感，他的父亲发现这一点后，决心把他培养成另一个莫扎特式的音乐神童。当时年仅5岁的贝多芬经常被父亲锁在屋里，从早到晚地弹奏钢琴和拉小提琴。小贝多芬经常强忍着痛苦和委屈在钢琴上一遍遍地练习，如果贝多芬不是具有非凡的音乐天赋的话，他可能就会永远厌恶音乐了。

贝多芬凭借自己刻苦的练习，取得了惊人的成就。他8岁就公开举行演奏会，10岁开始作曲。他的第一位老师聂费对他的帮助极大，聂费拓展了贝多芬的艺术视野并教会了他许多音乐技能，这为他后来的创作打下了深厚的基础。

1792年，贝多芬来到了"音乐之都"维也纳。为了获得更多的音乐知识与创作技能，他先后拜海顿、阿尔布雷希茨贝格、萨利埃里等名师学习，他努力学习他们的音乐创作技艺与经验，不断丰富和提高自己的艺术修养。与此同时，他还广泛阅读各种文学和哲学书籍，从中汲取丰富的知识营养，终于使自己成为一个具有高度修养的艺术家。

1827年3月26日，这位伟大的、不屈不挠的音乐巨人终因贫病交加而与世长辞。

◆和牛顿一起创建微积分的人是谁？

戈特弗里德·威廉·凡·莱布尼茨（1646—1716），德国最重要的自然科学家、数学家、物理学家、历史学家和哲学家之一，一位举世罕见的科学天才，和牛顿同为微积分的创建人。莱布尼茨的研究成果还遍及力学、逻辑学、化学、地理学、解剖学、动物学、植物学、气体学、航海学、地质学、语言学、法学、哲学、历史等。"世界上没有两片完全相同的树叶"就是出自莱布尼茨之口。莱布尼茨还是最早研究中国文化和中国哲学的德国人，对丰富人类的科学知识宝库做出了不可磨灭的贡献。

莱布尼茨一生没有结婚，没有在大学当教授。他平时从不进教堂，因此他有一个绰号 Lovenix，即什么也不信的人。他去世时教士以此为借口，不予理睬，曾雇用过他的宫廷也不过问，无人前来吊唁。弥留之际，陪伴他的只有他所信任的大夫和他的秘书艾克哈特。艾克哈特发出讣告后，法国科学院秘书封登纳尔在科学院例会时向莱布尼茨这位外国会员致了悼词。1793年，汉诺威人为他建立了纪念碑；1883年，在莱比锡的一座教堂附近竖起了他的一座立式雕像；1983年，汉诺威市政府照原样重修了被毁于第二次世界大战中的"莱布尼茨故居"，供人们瞻仰。

◆谁被称为"世界溶洞学的鼻祖"?

徐霞客,名弘祖,字振之,被誉为"世界溶洞学鼻祖"。从22岁起,徐霞客手提竹杖,头戴峨冠出游,历其终生,34年间未曾辍步,足迹遍及大半个中国。徐霞客到处考察山川河流,溶洞地貌,风土人情,写下了几百万字的游记。经后人将其存世笔记整理成书,成为中国古典地貌学、也是世界溶洞学的名著——《徐霞客游记》。

徐霞客考察了中国大西南的一百多个洞穴,做了详细记录。以其对广西桂林普陀山西侧的七星岩的考察为例,他所记各项数据虽是目测步量,却与20世纪50年代中国科学院地理研究所以科学仪器测量的结果大体相符。同时,他对溶洞、石笋、钟乳形成原因的解释,也是与近代科学相一致的。其科学态度可见一斑。

徐霞客在岩溶学上做出了杰出的贡献,在水文研究上也有重大成就。徐霞客著有《江源考》,对自古以来长江导源于四川岷山的说法提出疑问,并论证说长江的源流来自金沙江,其流程不会比黄河短,与当代对长江科学考察的数据基本一致。

◆谁发明了世界上最早的计算器?

布莱士·帕斯卡(1623—1662),法国著名的数学家、物理学家、哲学家和散文家。他的主要贡献是在物理学上,发现了帕斯卡定律,并以其名字命名压强单位。

1623年6月19日,帕斯卡诞生于法国多姆山省克莱蒙费朗城。他没有受过正规的学校教育。4岁时母亲病故,由受过高等教育、担任政府官员的父亲和两个姐姐负责对他进行教育和培养。1631年帕斯卡随家移居巴黎。父亲发现帕斯卡很有出息,在他16岁那年,满心喜欢地带他参加巴黎数学家和物理学家小组(法国巴黎科学院的前身)的学术活动,让他开开眼界。

17岁时,帕斯卡写出了数学水平很高的《圆锥截线论》,这是他研究德扎尔格关于综合射影几何的经典工作的结果。

1641年,帕斯卡又随家移居鲁昂。1642—1644年,帮助父亲做税务计算工作时,帕斯卡发明了加法器,这是世界上最早的计算器,现陈列于法国博物馆中。1648年帕斯卡对同一地区不同高度的大气压强进行测量,发现了大气压强随高度变化的规律。1649—1651 年，帕斯卡同他的合作者皮埃尔详细测量同一地点的大气压变化情况，成为利用气压计进行天气预报的先驱。1651 年，帕斯卡开始总结他的实验成果，到 1654 年写成了《液体平衡及空气重量的论文集》，1663 年正式出版。此后帕斯卡转入神学研究，得出信仰高于一切的结论。1662 年 8 月 19 日，帕斯卡逝世，终年 39 岁。后人为纪念他，用他的名字来命名压强的单位，简称"帕"。

◆ 谁发现了氧气?

1773 年，瑞典 C.W. 舍勒用加热氧化汞和其他含氧酸盐制得氧气，但他的论文《关于空气与火的化学论文》直到 1777 年才发表。1774 年，英国 J. 普里斯特利用一个大凸透镜将太阳光聚焦后加热氧化汞，制得纯氧，并发现它助燃和帮助呼吸，称之为"脱燃素空气"。同年，普里斯特利访问法国，把制氧方法告诉 A.L. 拉瓦锡，后者于 1775 年重复这个实验，把空气中能够帮助呼吸和助燃的气体称为"oxygene"，这个词来源于希腊文"oxygenēs"，含义是"酸的形成者"。因此，后世把这三位学者都确认为氧气的发现者。

◆ 巴赫为何被誉为"欧洲音乐之父"?

"巴赫"在德文中是"小溪"的意思，可是德国古典作曲家约翰·塞巴斯蒂安·巴赫（1685—1750）的成就和影响，正像贝多芬所说的："像大海一样的巨大和深远。"

巴赫家族中几代人都是宫廷乐师，但从巴赫的曾祖父起又都是地位卑微、靠音乐谋生的贫民阶层。由于家庭贫困，巴赫无法得到系统正规的音乐教育，只能靠自己刻苦学习。小巴赫为了得到他哥哥保存的一叠名家乐谱，前后花去 6 个月时间，在家人睡熟后，伏在窗前桌案上，整夜抄谱。谁知被哥哥发现，竟粗暴地把它全部烧掉。小巴赫难过地哭了几天，但他并不灰心丧气。

不久，他离家独自到汉堡附近一个市镇，向一位有名的风琴师求教。这位风琴师把许多珍贵的乐谱长期借给他使用，后来，巴赫终于成为一名优秀的风琴演奏家。由于当时的音乐家只能附属于宫廷或教堂，这就使巴赫面临终生只能处于困难的境遇和屈辱的地位，但他却始终保持着不屈不挠的创作意志。

巴赫一生创作了大量的作品，其体裁形式也十分多样，其中有风琴曲、钢琴曲、小提琴曲、大提琴曲、长笛曲、康塔塔、管弦乐曲及许多宗教内容的声、器乐作品等。这些作品中最著名的有《d小调托卡塔与赋格》《平均律钢琴曲集》《法国组曲》《英国组曲》《赋格的艺术》《a小调小提琴协奏曲》《六首小提琴无伴奏奏鸣曲及组曲》《六首大提琴无伴奏奏鸣曲及组曲》《布兰登堡协奏曲》，以及《农民康塔塔》《咖啡康塔塔》《马太受难乐》和《b小调弥撒曲》等。

巴赫精雕细刻的音乐技艺以及作品中深刻的哲理意蕴使他成为乐坛的巨人。他的音乐在风格上虽然还与复调音乐的旧传统有着密切的联系，但由于他积极地发展了主调和声思维，从而把复调音乐提升到了一个新的水平。巴赫的音乐具有哲理性，但他的作品中的哲理性是与抒情、写景相结合，因而他的音乐使人听来更亲切、更易于接受。

巴赫是一个承前启后的人物，他的音乐吸收了前几个世纪音乐创作的最高成就，并为日后贝多芬等伟大音乐家的出现打下了稳固的基础，对欧洲的古典音乐和后世音乐的发展有十分深远的影响，因而被誉为"欧洲音乐之父"。

◆ 彼得一世改革的成效如何？

1697—1698年，彼得一世到西欧作了一次长途旅行，一次为他随后的统治定下基调的旅行。他以一个下士彼得·米哈伊洛夫的身份，率领了一个大约由250人组成的"庞大的使团"。由于彼得一世使用了一个假名，他看到了许多王子无法看到的事物。在这次旅行期间，他为荷兰的东印度公司当了一个时期的船长，还在英国造船厂工作过，在普鲁士学过射击。他走访工厂、学校、博物馆、军火库，甚至还参加了英国议会举行的一届会议。总之，他尽了最大的努力学习西方的文化、科学、工业及行政管理方法。

1698年，当几位大臣来问候远途归来的彼得一世时，彼得一世突然拿起手中的剪刀朝他们的胡子剪去，从而揭开了一系列改革的序幕。这些改革主要是在与瑞典进行北方战争的背景下施行的。

在军事方面，彼得一世实行义务兵役制，引进国外新式武器和战略技术，还建立了一支强大的海军。在经济方面，彼得一世大力鼓励工商业的发展，允许企业主买进整村的农奴到工厂做工，批准外国人在俄国开办工厂。为了鼓励西方工艺和技术的引进，他把许多西方技术人员带入俄国，还派遣许多年轻的俄国人到西欧去学习。

在政治上，改革的目的是建立完整的中央集权统治，加强工作效率。剥夺贵族领主杜马会议的职能，代之以参政院，下设 11 个委员会（实际上相当于西方国家的"部"）负责具体工作；罢黜大教长，代之以宗教院，使教会成为国家政权的一部分；划分行政区域，将全国分为 50 个省。彼得一世还颁布了一个"职能表"，将文武官员分成 14 个不同的等级，所有的官员不管门第出身，都要从最低一级做起，靠功绩晋升。

在社会问题上，彼得一世也主张实行西方化。他颁布法令，规定人人都不得蓄胡子（虽然他后来对此项法令做了修改），要求宫廷人员必须穿西装，鼓励吸烟和喝咖啡。虽然他制订的政策有许多在当时遭到了强烈的反对，但是这些政策带来了长期的影响：俄国这个由贵族阶级统治的国家

最终在很多方面都实行了西方的风俗和文化。

彼得一世认为俄国正教会是一股落后的、反动的势力。彼得一世成功地对正教会实行了部分改组，并在很大的程度上获得了对它的控制。彼得一世在俄国创办非宗教学校，鼓励发展科学。他还引进了儒略历，并使俄文字母现代化。在他的统治期间，俄国创办了第一家报纸。

◆ 俄国为何迁都圣彼得堡？

1703 年 5 月初，俄军从瑞典手中夺取了涅瓦河沿岸的土地。同年 5 月 27 日（俄历 5 月 16 日），彼得就下令在涅瓦河口的扎亚奇岛修建圣彼得堡要塞，后来改称为彼得-保罗要塞。彼得最初关注的是巩固要塞，建立对瑞典作战的坚固前沿阵地。以后逐步扩大建筑面积，在几十个岛屿上建立起房屋。1713 年，彼得一世正式将圣彼得堡定为首都。他邀请法国人勒布隆来为圣彼得堡制订城市建设总规划。还邀请意大利、德意志、瑞士等国的建筑师来圣彼得堡主持修建各种不同于莫斯科风格的建筑。

圣彼得堡初建时，是一片沼泽草地，到处荒无人烟。彼得下令各地每

年要为圣彼得堡建设工地提供约 4 万劳动力。彼得一世经常手里拿着一根棍子到各个工地查看。经过十几年的艰苦努力，终于在荒野的河口兴建起一座 10 万人的大城市，一个新的、富有朝气的政治经济文化中心。

圣彼得堡和莫斯科不同。它完全是彼得一世根据他执政的需要、改革的需要、对外战争的需要而建立起来的。圣彼得堡打开了俄国通往欧洲的窗户，成为推动俄国学习西欧的基地。马克思说："仅仅对波罗的海诸省的征服并没有把彼得大帝的政策与其祖先的政策区别开来，都城的迁移才显示出他征服波罗的海诸省的真正意义。"彼得一世正是通过定都圣彼得堡来表达了他割断旧的莫斯科传统的决心，展示了他与西欧争雄天下的抱负。

◆奥古斯塔是怎样成为叶卡捷琳娜二世的？

叶卡捷琳娜二世，俄国女皇，原名索菲亚·奥古斯塔，1729 年 4 月 21 日出生于德国斯特丁，1796 年 11 月 6 日逝世于普希金市。1762—1796 年在位。1743 年，14 岁的索菲亚·奥古斯塔随母亲约翰娜·伊丽莎白来到俄国，在一场政治婚姻中嫁给了俄国女皇叶丽萨维塔的外甥彼得·费奥多罗维奇，并皈依俄国东正教，成为俄国人。俄国女皇叶丽萨维塔讨厌索菲亚·奥古斯塔这个名字，因为同她父亲争权的那位姑妈也叫索菲亚。为了纪念自己的母亲叶卡捷琳娜一世，她就把奥古斯塔改叫叶卡捷琳娜。

叶卡捷琳娜被定为皇储配偶以后，过得并不轻松，叶丽萨维塔女皇对她时冷时热，丈夫彼得·费奥多罗维奇宠爱情妇，经常羞辱她。在这期间，叶卡捷琳娜自称"无时没有书本，无时没有痛苦，但永远没有快乐"。

1761 年，女皇叶丽萨维塔去世，正在怀孕的叶卡捷琳娜不敢轻举妄动，眼睁睁看着她的丈夫兼死敌彼得·费奥多罗维奇登上了皇位，成为沙皇彼得三世。

彼得三世上台之后一系列令人目瞪口呆的行动，终于将叶卡捷琳娜逼上了绝路。他下令在"七年战争"中胜利在望的俄罗斯军队停止战斗，退出所占的普鲁士土地，与普鲁士国王腓特烈二世签订和约，只因他是腓特烈二世的崇拜者，还准备"亲自率领一部分军队，听从腓特烈二世的指挥"。在国内，他要俄国人改信路德教，宣布信东正教的人为异教徒，没收东正教会的财产。结果，自然是人心思变。叶卡捷琳娜在她的情夫奥尔洛夫兄弟和哥萨克首领拉祖莫夫斯基的帮助下，发动政变，成功夺取皇位，囚禁了彼得三世。

1762 年 7 月 17 日，彼得三世在囚禁中突然去世，叶卡捷琳娜迅速登上俄国女沙皇的宝座，自此大刀阔斧，力行革新，掌控与操纵这个以男性为主的世界达三十多年之久。因治国有方、功绩显赫，其才干与名气闻名世界，成为俄国人心目中仅次于彼得大帝的一代英主，被尊称为"叶卡捷琳娜二世"。

◆ 叶卡捷琳娜二世因何买下狄德罗的藏书？

叶卡捷琳娜二世早年曾读过许多西欧启蒙思想家的作品，在流行"开明专制"的时代，她也使自己成为这一时髦的追逐者。她赞助和支持俄国艺术的发展，反对愚昧和落后，比西欧任何一位君主都更慷慨地资助哲学家和艺术家。伏尔泰形容叶卡捷琳娜二世是"欧洲上空最耀眼的明星"。

此外，叶卡捷琳娜二世还在哲学家狄德罗窘迫到不得不变卖自己的大量藏书来维持生计时，花几十万卢布买下狄德罗的所有藏书，并委托狄德罗保管。叶卡捷琳娜二世认为，在狄德罗去世之前让他和他的书分开，"是一件最痛苦不过的事"。

◆ 你知道普加乔夫起义的过程吗？

叶卡捷琳娜二世统治时期，采取维护大贵族和大地主利益的政策，残酷剥削和压榨人民。那时，地位最卑下，遭遇最悲惨的是农奴，他们是地主的私有财产，地主可以任意侮辱打骂他们，也可以把他们当牲口一样任意买卖。农奴们不堪其苦，都想起来反抗沙皇，只是没人领头。后来，这个领头人终于出现了，他叫叶梅连·普加乔夫。普加乔夫生于顿河沿岸齐莫维斯克镇的一个贫穷的哥萨克家庭。18 岁时被征兵到波兰打仗；又参加过对土耳其的战争，由于作战勇敢，被提升为少尉。后来因为生病，退伍回乡。

1773 年 9 月 17 日，普加乔夫率领由 80 多名哥萨克组成的小队伍去攻打雅伊克城堡，揭开了起义的序幕。他们首战告捷，接着便向奥伦堡进军。奥伦堡城池坚固，有重兵把守，易守难攻。普加乔夫决定采用围城打援的战略，长期围困奥伦堡。在此期间，普加乔夫成立了军事委员会，加强部队的组织建设。

叶卡捷琳娜二世得知普加乔夫起义的消息后，调动三路大军增援奥伦堡。第一路大军的主力有2万余人，由卡尔将军率领。卡尔没把普加乔夫放在眼里，他带着队伍漫不经心地向奥伦堡开来，不料在半路上中了普加乔夫的埋伏，险些被炸死。卡尔刚要下令还击，起义军的骑兵已经发起猛攻，挥舞着马刀掩杀过来。官兵仓皇应战，哪里招架得住，不一会儿就四散溃逃了。第二路援军由本尔内舍夫上校率领，在渡河时被义军包围，本尔内舍夫见势不妙，急忙化装成马车夫逃走，结果被起义军抓住，当场处死。第三路援军听见两路人马溃败的消息，不敢大意，绕路冲到奥伦堡城下，被守城的官兵接了进去。

1774年春天，叶卡捷琳娜二世再次派大军增援奥伦堡，3月22日，双方在谢季塔瓦展开激战，起义军遭到惨败。4月1日，起义军在萨马拉激战中再次受挫，只好从奥伦堡撤退，撤向巴什基尔地区。7月12日，普加乔夫率领起义军向俄国南方另一军事

重镇喀山发动猛攻。经过激烈战斗，起义军攻破喀山城，官军仓皇逃走。两天后，官军反扑过来，普加乔夫不得不从喀山撤退，西渡伏尔加河，向顿河挺进。普加乔夫打算发动顿河地区的哥萨克去攻打察里津，然后进攻莫斯科。在西进途中，沿途又有无数群众参加起义，起义很快席卷了诺夫哥罗德省和沃龙涅什省。叶卡捷琳娜二世急忙从土耳其战场上调回苏沃洛夫的部队去追击普加乔夫。8月25日凌晨，双方在萨尔尼科夫展开决战，起义军被击溃。1774年9月4日，起义军军事委员会成员特沃洛戈夫，炮兵长官丘马科夫等叛徒，把普加乔夫捆绑起来，交给了雅伊克镇的沙皇政府当局。

1775年1月10日，普加乔夫在莫斯科被叶卡捷琳娜二世杀害。俄国历史上最大的一次农民起义被镇压下去了。

◆ 哪些人参与了废奴运动？

17、18世纪，奴隶贸易受到欧洲启蒙运动的思想家J.洛克、孟德斯鸠和伏尔泰等人的谴责，教友派、福音派等宗教团体也纷纷批判其反宗教的野蛮性质。18世纪下半叶，在北美独

立战争和法国大革命的影响下，反对奴隶贸易同废除奴隶制度的呼吁汇合在一起，形成波澜壮阔的废奴运动。参与废奴运动的人，有从人道主义出发的，但也有从经济角度出发的。后者认为种植园奴隶频繁暴动和过高的死亡率，给社会经济带来巨大的损失。

◆牛顿在数学领域有什么贡献？

艾萨克·牛顿（1642—1727），伟大的英国数学家、物理学家、天文学家和自然哲学家。

牛顿在数学上最卓越的贡献是微积分的创建。17世纪早期，数学家们已经建立起一系列求解无限小问题（诸如求曲线的切线、曲率、极大极小值，求运动的瞬时速度以及面积、体积、曲线长度、物体重心的计算等）的特殊方法。他超越前人的功绩在于：将这些特殊的技巧统一为一般的算法，特别是确立了微分与积分这两类运算的互逆关系（微积分基本定理）。

据牛顿自述，他于1665年11月发明正流数（微分）术，次年5月创反流数（积分）术，但当时他只是以手稿形式在朋友中传播自己的发现。1669年，牛顿写成第一篇微积分论文《运用无穷多项方程的分析》交皇家学会备案（1711年出版）。他在该文中称变量的无限小增量为瞬（moment），以此为基础求瞬时变化率，并反用于求积，但没有采用流数形式。流数方法的系统叙述是在《流数术与无穷级数》一书中给出的，该书完成于1671年，出版于1736年。

◆库克船长如何环行南极圈？

1768年，出生于英国约克郡莫尔顿市一个贫寒之家的库克，凭借自己的勤奋好学，吃苦耐劳，成为一名船长。当时，他年仅30岁，被皇家科学院委派寻找南方新大陆。他把一艘370吨的独桅运煤船改装成探险船，命名为"奋斗"号。同年8月25日，"奋斗"号离开普利茅斯港，向南航行。

南太平洋的秋天，气候非常恶劣，"奋斗"号经常处于狂风巨浪之中。到达南纬40°时，眼前仍是茫茫大海，没有一点陆地的影子，库克就决定转舵向西，到达新西兰的东海岸。100多年前，塔斯曼已经到过这里，但他错误地以为这是南大陆的北部海角。库克为了弄清真实情况，就沿东海岸北上，最终证实新西兰并非是大陆，而是毗邻的两个大海岛。

1770 年 11 月，"奋斗"号抵达巴塔维亚，但蔓延着的痢疾和疟疾，夺去了"奋斗"号 1/3 船员的生命，于是库克下令返回英国。

1771 年，英国政府再次委派库克到南纬 40° 以南的地区进行考察。破损不堪的"奋斗"号早已不能担此重任了。皇家科学院又拨给库克两艘独桅船，一艘名为"果敢"号，由库克指挥；另一艘"冒险"号由托拜厄斯·弗尔诺指挥。他们于 1772 年 7 月 13 日起锚直驶南大洋。

穿过好望角，越往南行驶天气越寒冷。冰雪不停地迎面刮来，令人难以招架，但库克仍然下令前进。1773 年 1 月中旬，船队进入南极圈。这是人类首次闯入这个陌生的禁区。接着，巨大的冰山阻碍了他们的行程。他们被迫让船往北开，在克罗泽岛和克尔格伦岛稍事休整后，便向东准备到澳大利亚东海岸，但海上的大风和浓雾使"果敢"号和"冒险"号失去了联系。

直到 5 月份，他们才在新西兰西部的海域重新聚合。这时，库克通过实地航行，已证明南半球南纬 40° 以南的 1/3 水域中没有大陆存在的可能。

船队在新西兰休整后，便继续航行，但风暴很快又打散了"果敢"号和"冒险"号。库克虽经多方寻找，但始终白费精力，只得孤舟继续探险。"果敢"号再一次进入高纬度海域，进行"之"字形绕纬度线一周航行，先后两次进入南极圈，最远到达南纬 71° 10′。这时，厚实的坚冰挡住了他们的航道。库克根本没意识到他朝思暮想的南极大陆海岸离他只有 240 千米。

恶劣的气候使他灰心丧气。1775 年 3 月 21 日，他回到好望角，在报告中写道："现在，我已经完成了高纬度的环南大洋之行，在我们所到的地方是没有大陆存在的。这次航行所有的目的都已圆满地达到了，对南半球已经作了充分的考察。自古以来的地理学家和近两个世纪以来的航海家寻找南大陆的梦想接近尾声了。在我之后，没有人会走到更远的地方去，如果真的有人能做到，我也不会嫉妒和羡慕他所获得的声誉。我敢说，世界不会因为那一发现而获得任何好处。"

◆拿破仑欧陆战争的结果如何？

1799 年 11 月，拿破仑建立军事独裁以后，法国同第二次反法同盟

（沙皇俄国、英国、奥地利、奥斯曼帝国和那不勒斯王国）处于战争状态，处境十分困难。

当时，拿破仑·波拿巴的法国远征军正在埃及作战，苏沃洛夫对意大利和瑞士的远征结束了法国在意大利的统治，在上莱茵河的奥军大有入侵法国之势；英国对法国各港口实施封锁。为了扭转局势，拿破仑决定击败在北意大利的约 15 万奥军，迫使奥地利退出战争，从而使英国丧失在大陆上的立足点，并迫使同盟国和谈。秘密集结在瑞士边境上的仓促编成的法国后备军越过阿尔卑斯山进入波河河谷，出现在奥军后方。

1800 年 6 月 14 日，在马伦哥战役中，拿破仑击败奥军。同年 12 月，莫罗将军统率的法军在德意志的霍恩林登战胜奥军。翌年 2 月，法奥签订吕内维尔和约。同年 10 月，法国又分别同土耳其和俄国签订了和约。英国因丧失同盟国，被迫同法国签订《亚眠和约》。然而，这一和约并未消除英法之间的矛盾。拿破仑企图击败英国，便在布伦地区开始集结法国海军和远征军的兵力。但是，法西联合舰队在特拉法加海战中的失败，使拿破仑不能在不列颠岛登陆。为了建立新的反法同盟，英国展开积极的外交活动。

俄国对法国在欧洲的扩张深感不安，尽管同英国存在严重的意见分歧，仍然接受了英国的结盟建议。1805 年 4 月 11 日，俄英缔结了彼得堡盟约，从而为第三次反法同盟奠定了基础。参加同盟的有瑞典、丹麦、两西西里王国和奥地利。同盟各国计划派出一支约 50 万人的联军。

1805 年 9 月底，拿破仑将法军约 22 万人在莱茵河一线展开。法军乘同盟军分散之机，前出到奥多瑙河集团军的后方，并在乌尔姆战役中将其击溃。抵达战区的俄军陷入困境。俄军司令官库图佐夫巧妙地实施机动，才使其军队免遭合围，并在奥尔米茨地域同从俄国开来的一个军和奥军的残部会合。但是在奥斯特里茨战役中，俄奥联军遭到失败。奥地利退出战争，并同法国缔结了《普雷斯堡和约》。拿破仑军队的坚决行动导致第三次反法同盟的解体，并使法国在欧洲的地位得到巩固。

◆何谓"波士顿惨案"？

1765 年，英国政府派遣军队驻扎

北美。当时，驻扎在波士顿的第14团和第29团胡作非为，有的刁难行人，有的调戏妇女，从而造成当地人民与英国军队之间的积怨日益加深。一股反抗英军的暗流逐渐壮大。

1770年3月5日，英军士兵与一名制绳工人发生冲突。波士顿的绳索制造工人聚集在海关，向守卫海关的英军士兵投掷雪球。晚8时，钟声大作，人们手持棍棒走上街头，高呼赶走可恶的"红虾兵"（蔑称身着红色军服的英国军队）。聚集在英王街海关周围的人情绪更为激昂。英军前来镇压，面对情绪激愤的人们，士兵在慌乱中向群众开了枪，当场打死3人，后又有2人因伤势过重，次日死去。这次流血事件史称"波士顿惨案"。波士顿惨案的消息很快传到其他城市，人民纷纷起来抗议英军驻扎，英军只好撤出波士顿。

◆ 美国独立战争的第一枪在何地打响？

1775年4月19日，波士顿人民在莱克星顿上空打响了独立战争的第一枪，莱克星顿的枪声拉开了美国独立战争的序幕。

1775年4月，马萨诸塞总督兼驻军总司令托马斯·盖奇得到一个消息：

在距波士顿不远的康科德镇上，有一个秘密军火仓库。盖奇立即命令少校弗朗西斯·史密斯和约翰·皮特凯恩率800名英军前往摧毁，连夜出发。4月19日凌晨，少校弗朗西斯·史密斯和约翰·皮特凯恩率的800名英军来到了离康科德约9.66千米的小村庄——莱克星顿。

经过一夜行军，英军士兵个个困倦不堪，呵欠连天。忽然，他们发现村外的草地上站着70多个村民，正手握长枪严阵以待。史密斯知道这些武装村民就是莱克星顿的民兵，北美大陆殖民地上的居民都叫他们"一分钟人"，因为他们行动特别迅速，只要一听到警报，在一分钟内就能集合起来，立即投入战斗。让史密斯吃惊的是，这些民兵为什么这么快就知道英军的行动呢？原来，北美殖民地的反英组织"通讯委员会"的侦察员早就得到情报，并在波士顿教堂的顶上挂起一盏红灯。"通讯委员会"的信使，雕版匠保尔·瑞维尔看到后立即骑马到莱克星顿，通知隐藏在那里的反英领袖塞缪尔·亚当斯撤离，而后赶到康科德报信。

史密斯一看对方只有几十个人，

原来有些紧张的心情马上放松下来。皮特凯恩也没把这些衣服破烂的民兵放在眼里，命令他们缴械投降。但以乔纳斯·帕克为首的民兵拒绝了英军的要求。皮特凯恩就命令英军包围这些民兵。在混乱中，不知是谁开了枪，顿时激战爆发。几分钟后，枪声渐渐稀疏，民兵们8死10伤，因为人少很快撤离了战场，分散隐蔽起来。英军只有1人受伤。

史密斯初战告捷，非常得意，指挥士兵直奔康科德。英军赶到镇上时，天已大亮，旭日东升了，但街道上却看不见一个人，家家关门闭户，显得冷冷清清，史密斯下令搜查，英军进入各家翻箱倒柜，折腾了大半天，什么也没找到。原来，民兵早已把仓库转移，"通讯委员会"的领导人也隐蔽起来了。

史密斯觉得情况有些不妙，连忙下令撤退。这时，镇外喊杀声、枪声陡然大作，附近各村镇的民兵已得到消息，从四面八方向康科德赶来。包围了正在撤退的英军。他们埋伏在篱笆后边、灌木丛中、房屋顶上、街道拐角处向英军射击。英军一批又一批倒在地上，而当英军举枪还击时却连

民兵的影子也找不到。英军一路向波士顿方向退却，沿途遭到民兵的不断袭击，狼狈不堪。

战斗一直持续到黄昏，最后还是从波士顿开来的一支援军，把史密斯等人救了出去。这一天，英军死伤273人，民兵死伤95人，剩下的英军弹药耗尽。有个士兵说："我48小时没吃一点东西，帽子被打飞了3次，2颗子弹穿透上衣。我的刺刀也被人打掉了。"莱克星顿的枪声震动了大西洋沿岸的13个殖民地，美国独立战争从此开始。

◆ 哪次战役是美国独立战争的转折点？

美国独立战争打响后，英军主动进攻，企图迅速扑灭殖民地的革命烈火。其总战略是：海军控制北美东部沿海，以陆军分别从加拿大和纽约南北对进，打通向普兰湖、哈德孙河谷一线，以孤立反英最坚决的新英格兰诸殖民地，然后将其他殖民地各个击破。大陆军因力量薄弱，除战争初期远征一次加拿大外，基本上处于守势，采取待机破敌，争取外援的方针。

1775年5月，各殖民地民兵主动进攻，并围困波士顿。6月17日，殖民地民兵在波士顿外围邦克山战斗中

首战告捷，歼灭英军约 1000 人。1776
年 3 月，威廉·豪指挥的英军被迫
从波士顿撤至哈利法克斯待援。8 月
底，豪率英军 3.2 万人，在海军舰队
配合下进攻纽约。华盛顿率 1.9 万人
与英军打阵地战，结果损失惨重，被
迫于 11 月率余部 5000 人撤往新泽西，
英军占领纽约。当年圣诞节前夕和新
年之夜，华盛顿利用英军疏于戒备之
机，奇袭特伦顿和普林斯顿得手，俘
敌近千人，士气大振。1777 年夏，约
翰·伯戈因率 7000 英军从加拿大南
下，企图与豪会师。但豪未按计划北
上，反而率军 1.8 万南下，于 9 月夺
取了大陆会议的所在地费城。

伯戈因孤军深入，行至萨拉托加
地域时，遭到 1.2 万美军和游击队的
围攻，5000 英军被迫于 10 月 17 日向
美军投降。萨拉托加战役成了美国独
立战争的转折点，促使法国、西班牙、
荷兰先后对英宣战。1778 年 2 月，法
美签订军事同盟条约，法国正式承认
美国。1778 年 6 月法英开战，西班牙
也于 1779 年 6 月对英作战。俄国于
1780 年联合普鲁士、荷兰、丹麦、瑞
典等国组成"武装中立同盟"，打破
英国的海上封锁。1780 年 12 月荷兰

进一步加入法国方面对英作战。北美
独立战争扩大为遍及欧、亚、美三大
洲的国际性反英战争，英国陷入空前
孤立的境地。形势的变化，迫使英军
于 1778 年 6 月放弃费城，决心退守
纽约。

◆ 约克敦战役的战果如何？

约克敦战役是美国独立战争期间，
美法联军于 1781 年 9—10 月在约克敦
地区进行的围歼英军的一次决定性战
役。在此战中，美法联军以伤亡 200
多人的小小代价取得了歼灭英军 7000
余人的巨大战果，为美国独立战争的
最后胜利铺平了道路。

1781 年 8 月，康沃利斯率 7000
余名英军退守弗吉尼亚半岛顶端的约
克敦。此时，在整个北美战场英军主
要收缩于纽约和约克敦两点上。华盛
顿亲率美法联军秘密南下弗吉尼亚。
与此同时，德格拉斯率领的法国舰队
也抵达约克敦城外海面，击败了来援
英舰，完全控制了战区制海权。9 月
28 日，约 1.7 万名美法联军从陆海两
面完成了对约克敦的包围。

在联军炮火的猛烈轰击之下，康
沃利斯走投无路，于 1781 年 10 月 17
日请求进行投降谈判。10 月 19 日，

约 8000 名英军走出约克敦，当服装整齐的红衫军走过衣衫褴褛的美军面前一一放下武器时，军乐队奏响了《地覆天翻，世界倒转过来了》的著名乐章。

约克敦战役后，除了海上尚有几次交战和陆上的零星战斗外，北美大陆战事已基本停止。1782 年 11 月 30 日，美国与英国的代表在巴黎签订初步停战条约；1783 年 9 月 3 日，英国政府代表与殖民地代表于凡尔赛签订《1783 年巴黎条约》，英国正式承认美利坚合众国成立。

◆ 约克敦战役采用了什么战术？

约克敦战役的胜利在军事上具有重要意义，特别是战术上的创造性思想，值得研究和借鉴。此战美国军队采用机动灵活的散兵战术，这是取得胜利的直接原因。18 世纪，欧洲国家的军队都还是线形阵势、横队齐射和呆板的步兵横队。而美国革命军在自己的国土上作战，熟悉情况，机动灵活，采取疏开队形，各自为战，单兵瞄准射击，开散兵战术之先河。并且同游击队配合作战，巧妙地利用突然性因素，他们或是用奇兵突袭，或是用重兵包围，尤其是利用夜战和近战，取得了各个歼灭的效果。

◆ 美国独立战争有何历史意义？

独立战争又是一次资产阶级革命，它推翻了英国的殖民统治，创造了美利坚合众国，同时冲击了殖民时期封建残余的长子继承法、续嗣限定法、代役税，以及奴隶制契约，从而解放了生产力，为美国资本主义的发展开辟了道路。美国独立战争胜利后，确立了民主的资产阶级政治体制，有利于资本主义的发展，对以后欧洲和拉丁美洲的革命也起了推动作用。正如列宁所说："现代的文明的美国历史，是由一次伟大的、真正解放的、真正革命的战争开始的。"

◆ 华盛顿有何历史影响？

在美国独立战争中，乔治·华盛顿（1732—1799）任大陆军总司令，为美国的独立作出了巨大的贡献。独立战争胜利后，华盛顿解甲归田，回到弗吉尼亚继续经营自己的种植园——维农山庄，在葡萄树和无花果树的绿荫下享受宁静的田园生活。1787 年，华盛顿应美国人民的邀请再度出山，主持制宪会议，制定了美国历史上第一部资产阶级成文宪法——《联邦宪法》，为美国政府的民主更替设立了基本的制度框架。1789 年 4 月，华盛顿当选为美国第一届总统，又连任一届后，没有贪权恋栈，而是回到他的维农山庄安度晚年，因此，他是和平中的第一人，他的同胞心目中的第一人。

◆《独立宣言》的起草人是谁？

《独立宣言》是一份由托马斯·杰斐逊（1743—1826）起草，并由其他 13 个北美殖民地代表签署的最初声明摆脱英国殖民统治的文件。1776 年 7 月 4 日，第二次大陆会议于费城通过了《独立宣言》。之后，7 月 4 日成为美国独立纪念日。

1776 年 6 月 7 日，在第二届大陆会议中，弗吉尼亚州的理查德·亨利·李提出一个议案，宣称："我们以这些殖民地的善良人民的名义和权力，谨庄严地宣布并昭告：这些联合殖民地从此成为、而且名正言顺地应当成为自由独立的合众国；它们解除对于英国政府的一切隶属关系，而它们与大不列颠王国之间的一切政治联系亦应从此完全废止。"6 月 10 日，大陆会议指定一个委员会草拟《独立宣言》。实际的起草工作由托马斯·杰斐逊负责。7 月 4 日，《独立宣言》获

得通过，并分送 13 个殖民地的议会签署及批准。这 13 个殖民地分别是：新罕布什尔，马萨诸塞，罗德岛，康涅狄格，纽约，新泽西，宾夕法尼亚，特拉华，马里兰，弗吉尼亚，北卡罗来纳，南卡罗来纳，佐治亚。

◆《独立宣言》体现出哪些民主思想？

《独立宣言》的民主思想主要体现在以下三个方面：

第一，平等与天赋人权思想。"天赋人权"又译为"自然权利"，其基本精神是强调人具有与生俱来的权利，这些权利绝不应该被剥夺。《独立宣言》继承并发展了洛克的天赋人权学说，认为人人生而平等，这些权利是大自然所赋予的，不可剥夺，这些权利包括"生命权、自由权和追求幸福的权利"。

第二，主权在民学说。"主权在民"又译为"人民主权"或"一切权力属于人民"，是"天赋人权"在理论上的延伸，其理论要点是：政府合法性的基础来自广大人民的同意，任何一种形式的政府如果变成损害人民利益以保障自己权利的政府，人民就有权改变或废除它，建立新的政府。《独立宣言》提出，人民是主权者，政

府的一切权力来自人民，政府应服从人民意志，为人民幸福和保障人民权利而存在。

第三，人民革命权利的理论。《独立宣言》以天赋人权和主权在民理论为基础，指出：既然政府的权力来自人民，目的是保障人民的自然权利，如果政府一旦不履行职责，侵犯人民的权利，人民就有权用革命来改变或推翻它。

◆ 美国为什么迁都华盛顿？

美利坚合众国成立之初的 13 个州由于历史和经济发展等多种因素分为南北两方。为把首都建在自己的州，南北双方又争又抢、难解难分。华盛顿为平息双方分歧，提议在地跨马里兰和弗吉尼亚两州之间，波托马克河与阿那考斯蒂河交汇处一片荒凉之地新建一个国都。新国都 1790 年开始规划建设，10 年后初具规模。为纪念开国功勋华盛顿，新国都命名为华盛顿哥伦比亚特区。

世界上大多数国家的首都是历史形成的、演变的、发展的，因此首都除了政治中心外，大多数又都具备经济、商业、科技、文化中心等功能。美国新国都建在一片处女地，规划设

计之初首先定位为政治中心，市区以国会大厦、白宫、五角大楼等建筑构筑政治中枢；新国都兼有历史和文化中心的职能，华盛顿纪念塔、林肯纪念堂、国会图书馆、国家美术馆、自然博物馆、宇航博物馆基本反映了美国的人文风貌。

◆ 美国总统府为什么称为"白宫"？

白宫位于华盛顿市区中心宾夕法尼亚大街 1600 号。北接拉斐特广场，南邻爱丽普斯公园，与高耸的华盛顿纪念碑相望，是一座白色的楼房。白宫从前并不是白色的，也不称白宫，而被称作"总统大厦"或"总统之宫"。

1792 年始建时是一栋灰色的沙石建筑。从 1800 年起，它是美国总统在任期内办公并和家人居住的地方。但是在 1812 年发生的第二次美英战争中，英国军队入侵华盛顿。

1814 年 8 月 24 日，英军焚毁了这座建筑物，只留下了一副空架子。1817 年重新修复时为了掩饰烈火焚烧的痕迹，门罗总统下令在灰色沙石上漆上一层白色的油漆。此后这栋总统官邸一直被称为"白宫"。1902 年，美国总统西奥多·罗斯福正式把它命

名为"白宫",后成为美国政府的代名词。

◆美国爆发谢斯起义的原因是什么?

1786年,马萨诸塞州爆发了大规模的农民起义——谢斯起义。在美国独立战争中,执政的大陆会议为了筹措军费,无限制地发行纸币。结果,纸币大大贬值。到1780年,1美元的购买力只有1776年的1/40。纸币贬值引起物价上涨,恶化了劳动人民的生活。但是在另一方面它却使得大商人有可能从囤积居奇中大发横财。许多奸商买空卖空,一转手之间就获得难以计算的暴利。还有许多大商人不顾民族利益,而与英国侵略军做交易。

与资产阶级大发战争财的情况形成鲜明对比的是,劳动人民由于战争而更加贫困。战后,由于军队复员,粮食的需求大减,农民的收入随之减少。负债的农民不可胜数。到1786年,在债务的重压下,大多数农民处在破产的边缘。有许多农民由于到期无力偿还债务而备受囹圄之苦。谢斯是参加过独立战争的老兵,战后解甲归田,穷得一文不名,甚至不得不把拉法叶特赠送给他的剑卖掉,以换取糊口之资。

1786年秋,谢斯与另外一名参加独立战争的战士戴伊在康科德集合了一批武装的农民,发动起义,准备攻打波士顿。美国政府迅速行动,派军队火速前往镇压。在一次激战中,谢斯的起义队伍被击败,结果被迫撤出马萨诸塞州。

1787年1月,当谢斯起义军来到斯普灵菲尔德夺取了兵工厂之后,政府开始与之举行和谈。当时起义者中间有不少人被胜利冲昏头脑,看到政府提议谈判,认为政府已无力镇压,于是便松懈起来,遂为敌人提供了可乘之机。当政府援军开到时,政府马上停止谈判,并且下令大举进攻,把起义队伍包围起来。政府当局本想把起义队伍一个不留地斩尽杀绝。但是政府军队中的广大士兵拒绝这样做,因为他们同情起义。结果,谢斯等人突围逃了出来。他们本想重整队伍,再度与政府军一决雌雄,但是此时的起义队伍已经元气大伤,只有少数人继续追随他。一场轰轰烈烈的起义,就这样以失败而告终。

◆威廉·弗里德里希·黑格尔的哲学体系如何?

1770年,威廉·弗里德里希·黑

格尔出生于一个政府公务员家庭。1788 年进入杜宾根神学院学习。1793 年毕业后，威廉·弗里德里希·黑格尔先后在伯尔尼和法兰克福当了七年的家庭教师。1800 年到耶拿，与谢林共同创办《哲学评论》杂志。次年成为耶拿大学编外讲师，四年之后成为副教授。1807 年出版他的第一部著作《精神现象学》。1808 至 1816 年，他在纽伦堡当了八年的中学校长。在此期间完成了《逻辑学》（简称大逻辑）。1816 年，他被聘为海德堡大学教授。1817 年，出版《哲学全书》（其中的逻辑学部分简称小逻辑），完成了他的哲学体系。1818 年开始担任柏林大学教授，1821 年出版《法哲学原理》。1829 年，黑格尔被任命为柏林大学校长和政府代表，1831 年死于霍乱。他去世之后，在柏林大学的讲稿被整理为《哲学史讲演录》《美学讲演录》和《宗教哲学讲演录》。

黑格尔把绝对精神看作世界的本原。绝对精神并不是超越于世界之上的东西，自然、人类社会和人的精神现象都是它在不同发展阶段上的表现形式。因此，事物的更替、发展、永恒的生命过程，就是绝对精神本身。

黑格尔哲学的任务和目的，就是要展示通过自然、社会和思维体现出来的绝对精神，揭示它的发展过程及其规律性，实际上是在探讨思维与存在的辩证关系，在唯心主义基础上揭示二者的辩证统一。

围绕这个基本命题，黑格尔建立起令人叹为观止的客观唯心主义体系，主要讲述绝对精神自我发展的三个阶段：逻辑学、自然哲学、精神哲学。黑格尔在论述每一个概念、事物和整个体系的发展中自始至终都贯彻了这种辩证法的原则。这是人类思想史上最惊人的大胆思考之一。恩格斯后来给其以高度的评价："近代德国哲学在黑格尔的体系中达到了顶峰，在这个体系中，黑格尔第一次——这是他的巨大功绩——把整个自然的、历史的和精神的世界描写为处于不断运动、变化、转化和发展中，并企图揭示这种运动和发展的内在联系。"

黑格尔一生著述颇丰，在其生前正式出版的作品有《精神现象学》《逻辑学》《哲学科学全书纲要》和《法哲学原理》，后人又根据其讲义、笔记和学生的听课笔记整理出版了《哲学史讲演录》《美学讲演录》等。

◆法国大革命的起因是什么？

18 世纪资本主义在法国部分地区已相当发达，出现许多资本主义性质的手工工厂，个别企业雇佣数千名工人并拥有先进设备，金融资本雄厚。资产阶级已成为经济上最富有的阶级，但在政治上仍处于无权地位。农村绝大部分地区保留着封建土地所有制，并实行严格的封建等级制度。由天主教教士组成的第一等级和贵族组成的第二等级，是居于统治地位的特权阶级。资产阶级、农民和城市平民组成第三等级，处于被统治地位。特权阶级的最高代表是波旁王朝国王路易十六。18 世纪末第三等级同特权阶级的矛盾日益加剧。特权阶级顽固维护其特权地位。在第三等级中，农民和城市平民是基本群众，是后来革命中的主力。资产阶级则凭借其经济实力、政治才能和文化知识处于领导地位。

1789 年 5 月，由于财政困难国王被迫召集三级会议，路易十六企图向第三等级征收新税，但第三等级纷纷要求限制王权、实行改革。6 月，他们毅然决定将三级会议改为国民议会。路易十六准备用武力解散议会，巴黎人民于 7 月 14 日起义，攻占了法国象征封建统治的巴士底狱，法国大革命爆发。

8 月 26 日，制宪会议通过《人权与公民权宣言》（简称《人权宣言》），确立人权、法治、公民自由和私有财产权等资本主义的基本原则。宣布人与人生来是而且始终是自由的，在权利方面是平等的，财产权是神圣不可侵犯的。议会还颁布法令废除贵族制度，取消行会制度，没收并拍卖教会财产。革命初期，代表大资产阶级和自由派贵族利益的君主立宪派（斐扬派）取得政权。

◆你知道法国国旗的来历吗？

法国的国旗呈长方形，长与宽之比为 3∶2。旗面由三个平行且相等的竖长方形构成，从左至右分别为蓝、白、红三色。法国国旗的来历有多种，其中最具代表性的是：1789 年法国资产阶级革命时期，巴黎国民自卫队就以蓝、白、红三色旗为队旗。三色旗曾是法国大革命的象征，三色分别代表自由、平等、博爱。

◆路易十六以什么罪名被处死？

1791 年 6 月 20 日，路易十六乔装出逃，企图勾结外国力量扑灭革命，中途被识破押回巴黎。广大群众要求废除王政，实行共和，但君主立宪派则主张维持现状，保留王政。君主立宪派制定了《1791年宪法》，召开立法会议，维护君主立宪制，反对革命继续发展。

1792年8月10日，巴黎人民再次起义，推翻君主立宪派统治，逮捕路易十六。吉伦特派取得政权。9月20日，法国军队在瓦尔密战役中打败外国干涉军。由普选产生的国民公会于9月21日开幕，9月22日，成立了法兰西第一共和国。吉伦特派执政期间颁布法令，强迫贵族退还非法占有的公有土地，将没收的教会土地分小块出租或出售给农民，严厉打击拒绝对宪法宣誓的教士和逃亡贵族。1793年1月21日，国民公会经过审判以叛国罪处死路易十六。

◆ 吉伦特派垮台的原因是什么？

吉伦特派，原称布里索派。指法国大革命期间推翻波旁王朝，既而掌握实权的共和派。因其中很多人原是吉伦特省人，因此被称为吉伦特派。

在法国大革命期间，吉伦特派从1791年10月至1792年9月控制立法议会，因布里索是他们的领袖，起初称布里索派，以激烈抨击宫廷的姿态出现。从1791年底起，在布里索领导下，他们支持对外战争，认为这是团结人民维护革命事业的手段，在1792年的瓦尔密战役中击败普鲁士军队，打败了第一次反法联盟。1792年春，吉伦特派达到权力和声誉的顶峰。1792年4月20日，他们主张对奥地利宣战。

从1792年9月国民公会开幕之日起，吉伦特派一致反对雅各宾派。这两个集团之所以敌对，一部分是由于深刻的私仇，但也有社会利益的对立。在审判国王时，由于吉伦特派中的一些人反对处决国王，所以人们谴责吉伦特派是保王党。

1793年2—3月，以英国为首的欧洲各国组成反法联盟，加强武装干涉；国内也发生大规模保王党叛乱。4月，前线的主要指挥、吉伦特派将领迪穆里埃叛变投敌。在革命处于危急的时刻，巴黎人民于5月31日—6月2日发动第三次起义，推翻吉伦特派的统治，建立起雅各宾派专政。吉伦特派的垮台乃是由于他们不愿采取紧急措施来保卫革命，而且不能满足巴黎工人的经济要求。

在雅各宾派采取恐怖政策以后，

有 21 名被捕的吉伦特派人士从 1793 年 10 月 24 日起受审，10 月 31 日被送上断头台。1794 年雅各宾派垮台后，那些幸免于难的吉伦特派回到国民公会，并恢复了名誉。

◆ 雅各宾派因何得名？

雅各宾派是法国大革命时期参加雅各宾俱乐部的资产阶级激进派政治团体。雅各宾俱乐部正式名称为"宪法之友社"，前身是三级会议期间的布列塔尼俱乐部，1789 年 10 月迁到巴黎后在雅各宾修道院集会，故名。起初，该俱乐部包括许多后来成为斐扬派、吉伦特派的成员；迁到巴黎后又吸收一批非制宪议会成员。因政见分歧，1791 年 7 月、1792 年 10 月，立宪派、吉伦特派先后分裂出去，雅各宾派成为以罗伯斯庇尔为代表的激进的资产阶级革命民主派。

在法国大革命中出现的众多革命团体中，雅各宾俱乐部是唯一的全国性组织，拥有数千地方组织。雅各宾派的成员中以小企业主居多，也包括许多富有的资产阶级。

◆ 雅各宾派上台后采取了哪些政治措施？

在内忧外患异常严重的形势下，雅各宾派政府实行恐怖统治，组织爱国力量，严厉打击国内外反革命势力，限制资产阶级投机活动，规定物价的最高限额。雅各宾派的非常措施取得了很大的效果，至少是暂时稳定了政权。雅各宾派实行按人口分配土地的制度，使得农民成为革命战争以及拿破仑战争的重要兵源。

雅各宾派为了抗击外国侵略者，1793 年 8 月 23 日，国民公会颁布总动员令，宣布："从现在起到一切敌人被逐出共和国领土为止，全国人民时刻处于动员状态。""年轻人应上前线作战，有家室的制造武器、运送粮食，妇女缝制服装、帐幕及在军医院服务，孩子们用衬衣撕成绷带，老年人应到广场去激励军人。"人民热烈响应号召，很快组成一支约 42 万人的大军，军队进行了整编，战争形势迅速改变。1793 年 10 月，两次打败奥军。12 月，从英国占领者手中夺回南方重镇土伦。1794 年 6 月，在弗勒吕斯同英、荷、奥、普联军大会战，给敌人以决定性打击。到 7 月，外国干涉军已全部被赶出国境。另外还平息了保王党的暴乱。

◆ 马拉之死是怎么一回事？

让·保尔·马拉（1743—1793）

是雅各宾派的核心领导人之一。雅各宾派当政以后，他因为卓越的号召能力而成为该派极具影响力的领导，负责处理众多日常事务。他患有严重的皮肤病，每天只有泡在洒过药水的浴缸中才能缓解痛苦，于是，浴室就成了他经常的办公场所。1793 年 7 月 11日，一位女士借口与马拉商谈相关事宜，进入马拉的浴室，在马拉毫无防备的情况下行刺，使这位革命领导人死在了自己的工作岗位上。

◆ 罗伯斯庇尔因何引发"热月政变"？

热月政变是法国大革命中推翻雅各宾派罗伯斯庇尔政权的政变。因发生在共和二年热月 9 日（1794 年 7 月27 日），故名。热月政变推翻了雅各宾派的统治。在政变中建立了以热月党人为代表的大资产阶级政权。法国历史进入维护大革命成果时期。

1794 年 7 月 26 日，罗伯斯庇尔在国民公会发表演说，表示"国民公会中还有尚未肃清的议员"，但是议员要求罗伯斯庇尔将议员的名字说出，罗伯斯庇尔并没有说出，引发议员们的恐慌，人人自危。由于过去已经有丹东等人被整肃的前例，于是心中惶恐的议员们决议发动政变。当天晚上

罗伯斯庇尔在雅各宾俱乐部发言指出，"各位今天听到我的演说，恐怕是我的遗言了"，没想到一语成谶。

7 月 27 日，罗伯斯庇尔前往国民公会，结果被议长打断发言；场内开始出现"打倒暴君"的呼声以及逮捕罗伯斯庇尔等人的要求，并且国民公会宣布罗伯斯庇尔"不受法律保护"，加以逮捕，同时被捕的还有圣鞠斯特、G.库东等。他们一度被国民自卫军司令 F.昂里奥抢救出来，最终罗伯斯庇尔逃往巴黎市公所，并且准备举枪自杀，一名国民卫队的少年兵开枪打碎罗伯斯庇尔的下颌并将他逮捕。

7 月 28 日，罗伯斯庇尔、圣鞠斯特等 22 人被送上断头台，在罗伯斯庇尔被处决的那一刻，观看的群众竟然热烈鼓掌达 15 分钟。在罗伯斯庇尔死后，幽默的法国人在他的墓碑上刻了这样一段话："过往的行人啊！我罗伯斯庇尔长眠于此，请不要为我悲伤，如果我活着的话，那你就活不成。"

◆ 丹东因何被送上断头台？

乔治·雅克·丹东是 18 世纪法国大革命时期著名的活动家，雅各宾派的主要领导人之一。1759 年 10 月 26日生于奥布河畔阿尔西镇一个检察官

家庭。1773 年到省城特鲁瓦上中学。1784 年在兰斯获法学学位。1785 年在巴黎高等法院任律师，后任枢密院律师。法国大革命开始后参加雅各宾俱乐部。1790 年组织科德利埃俱乐部，宣传民主、自由思想。1791 年带领群众向政府请愿，要求废黜国王、宣布共和；12 月丹东当选为巴黎公社检察长第二助理。1792 年 8 月 10 日巴黎人民起义后，在临时政府任司法部长。

为动员群众抵御外敌，1792 年 9 月 2 日丹东在立法议会上发表著名演说：“要想战胜敌人，我们必须勇敢、勇敢、再勇敢！这样，法国才能得救。”丹东当选国民公会的巴黎代表后，辞去司法部长职务。

1793 年 6 月，雅各宾派取得革命政权后，丹东在许多重大问题上，与罗伯斯庇尔发生严重分歧。在对外政策上，丹东反对法国继续进行反对欧洲干涉的战争，积极主张与英国议和。在对内政策上，要求取消革命恐怖政策，对一切反革命分子实行大赦。丹东还主张取消最高限价，实行商业自由。1794 年，丹东支持 C. 德穆兰办《老科德利埃报》，反对恐怖扩大化，攻击以罗伯斯庇尔为首的公安委员会

和社会保安委员会。1794 年 3 月 30 日夜，丹东与德穆兰等人被罗伯斯庇尔逮捕，4 月 5 日，革命法庭以“阴谋恢复君主制颠覆共和国”的罪名把丹东送上断头台，时年 35 岁。据称被捕前，丹东愤然斥责建议他逃跑的人：“走？难道把自己的祖国也放在鞋底下带走？”

◆ 何谓热月党人的“秋千政策”？

热月党人原是反罗伯斯庇尔的各派人物的暂时结合，并无统一纲领。热月党的主要代表人物有 J.L. 塔利安、L. 弗雷隆、P.-F.-J.-N.de 巴拉斯等。热月党人代表大资产阶级的利益统治法国。一方面清除雅各宾派的恐怖政策和激进措施，另一方面又尽力保护革命成果，维护共和制，希望建立资产阶级的正常统治秩序。

1795 年秋，热月党人成立督政府。罗伯斯庇尔的恐怖统治时期结束，但政局仍然不稳。1796—1797 年，督政府派拿破仑·波拿巴远征意大利取得重大胜利，军人势力开始抬头。1797 年，立法机构选举时，许多王党分子当选。督政府为打击王党势力，宣布选举无效。1798 年，立法机构选举时，雅各宾派的残余势力大批当选，督政

府再次宣布选举无效。这种政策历史上称为"秋千政策"。1799年，英国又组成第二次反法联盟，以西哀士为首的右翼势力发出了借助军人力量控制局面的呼声。

◆ "雾月政变"的策划人是谁？

雾月政变是西哀士连同拿破仑、富歇和塔列朗策划的夺权行动。1799年11月9日，拿破仑派军队控制了督政府，接管了督政府的一切事务。这一天是法国共和历雾月18日，所以，历史上称拿破仑在这天发动的政变为"雾月政变"。第二天，拿破仑把法国议会——元老院和500人院全部解散，夺取了议会大权，并宣布成立执政府。在执政府中，他自认第一执政，大权独揽，开始了独裁统治的历程。

◆ 你知道《拿破仑法典》的立法过程吗？

1800年，法兰西第一共和国第一执政者拿破仑任命了以法学家组成的四人委员会，赋予他们起草民法典的任务。这4人是J.E.M. 波塔利斯、F.D. 特龙谢、F.J.J. 比戈·德·普雷阿梅讷和J. 马尔维尔。

翌年，委员会以4个月的时间草创了全部民法典的初稿。第一执政者拿破仑和第二执政者J.-J.-R.de 康巴塞雷斯亲自参加了该法典的制定。拿破仑直接领导了编纂工作。在讨论法典草案的102次会议中，他亲自主持的在半数以上。草案先交枢密院审议，后送交各法院征询意见。1803—1804年间，法典以36部单行法的形式颁布实施。1804年3月21日由拿破仑签发颁行，成为单一的民法典。

草案除了经过枢密院的仔细审议外，还送交法国各法院征询意见，然后逐步分为36部单行法（相当于该法典现有的36章），并得到法国议会的通过。法兰西第一帝国成立后，综合为《拿破仑法典》。

◆ 《拿破仑法典》包括哪些内容？

《拿破仑法典》于1804年3月21日被法兰西第一帝国议会通过。法典除总则外，分为3编。第一编是人法，包含关于个人和亲属法的规定，实际上是关于民事权利主体的规定。第二编是物法，包含关于各种财产和所有权及其他物权的规定，实际上是关于在静态中的民事权利客体的规定。第三编称为"取得所有权的各种方法"编。内容颇为庞杂：首先规定了继承、赠予、遗嘱和夫妻财产制；其次规定了债法，附以质权和抵押权法；最后还规定了取得时效和消灭时效。实际上，该编是关于民事权利客体从一个权利主体转移于另一个权利主体的各种可能性的规定。

◆拿破仑哪一天正式加冕称帝？

"雾月政变"以后，大权独揽的拿破仑连续对外采取军事行动，决定性地打击了欧洲封建势力对法国的几次反扑。1800年，拿破仑击溃奥地利军队，并进逼奥地利南部地区，迫使奥皇签订和约。1802年，以沙俄为首的第二次反法联盟又被拿破仑击溃，使俄国对法国的威胁解除了。对国内，拿破仑也采取了一系列维护其资产阶级统治的措施。他用武力征讨和分化瓦解的手段，镇压了保王党的复辟活动。同时，又采取了其他一系列安抚措施，巩固了他的统治基础。1804年12月2日，拿破仑在巴黎圣母院大教堂举行了隆重的加冕典礼，自称皇帝，将法兰西共和国改为法兰西第一帝国。

◆法国大革命有何历史意义？

法国大革命是一次广泛而深刻的政治革命和社会革命，它摧毁了法国的封建专制制度，动摇了欧洲大陆的封建阶级统治，建立起资产阶级的政治统治，促进了资本主义经济的发展，传播了资本主义自由民主的进步思想。它是一次欧洲范围的革命，推动了欧洲的反封建斗争，并为欧洲的民主制度奠定了基础。

◆你知道法国共和历的由来吗？

法国共和历是法国大革命中一度实行的历法。1793年10月5日，国民公会决定废止基督教的格里历法（即公历），采用革命历法，即共和历。共和历以法兰西第一共和国建立之日（1792年9月22日）为历元，每年分四季、12个月，每月30天，每10天为一旬，每旬第10日为休息日。12个月之外余下的5天（闰年为6天，包括1796、1800、1804）作为"无套裤汉日"。

根据1793年10月24日法布尔·戴格朗丁的提议，共和历借用当时一本小册子作者想象的富有诗意的名称，将12个月依次定为葡月、雾月、霜月、雪月、雨月、风月、芽月、花月、牧月、获月（或收月）、热月、果月。附在格里历日期上的圣徒名字则用种子、树木、花和水果的名字加以替换。法国大革命中发生的热月政变、芽月起义、牧月起义、葡月暴动、果月政变、花月政变、雾月政变等事件以及牧月法令、风月法令等，就是按共和历的月份命名的。1806年元旦开始，拿破仑一世政权恢复格里历法，正式废止了共和历。

◆第一次反法同盟的失败以什么为标志？

1797年10月，法国与奥地利签署了《坎波福尔米奥和约》，条约规定奥地利承认法国对比利时、莱茵河西岸的占领以及在北意大利建立的山内共和国。这实际上是承认了法国占有其几个世纪以来梦寐以求的以莱茵河、比利牛斯山以及阿尔卑斯山为界的"自然疆界"。拿破仑曾不无得意地宣称，法国已经成功地建立了伟大的国家，它的领土疆界就是自然向它提供的疆界本身。《坎波福尔米奥和约》的签署，标志着第一次反法同盟的失败，以及法国崛起成为一个霸权国家的开始。

◆何谓马伦戈战役？

1800年6月14日，在拿破仑战争期间的法国同第二次反法联盟国家（俄、英、奥等）的战争中，拿破仑·波拿巴指挥的军队与梅拉斯元帅指挥的奥地利军队在马伦戈（意大利

北部亚历山德里亚东南5千米处的村庄）进行交战，史称"马伦戈战役"。

6月14日拂晓，奥军（4万人）渡过博尔米达河，分四路对驻守马伦戈阵地的维克托军，以及拉纳军和缪拉军的部队（共约2.8万人）忽然发起攻击。法军成一线式战斗队形，两翼由骑兵掩护。法军尽管顽强反抗，但在10时前还是被奥军的优势兵力从两翼包围。维克托和拉纳被迫率军撤退。这时，拿破仑率执政近卫军赶到马伦戈。近卫军前出至右翼阵地，列成方阵，击退了人数众多的奥军骑兵的连续冲击。继近卫军之后又开来了莫涅师（属德塞军）。拿破仑将该师也调到右翼，力图守住卡斯泰尔切里奥洛的有利阵地，然后以此为依托，对奥地利人的一翼实施突击，以扭转战局造成有利态势。法国人由于新锐兵力的到来，暂时挡住了敌军进攻，但未能改变双方态势。

经过5小时激战，法军左翼被击溃，被赶向旧圣朱利亚诺，其右翼和中心在奥地利优势兵力的压力下，也慢慢后撤。15时，奥军转入追击。负伤的梅拉斯认为交战已告结束，于是把指挥权交给参谋长察赫将军，然后

向亚历山德里亚驶去。此时，情况突变：正率领本军第2师向诺维方向进发的德塞将军忽闻炮声，折而奔向马伦戈，15时抵达旧圣朱利亚诺，获悉交战结果。于是，马上从行进间将全师展开成战斗队形，急攻奥军前卫，大胜。德塞本人在这次战斗中阵亡。开来的新锐师（近6000人）的冲击得到了所有法军的支援。法军全线转入反攻。

黄昏，奥军彻底战败，被赶过博尔米达河，损失近1.2万人（其中察赫将军以下4000人被俘），火炮30门。法军2.8万人参战，损失7000人。马伦戈一战迫使梅拉斯在交战翌日就签订了协定：奥地利人退出北意大利，而拿破仑放他们回奥地利。

◆西班牙紧随法国向英国宣战意味着什么？

马伦戈战役的胜利以及《亚眠和约》带来的暂时和平使拿破仑在国内的统治地位更加稳固。但拿破仑并未满足于《亚眠和约》后的欧洲政治格局，也并不满足于法国已经取得的优势地位。1802年8月，拿破仑吞并了厄尔巴岛；9月，吞并了皮埃蒙特；10月，又占领了帕尔玛；同月，派兵

占领了瑞士。在德意志，拿破仑还将势力扩充到莱茵河以东的地方，对德意志的领土进行重新划分，扩大普鲁士以及巴伐利亚、巴登、符腾堡等亲法邦的领土，削弱奥地利在南德的影响。与此同时，拿破仑还积极在海外进行殖民扩张并再次染指中东地区。

此外，法国于1802年12月宣布，荷兰及意大利的港口禁止向英国商人开放并宣布法国将大力建造战舰，将战舰的数量提高一半。拿破仑的这一系列霸权行为，令英国十分不安。1803年5月，英国政府对法宣战。但在英国向法国宣战后的整整两年时间里，其他国家慑于拿破仑帝国的强大权力，并没有加入到英国的反法战争中去。

相反，一些国家还公开追随法国，与英国为敌，如西班牙于1803年10月与法国签订了同盟条约，次年12月更是紧随法国向英国宣战，这意味着欧洲大陆各国已经承认了法国的欧洲霸主地位。

◆奥斯特里茨战役为什么又叫"三皇之战"？

奥斯特里茨战役的参战方分别是：法国皇帝拿破仑·波拿巴，俄国沙皇

亚历山大一世，奥地利皇帝弗朗茨二世。因此，该战役又称为"三皇之战"。它是世界战争中的一场著名战役。1805年12月2日，7.3万人的法国军队在拿破仑的指挥下，在奥斯特里茨村（位于今捷克境内）取得了对8.6万俄奥联军的决定性胜利。

在奥斯特里茨战役中，俄奥联军损失超过2.6万人，其中1.5万人战死，超过1万人被俘。此外还损失了186门大炮，45面团旗。法军伤亡8500人，损失1面团旗。

1805年12月4日，弗朗茨二世和拿破仑会谈，达成停火协议。12月27日，奥地利和法国签订《普雷斯堡和约》。奥地利退出反法同盟，弗朗茨二世取消自己"神圣罗马帝国皇帝"的封号。至此，第三次反法同盟瓦解，神圣罗马帝国的历史也告终结。拿破仑成为欧洲的霸主。

◆波旁王朝复辟是怎么回事？

1814年3月31日，反法联军进入巴黎，4月6日拿破仑被逼退位，流亡厄尔巴岛。5月3日，在反法联军和法国新贵的奉迎下，流亡英国的普罗旺斯伯爵返国即位为法王路易十八。6月4日，路易十八颁布《1814

年宪章》，确立了君主立宪制的政体。但好景不长，拿破仑于1815年3月杀回巴黎，重建帝国，路易十八不得不落荒而逃。

◆哪次战役使拿破仑彻底失败？

1815年拿破仑率旧部逃离厄尔巴岛，返回巴黎。英国、普鲁士、奥地利等国君主集合约70万重兵，准备分头进攻巴黎。6月17日，拿破仑击败由布吕歇尔将军率领的普军，并赶到比利时布鲁塞尔南的滑铁卢村，与由威灵顿公爵率领的英军相遇。但是，拿破仑手下的一名将军没能按命令消灭逃跑的普军。6月18日，拿破仑率军与英军交战。布吕歇尔则花了一个上午重整军队，马不停蹄地奔赴滑铁卢。当天下午，正当两支军队都疲惫不堪时，布吕歇尔率领的普军终于赶到，并猛攻法军的右翼。晚上9点，拿破仑率领的法军败走。滑铁卢战役后，联军很快攻占巴黎，拿破仑被放逐到大西洋中的圣赫勒拿岛，最后死在那里。

对拿破仑在滑铁卢战役的失败原因，历来众说纷纭。胜利者威灵顿公爵认为，拿破仑采取战略上的进攻，是其失败的主因。滑铁卢战役彻底结束了拿破仑时代，从此以后，滑铁卢成为了失败的代名词。

◆美国何时成为贩卖黑奴的国家？

19世纪上半叶起，美国成为贩卖黑奴的主要国家。在非洲东海岸，阿拉伯经营的奴隶贸易，这时也特别活跃。贸易中心主要在桑给巴尔和奔巴岛一带。大批非洲黑人从那里被贩卖到红海、波斯湾沿海国家，并长途贩运到西印度群岛和美洲大陆。与此同时，葡萄牙、荷兰、法国和美国等国的奴隶贩子，也到东海岸进行贩卖非洲黑人的勾当。19世纪50年代，非洲每年向古巴、巴西等地输出的奴隶达5万以上。19世纪下半叶，奴隶贸易基本被刹住了，但并没有最终绝迹，零星的贩卖活动一直延续到19世纪末，甚至20世纪初。

◆富兰克林是怎样发明双焦距眼镜的？

本杰明·富兰克林（1706—1790），18世纪美国最伟大的科学家、政治家和文学家。他自己所说的一句话"诚实和勤勉，应该成为你永久的伴侣"，可谓其一生的真实写照。

1752年6月的一天，阴云密布，电闪雷鸣，一场暴风雨就要来了。富兰克林和他的儿子威廉一道，带着上面装有一个金属杆的风筝来到一个空旷地带。富兰克林高举风筝，他的儿子则拉着风筝线飞跑。由于风大，风筝很快就被放上高空。这时，雷电交加，大雨倾盆。富兰克林和他的儿子一起拉着风筝线，父子俩焦急地期待着。此时，刚好一道闪电从风筝上掠过，富兰克林用手靠近风筝上的铁丝，立即掠过一种恐怖的麻木感。他抑制不住内心的激动，大声呼喊："威廉，我被电击了！"随后，他又将风筝线上的电引入莱顿瓶中。

回到家里后，富兰克林用雷电进行了各种电学实验，证明了天上的雷电与人工摩擦产生的电具有完全相同的性质。富兰克林关于天上和人间的电是同一种东西的假说，在他自己的这次实验中得到了证实。

富兰克林对科学的贡献不仅在静电学方面，他的研究范围极其广泛。在数学方面，他创造了八次和十六次幻方，这两种幻方性质特殊，变化复杂，至今尚为学者称道；在热学中，他改良了取暖的炉子，可以节省四分之三燃料，被称为"富兰克林炉"；在光学方面，他发明了老年人用的双焦距眼镜，戴上这种眼镜既可以看清近处的东西，也可看清远处的东西。

他和剑桥大学的哈特莱共同利用醚的蒸发得到 -25℃ 的低温，创造了蒸发制冷的理论。此外，他对气象、地质、声学及海洋航行等方面也有研究。

富兰克林不仅是一位优秀的科学家，而且还是一位杰出的社会活动家。他一生花费大量时间从事社会活动。他重视教育，兴办图书馆、组织和创立多个协会，积极地提高各阶层人的文化素质。

1790 年 4 月 17 日晚上 11 点，富兰克林溘然逝去。4 月 21 日，费城人民为他举行葬礼，两万人参加出殡队伍，为富兰克林的逝世服丧一个月以示哀悼。本杰明·富兰克林就这样走完了他人生路上的 84 个春秋，静静躺在教堂院子里的墓穴中，他的墓碑上只刻着：印刷工富兰克林。

◆ 1857 年美国经济危机的状况如何？

1848—1858 年，美国建成的铁路约 3.3 万千米，超过了其他国家所建铁路的总和。而英国在 19 世纪 40 年代的建设热潮中，所铺设的铁路约 8000 千米。美国铁路事业的蓬勃发展，按道理应会带动其冶金业的大发展，然而，实际情况却不是这样。而且，这一时期，美国生铁产量长期停滞不前，棉纺织业的增长速度也不快。与此同时，铁轨、生铁、机车、棉布和其他英国制成品的进口却增长得十分迅速，英国产品充斥美国市场，阻碍了美国冶金业和棉纺织业等当时的重要工业部门发展。

随着危机的爆发，美国的银行、金融公司和工业企业大量倒闭。仅 1857 年一年，就有大量企业破产。粮食生产过剩，粮价和粮食出口下降，加上英国工业品的激烈竞争，促使美国经济危机的加深。反过来，英国的经济发展也受到美国危机的打击。由英国向之提供资金的美国银行、铁路、商业公司纷纷破产，也使英国的投资者持有的有价证券急剧贬值。

1857 年秋季，美国爆发了货币危机，整个银行系统瘫痪了，货币危机在 10 月中旬达到了顶点，当时纽约众多银行停止了支付，贴现率竟然超过了 60%，股票市场行市则下跌了 20%—50%，许多铁路公司的股票跌幅达到 80% 以上。美国的经济危机迅速蔓延到英国和欧洲大陆，引发了一股又一股的破产浪潮。

◆ 日本明治维新是怎么一回事？

在明治维新以前，日本文明深受

中华文明的影响。中日两国之间交往的历史非常悠久，从见诸史籍的记载来看，至少在推古天皇时期（大致相当于中国的隋朝时期），日本列岛与中国的交往就已非常频繁了。由于当时古代中国的文化与经济比当时的日本要发达得多，所以才有大批的日本学生千里迢迢来到中国，学习儒家与道家学说以及中国的工农业生产技术。这些学生学成归国后，大都成为日本国内各方面的骨干力量，带动了日本经济与社会的发展。

在与中国的长期交流当中，中国的儒家思想对日本的影响是最大的，因为儒家思想中的"忠君"意识很适合日本本国的神道思想。至此，儒家学说在日本长期占统治地位达一千多年，在这期间虽然也有反复，但基本格局并没有发生多少变化。但是到了幕府后期，日本发现西洋文明似乎更为优越，尤其是中国在鸦片战争中的惨败，使得日本把中国视为"天朝上国"的思想发生了动摇，于是在一定程度上开始引进西学。但由于西方文明中，平等与自由是核心价值，与日本的天皇观产生了不可调和的冲突，统治阶层为了维护其统治地位，又开

始实行锁国政策，使得日本与外界的交往受到限制。

由于当时荷兰人看准了日本的情况，表面上拥护日本的天皇制度，结果使日本政府对其网开一面，使其得以继续与日本进行文化与物资交流。在这个时期，荷兰成了日本当时与西方有限交流的渠道之一，故在这个时期从西方获得的知识统统被称为"兰学"，意即荷兰的学问。当然，所谓的兰学不仅仅是荷兰一个国家的，它应该是当时西欧发达国家知识的总称。后来，日本政府意识到，不能只学习西方的科学技术，还要结合自身特点来建立一个适合于日本的政治与法律制度。

在经过长达一年多的海外考察之后，日本最终确立了其独特的国家制度，为日本在今后的进一步发展奠定坚实的制度基础。明治维新就是在这样的背景之下出现的，可以看出，它实际上是日本国内政治经济发展到一定阶段的产物，但是在这个过程中，没有国内的主流力量支持是决不可能实现的。

在具体措施方面，日本提出了"殖产兴业、富国强兵、文明开化"三

大口号，并以此为核心对社会进行全面的改造。日本政府意识到，只有立足于本国的人才，才能最终取得发展与进步，但在本国人才还相当匮乏的情况下，就必须向西方学习。在聘请外国教师上，日本政府是毫不犹豫的，有的外国教师的工资相当于当时日本内阁大臣工资的两三倍，其对于学习与教育的重视程度可见一斑。

经过了几十年的发展，日本终于成为了当时世界上的一个强国。成功的发展道路同时也促使日本对外态度发生了变化，德国的国家主义学说本来就带有一定程度的外向性，再加上日本国内越来越高涨的天皇中心思想，使得日本最终走上了对外进行武力扩张的道路。本来，日本在此之前与许多西方国家签订了实际上是不平等的条约，随着日本国力的日趋强大，条约的修改工作也在同时进行。1894年日本与英国修改了最后一个不平等条约后不久，日本就发动了针对中国的甲午战争。

日本的明治维新在经济上确实是成功的，它使日本从一个落后的封建国家一跃而成为当时的发达国家，其博采各家之长为我所用的基本思路对

于我们现在仍然有着借鉴作用。

◆ 俾斯麦是如何统一德国的？

1850年以来德意志各邦国要求民族统一的呼声日益强烈，这种呼声引起了俾斯麦的关注。1862年9月30日，俾斯麦在国会发表了著名的"铁血演说"，声称要用铁和血来解决当前的重大问题，并在议会强行通过军费预算案。他对普鲁士完成德意志的统一充满信心。1863年，丹麦通过新宪法，将石勒苏益格、荷尔施泰因划入丹麦版图，这无疑给了普鲁士最好的借口。俾斯麦很快联合奥地利对丹麦宣战。战争很快以普奥联军的胜利而告终。

由于领土分配出现矛盾，刚刚还是盟友的两个邦国又很快开战。俾斯麦清楚地知道奥地利是一个比丹麦强大得多的对手，是普鲁士统一德国的最大威胁。因此，他在御前会议上坚定地说"我拿脑袋做赌注，哪怕我上断头台，也要赌到底……德意志命运的难解之结，不能用双雄并立政策这种温和的方式解开，而只能用剑来斩开"，他的自信和傲气再次呈现在世人面前。1866年6月16日，普奥战争爆发。这一次俾斯麦虽然在外交上

做足了准备，但在战场上却没有必胜的把握，俾斯麦唯一可以依仗的就是出色的普鲁士军官和富于纪律性的士兵。仅仅七周后，战争就以普鲁士的胜利而结束了。

北德联邦建立后，俾斯麦很清楚法国的拿破仑三世绝不会轻易放弃对南德四邦的控制，因为当时欧洲的国际关系是千丝万缕的，任何一个国家的行为都会牵动其他国家的神经。因此，俾斯麦统一德国的过程，任何一个环节都不能失误。在英法俄等强国面前，俾斯麦是绝对不肯屈服的。在俾斯麦的调动下，所有德意志邦国都为民族统一事业而团结了起来，南德诸邦甚至动员军队与北德联邦共同组成一支约50万人的德意志民族军。9月2日，在色当决战中，法军大败，拿破仑三世被普鲁士元帅毛奇所俘。俾斯麦乘胜继续挥戈前进，直捣巴黎，取得战争胜利。德国统一终于完成。

◆瓦特是怎样改进蒸汽机的？

詹姆斯·瓦特（1736—1819），英国著名的发明家，工业革命时期的重要人物，英国皇家学会会员和法兰西科学院外籍院士。他对当时已出现的蒸汽机原始雏形作了一系列重大改进，

开发出了单缸单动式和单缸双动式蒸汽机，提高了蒸汽机的热效率和运行可靠性，对当时社会生产力的发展作出了杰出贡献。

瓦特在大学修理仪器期间，学校曾经把一台旧式的纽可门蒸汽机交给他修理。他通过大量实验以及根据格拉斯哥大学教授布莱克提出的潜热、比热理论进行分析，对旧式蒸汽机进行深入研究，找出了旧式机器效率低的主要原因：除了漏气、散热等造成热量的浪费外，主要缺陷在于每一冲程都要用冷水将汽缸冷却一次，从而消耗了大量热量，使绝大部分蒸汽没有被有效利用。

针对这一缺陷，瓦特提出了两项措施：一、为了使汽缸始终保持蒸汽所必须具有的温度，必须在汽缸外加上绝热外套或通以蒸汽或用其他方法对汽缸加热；二、使做功后的蒸汽尽可能迅速地冷却，液化成水，并要使这一过程在汽缸外进行，为此必须设置一个独立于汽缸的冷凝器，在机械传动方面也要改进。他决心自己制造一台新的蒸汽机，来改进旧机器的不足。

瓦特自筹资金，租了一间地下室，

买了必要的设备，反复实验，经历了无数次挫折和失败，在工人的帮助下，终于发明了与汽缸分离的冷凝器，解决了制造精密汽缸、活塞的工艺问题，同时采用油润滑活塞，汽缸外附加绝热层等措施，制成单动作蒸汽机。

后经继续试验，又在1782年，发明了具有连杆、飞轮和离心调速器的双动作蒸汽机，制成了新的可实用的蒸汽机。这种双动作式蒸汽机，用阀门安装的可利用蒸汽的压力来推动活塞，既可向前又可向后，并借助连杆和飞轮把活塞的直线运动变成了圆周运动。为了保持蒸汽机的匀速运转，他把一个离心调速器连接在进汽活门上，使其自动调节进汽量。这种装置是最早在技术上使用的自动控制器。

他设计了一个和汽缸分离的冷凝器，将高温蒸汽从汽缸中导出并冷却，使得主要汽缸能保持一定温度。同时他提高了汽缸的精密度，把活塞和阀门也做得光滑、严密。从而比纽科门蒸汽机大大提高了热效率和可靠性。这种高效率的蒸汽机很快取代了旧式蒸汽机，被各工业部门迅速采用。

从此，动力机、传动机和工作机组成了机器生产系统，成为产业近代化的核心。

◆ 第一个称量地球的人是谁？

英国人亨利·卡文迪许（1731—1810）是有史以来最伟大的实验科学家之一。他在力学、热学、电学、化学等领域都有划时代的贡献。1798年，卡文迪许就用自己设计的扭秤，推算出了地球密度是水密度的5.481倍（现在的数值为5.517），并计算出了地球的质量和万有引力常数。后人称他为"第一个称量地球的人"。

卡文迪许的性格非常内向和孤僻。有一次，卡文迪许在班克斯爵士家中做客，一位奥地利来的科学家当面奉承了卡文迪许几句，卡文迪许听到这些话，起初大为忸怩，继而手足无措，终于从人丛中冲出室外，坐上马车回家去了。卡文迪许不善言辞，很不喜欢那些慕名而来的客人打扰他的研究工作。当他迫不得已奉陪客人时，常常盯住天花板，脑子里思索着自己实验中的问题，一言不发，为此往往使客人尴尬扫兴。

据说科学家当中，最了解卡文迪许的脾气而可和他交谈的要算武拉斯顿博士了，因为他有一种"对空谈话法"。他说："和卡文迪许谈话，最好不要看他，而是要把头仰起，两眼望着天，恍若对着空间谈话一般，这样一来，你就可以滔滔不绝地长篇大论了。"

◆ **第一个提出色盲问题的人是谁？**

约翰·道尔顿（1766—1844），英国化学家、物理学家，近代原子论的提出者，也是世界上第一个提出色盲问题的人。

约翰·道尔顿1766年9月6日生于坎伯雷，1844年卒于曼彻斯特。父亲是一位农民兼手工业者。幼时家贫，无钱上学，但约翰·道尔顿以惊人的毅力，自学成才。

1778年约翰·道尔顿在乡村小学任教，1781年应表兄之邀到肯德尔镇任中学教师，在哲学家高夫的帮助下自修拉丁文、法文、数学和自然哲学等，并开始对自然进行观察，记录气象数据，从此学问大有长进。1794年10月31日，约翰·道尔顿在曼彻斯特文学和哲学学会的大厅里宣读了《关于颜色视觉的特殊例子》。在这篇文章中，他给出了对色盲这一视觉缺陷的最早描述，总结了从他自己身上观察到的色盲症的特征，如他自己除了蓝、绿、黄三种颜色外，对别的颜色没有丝毫分辨力。

◆ **工业革命开始于哪个国家？**

工业革命是资本主义生产技术从工场手工业阶段过渡到机器大工业阶段，以及随之产生的社会生产关系的大变革。从生产技术方面来说，它使机器代替手工劳动，工厂代替了手工工场；从社会关系来说，它使社会明显地分裂为两大对立的阶级——工业资产阶级和工业无产阶级。17、18世纪，英法等国资产阶级革命的胜利，为生产力的发展扫清了道路，资本主义工场手工业的发展和科学技术的发明，为向机器大工业过渡准备了条件。随着市场的扩大，以手工技术为基础的工场手工业不能满足市场的需要，资产阶级为追求利润，广泛采用新技术。

工业革命在18世纪60年代开始于英国，首先从棉纺织业开始，80年代因蒸汽机的广泛应用得到了进一步发展。继英国之后，法美等国也在19世纪中期完成了工业革命。工业革命极大地促进了社会生产力的发展，巩固了新兴的资本主义制度，引起了社会结构和东西方关系的变化，对世界历史的进程产生了重大影响。

◆谁被认为是火车的发明人？

现代的火车最初是由马拉的运煤车演变而来。1801 年英国人特雷维希克制造出第一辆蒸汽机车，并在威尔士的佩尼德兰煤矿铺设了一条 16 千米长的铁路，由他的高压蒸汽机牵引装满煤的车皮。

1809 年，特雷维希克在伦敦广场又铺了一条环形铁路。由他的机车牵引了一连串的马车在轨道上行驶，游客坐一次付一便士。

特雷维希克的火车用煤多，速度慢。于是人们开始对他的火车进行改造，其中最成功的是英国工程师斯蒂芬森。1829 年，利物浦曼彻斯特铁路公司组织机车竞赛，斯蒂芬森的"火箭号"一举夺魁后，他的机车迅速推广，以至于他就被认为是火车的发明人。

对于斯蒂芬森，他对铁路的贡献是：1810 年，开始制造蒸汽机车；1817 年，开始主持修建从利物浦到曼彻斯特的铁路线；1825 年，世界上第一条现代意义的铁路线由他建成。

◆卢德运动是怎么回事？

卢德运动是英国工人以破坏机器为手段，反对工厂主剥削的自发工人运动。相传，莱斯特郡一个名叫卢德的工人，为抗议工厂主的剥削，第一个捣毁织袜机。工业革命时期，大批手工业者破产，工人失业，工资下跌。当时工人把机器视为贫困的根源，用捣毁机器作为反对企业主，争取改善劳动条件的手段。

1811 年初，卢德运动开始形成高潮，其中心是诺丁汉郡。1812 年，英国国会通过《保障治安法案》，动用军警对付工人。1813 年，政府颁布《捣毁机器惩治法》，规定可用严厉手段惩治破坏机器的工人。1814 年，企业主又成立了侦缉机器破坏者协会，残酷迫害工人。但运动仍持续蔓延。1816 年，这类运动仍时有发生。

◆宪章运动的目的是什么？

宪章运动是 19 世纪三四十年代英国发生的争取实现人民宪章的工人运动，是世界三大工人运动之一。宪章运动的目的是，工人们要求取得普选权，以便有机会参与国家的管理。"普选权问题是饭碗问题"，工人阶级希望通过政治变革来提高自己的经济地位。

1842 年 5 月 2 日，伦敦街头人山人海。浩浩荡荡的工人队伍来到国会下院，宪章派全国协会的负责人向下院递交了全国宪章派请愿书。

请愿书指出，在英国"统治者穷奢极欲，被统治者受苦挨饿"。例如，维多利亚女皇每天的收入是164镑17先令60便士，她的丈夫亚尔伯特亲王的收入是104镑20先令，而千百万工人每人每天的收入只有两三个便士。

请愿人员认为，在人民没有获得政权之前，消灭某一种垄断并不能使劳动者从贫困的状况中解脱出来，而在人民获得政权以后，所有的垄断和压迫形式都应该停止。请愿人员所说的"垄断"，指的是当时对选举权和纸币的垄断，对机器和土地的垄断，对报刊和宗教特权的垄断。这份有300万人（约占英国成年男子的一半）签名的请愿书再次要求把《人民宪章》定为法律。

《人民宪章》是1837年由伦敦工人协会向国会提出的一份请愿书，它提出年满21岁的男子都有普选权，选举投票应秘密进行，废除议会候选人的财产资格限制，国会每年举行一次改选，平均分配选区。

1840年7月，各地宪章派的代表在曼彻斯特召开了大会，宣告成立全国宪章派协会。它的宗旨是"实现下院的彻底改革，使下院能全面地忠实代表联合王国的全体人员"，为了"达到这一目的，只宜采取和平和合法的手段"。协会在全国各地设有几百个分会，入会者须交纳会费，它是近代第一个工人政党的萌芽。

列宁评价英国的宪章运动是"世界上第一次广泛的、真正群众性的、政治性的无产阶级革命运动"。宪章运动标志着英国无产阶级开始作为一支独立的政治力量登上历史舞台，揭开了同资产阶级争夺政治权力的斗争的序幕。

◆ 何谓七月革命？

七月革命指的是1830年法国推翻波旁王朝复辟的资产阶级革命。

1815年，滑铁卢会战法军败北，致使拿破仑再次退位，被放逐到大西洋的圣赫勒拿岛屿。路易十八返回巴黎，波旁王朝第二次复辟。1824年9月，路易十八因病逝世，他的弟弟阿图瓦伯爵即位，称查理十世。1830年7月25日，查理十世颁布敕令：修改出版法，限制新闻出版自由；解散新选出的议会；修改选举制度。当天下午，反对派主要报刊的编辑和记者在

《国民报》编辑部集会，起草抗议书。他们拒绝承认解散议会，宣布政府已经失去合法性，但并不否认王权。

27日，几千名工人和手工业者走上街头，与军警发生冲突。28日黎明，起义开始。工人、手工业者、大学生和国民自卫军建筑街垒，夺取武器库，攻占市政厅。以银行家拉菲特为首的大资产阶级温和派力主与国王谈判，但查理十世和首相波利尼亚克拒绝谈判。7月29日，起义者控制了巴黎，占领卢浮宫和杜伊勒里宫，外省发动的起义也取得胜利。起义群众及其领导者在巴黎市政厅成立了以拉菲特和国民自卫军总指挥拉法耶特为首的市政委员会。

此时，查理十世不得不收回敕令，命令蒙特马尔公爵组织政府，但已无法挽回局势。30日，拉菲特召集60名议员开会，决定委任奥尔良公爵路易-菲利浦为摄政官。31日，路易-菲利浦在拉法耶特陪同下，手举三色旗出现在王宫的阳台上，接受摄政官称号。8月2日，查理十世将王位让给他的孙子波尔多公爵（即后来的尚博尔伯爵）。8月7日，众议院召路易-菲利浦即位，建立了金融资产阶级统治的七月王朝。

◆何谓无政府主义？

无政府主义是19世纪上半叶产生于欧洲的一种小资产阶级政治思潮。它以法国的普鲁东和俄国的巴库宁、克鲁泡特金等为代表人物。

无政府主义的基本立场是反对包括政府在内的一切统治和权威，提倡个体之间的自助关系，关注个体的自由和平等；它的政治诉求是消除政府以及社会上或经济上的任何独裁统治关系。对大多数无政府主义者而言，"无政府"一词并不代表混乱、虚无，或道德沦丧的状态，而是一种由自由的个体们自愿结合，互助、自治、反独裁主义的和谐社会。

◆里昂工人为何发动起义？

里昂工人起义指的是1831年和1834年法国里昂工人反对资本主义剥削压迫的两次武装起义，与"德国西里西亚纺织工人起义""英国宪章运动"并称"三大工人运动"。里昂工人起义推动了法国工人运动的发展，是法国无产阶级作为独立的政治力量登上历史舞台的重要标志。

1831年初，里昂工人掀起一场以要求提高工价为主要内容的运动，工人多次举行集会、请愿、游行。10月间，与包买商谈判达成最低工价协议。但随之在七月王朝商业大臣的支持下，包买商撕毁协议。1831年11月21日工人举行抗议示威，与军警发生冲突，转为自发的武装起义。起义者提出"做工不能生活，毋宁战斗而死"的口号。经过3天战斗，工人一度占领里昂城。起义很快被七月王朝政府调来的军队所镇压。

1834年4月9日，里昂再度爆发丝织工人起义。起义的直接原因是政府逮捕和审判罢工领袖，发布禁止工人结社集会的法令。这次起义具有更鲜明的政治性质，不仅提出经济要求，还提出废除君主制度，建立共和政体的口号。起义者在旗帜上写着："我们为之斗争的事业是全人类的事业。"工人组织互助社和小资产阶级民主主义者组织人权社、进步社的成员组成总委员会领导这次斗争。起义群众同政府军在里昂郊区和市内进行6天激战，终因力量悬殊被政府军镇压。起义在巴黎和法国许多地区引起强烈反响，推动了法国工人运动的发展。

◆谁是摄影术的发明者？

摄影技术的发明与法国物理学家达盖尔密切相关。这位法国物理学家研究令影像保留在物体上的方法多年，仍无突破性进展。1837年的一天，他发现有一个影像留在了物体上。于是，他将附近的化学物品逐一挪开，看看究竟是什么东西造成了这个现象，最后，他发现，大功臣原来是一支温度计打破后遗下的水银。银版摄影技术便从此诞生了。

1839年8月19日，在法国科学院与美术学院的联合集会上，公布了法国画家和物理学家达盖尔的银版摄影术，法国政府放弃对这项发明的专利，并公之于众。人们通常以这一天作为摄影术的开端。

◆谁被称为数学王子？

卡尔·弗雷德里希·高斯（1777—1855），从小就显示出在数学上的过人天赋。高斯有一个美称——数学王子。他与阿基米德、牛顿并称为历史上三个最伟大的数学家。

1777年4月30日，高斯出生在德国下萨克森州的不伦瑞克。高斯的父亲是个普通的劳动者。他的母亲是父亲的第二个妻子，曾当过女仆，没有受过什么教育，但她聪明善良，有幽默感，并且个性很强，她以97岁高寿仙逝,高斯是她的独生儿子。

据说高斯 3 岁时就发现父亲账簿上的一处错误。高斯 9 岁那年在公立小学读书,一次他的老师为了让学生们有事干,叫他们把从 1 到 100 这些数加起来,高斯立刻就把写好结果的石板面朝下放在自己的桌子上,当所有的石板最终被翻过时,这位老师惊讶地发现只有高斯得出了正确的答案:5050,但是没有演算过程。高斯已经在脑子里对这个算术级数求了和,他注意到了 1+100=101,2+99=101,3+98=101……这么一来,就等于 50 个 101 相加,从而答案是 5050。

高斯在晚年常幽默地宣称,在他会说话之前就会计算,还说他问了大人字母如何发音,就自己学着读起书来。

在高斯的时代,几乎找不到什么人能够分享他的想法或向他提供新的观念。他从不参加公开争论,对辩论一向深恶痛绝。他认为那很容易演变成愚蠢的喊叫,这或许是他从小对粗暴专制的父亲一种心理上的反抗。高斯成名后很少离开过哥廷根,他曾多次拒绝柏林、圣彼得堡等地科学院的邀请。高斯甚至厌恶教学,也不热衷于培养和发现年轻人,自然就谈不上创立什么学派。

◆ **何谓"正义者同盟"?**

"正义者同盟"是侨居法国的德国政治流亡者、工人和手工业者于 1836 年在巴黎建立的国际性的秘密革命组织,共产主义者同盟的前身。1833 年,在巴黎的德国工人成立具有共和民主主义倾向的第一个秘密组织"人民同盟"。在其基础上,1834 年建立流亡者同盟,成员发展到几百人。1836 年,部分激进的盟员从流亡者同盟分裂出来组成正义者同盟,宗旨是以少数人的密谋活动建立财产公有的新社会。

同盟部分成员参加了布朗基主义组织四季社发动的 1839 年 5 月 12 日巴黎起义。失败后,其领导人 K. 沙佩尔和 H. 鲍威尔先后被捕监禁、驱逐出境。他们到伦敦与 J. 莫尔一起重新恢复同盟组织,并加入 1840 年 2 月成立的德意志工人教育协会,使之成为同盟的外围组织。在法国、瑞士和德国也恢复或重建同盟支部。

此时,同盟已成为一个国际性的工人组织。同盟先后受到布朗基主义、魏特林空想共产主义、蒲鲁东主义和"真正的社会主义"思潮影响,在马克思、恩格斯帮助下逐步接受科学社会主义理论。1847 年 1 月，由莫尔代表同盟专程到布鲁塞尔、巴黎邀请马克思、恩格斯参加同盟，帮助同盟起草宣言，实现改组。马克思、恩格斯接受要求参加同盟。1847 年 6 月 2—9 日在伦敦举行同盟第一次代表大会，决定改名共产主义者同盟。

◆自行车的发明人是谁？

德国男爵卡尔-杜莱斯是一般公认的自行车发明人。他在 1817 年制造出有把手的脚踏木马自行车，他在车子前轮上装了一个方向把手，这是人们第一次看到不需用马拉的奇怪车子。卡尔-杜莱斯的发明构想来自溜冰鞋的原理，他想如果人们在两轮之上放个坐垫，人坐在上面两脚下垂，交互踩踏前进，车子就能像溜冰一样前行了。

◆谁是进化论的奠基人？

查尔斯·罗伯特·达尔文（1809—1882）是进化论的奠基人。1831—1836 年，达尔文以博物学家的身份，参加了英国海军的环球航行，做了五年的科学考察。在动植物和地质方面进行了大量的观察和采集，经过综合探讨，形成了生物进化的概念。

1859 年他出版了《物种起源》，书中用大量资料证明了形形色色的生物都不是上帝创造的，而是在遗传、变异、生存斗争中和自然选择中，由简单到复杂，由低等到高等，不断发展变化来的。达尔文据此提出了生物进化论学说，从而动摇了神造论和物种不变论。

◆进化论存在哪些明显的弱点？

达尔文的进化理论，从生物与环境相互作用的观点出发，认为生物的变异、遗传和自然选择作用能导致生物的适应性改变。由于有充分的科学事实作根据，所以能经受住时间的考验，百余年来在学术界产生了深远的影响。但达尔文的进化理论还存在着若干明显的弱点：

1. 他的自然选择原理是建立在当时流行的"融合遗传"假说之上的。按照融合遗传的概念，父、母亲体的遗传物质可以像血液那样发生融合；这样任何新产生的变异经过若干世代的融合就会消失，变异又怎能积累、自然选择又怎能发挥作用呢？

2. 达尔文过分强调了生物进化的渐变性；他深信"自然界无跳跃"，用"中间类型绝灭"和"化石记录不全"来解释古生物资料所显示的跳跃性进化。他的这种观点近年正越来越受到间断平衡论者和新灾变论者的挑战。

观察、搜集、分析大自然的事实，这是进化论思想萌芽的一个首要的因素。同时，我们知道，也正是这些客观事实，给一代又一代的自然科学家以坚定的信念，使他们不顾宗教势力的迫害和社会愚昧势力的歧视、打击，承先启后、不断地提出生物进化的观点。同样，正是依靠了大量的事实，进化论才赢得了成功。正如大家今天都清楚看到的，不管人们对进化原因如何解释，不管进化论可能怎样改变自身的形式，自然界中生物进化的事实总是抹杀不了的。

◆何谓伊利里亚运动？

伊利里亚运动，又称克罗地亚国家复兴，是19世纪三四十年代南斯拉夫的民族整合运动。发起人为诗人盖伊。

早在青年时代，盖伊就开始创作诗歌。1830年，他出版《克罗地亚-斯拉沃尼亚语正字法概要》一书，改革了克罗地亚文的拼写规则。提出每个字母对应唯一的读音。1835年，盖伊开始出版《克罗地亚新闻》杂志及

文学副刊《克罗地亚、斯拉沃尼亚和达尔马提亚的晨星》。最初的几期杂志使用的是卡伊卡夫方言，而从1836年起改用什托卡夫方言和新的正字法，并且采用"伊利里亚"一词来代替"克罗地亚"。从而确定了克罗地亚人新的、具有深远影响的民族战略。

除了文学语言和新闻方面的活动外，伊利里亚运动的目的还在于，要建立统一的文化团体，以便通过它集中地开展这项民族事业。伊利里亚运动为克罗地亚全民族在领土、政治和文化上的统一奠定了基础。

◆裴多菲·山陀尔是怎样牺牲的？

裴多菲·山陀尔（1823—1849），匈牙利的伟大诗人，资产阶级革命民主主义者。1823年1月1日，裴多菲·山陀尔生于奥地利帝国统治下的多瑙河畔的阿伏德平原上的一个匈牙利小城——萨堡德沙拉斯。他的父亲是一名贫苦的斯拉夫族屠户，母亲是马扎尔族的一名农奴，按照当时的法律，他的家庭处在社会最底层。

少年时期的裴多菲·山陀尔做过演员，当过兵。1842年，发表诗歌《酒徒》，开始写作生涯。裴多菲·山陀尔采用民歌体写诗，形式上加以发

展，语言上加以提炼，创作了许多优秀诗篇。裴多菲·山陀尔认为"只有人民的诗，才是真正的诗"。他的早期作品中有《谷子成熟了》《我走进厨房》《傍晚》等50多首诗，被李斯特等作曲家谱曲传唱，已经成了匈牙利的民歌。1844年，他从故乡来到首都佩斯，担任《佩斯时装报》助理编辑，在诗人弗勒斯马尔蒂的资助下，出版第一本诗集《爱情的珍珠》以及散文作品《旅行札记》，奠定了他在匈牙利文学中的地位。

裴多菲·山陀尔曾因发表讽刺诗《农村的大锤》和革命诗歌《爱国者之歌》《反对国王》等蜚声诗坛，后在佩斯参加和领导激进青年组织"青年匈牙利"，从事革命活动，用革命诗篇号召匈牙利人民反对奥地利的民族压迫。1846年底，整理诗稿，准备出版诗歌全集，并在自序中写下著名箴言诗《自由与爱情》。1849年7月31日，裴多菲在瑟克什堡大血战中牺牲。

◆海地是哪一天宣告独立的？

海地共和国，位于拉丁美洲，地处伊斯帕尼奥拉岛西部，主要由两个向西伸展的半岛组成，中间为戈纳伊夫湾。"海地"，在印第安语中为"高山"之意。

海地岛原是印第安人阿拉瓦克族人世代居住地。1492年12月6日，哥伦布首次航行意外地发现了该岛，便命名该岛为伊斯帕尼奥拉岛（即"小西班牙"）。1502年，西班牙把海地变成其殖民地，并残杀当地抵抗力量。后来因甘蔗种植园劳力不足，从1510年起，殖民者从非洲贩入大量黑奴，自此海地居民便以黑人为主了。

17世纪中期，法国侵入海地。1697年，西班牙与法国签订了《勒斯维克条约》，把海地岛西部割让给法国，称法属圣多明各；而东部则称为西属圣多明各。独特的历史也使海地形成了独特的人种结构。该国黑人占95%，混血人和白人后裔占5%。其中，部分混血人是18世纪法国人父亲和非洲人母亲的后裔。

1790—1803年，受美国独立与法国资产阶级革命的影响，黑人奴隶在民族英雄杜桑·卢韦杜尔的领导下，爆发了反抗法国殖民统治的第一次黑人大起义。经过12年的艰苦斗争，海地人民赶走了法国殖民者，并于1804年1月1日宣告独立，成立了世界上第一个取得独立的黑人国家——海地共和国。

◆ "共产主义者同盟"的目的是什么？

"共产主义者同盟"，1847 年 6 月在伦敦成立，是第一个以科学社会主义为指导思想的国际无产阶级政党，在对正义者同盟进行改造的基础上建立。正义者同盟是 19 世纪 30 年代成立的德国工人和手工业者的秘密革命组织。

1847 年初，正义者同盟派 J. 莫尔邀请马克思、恩格斯加入，并决定按他们的主张改组同盟。1847 年 6 月在伦敦举行第一次代表大会，建立"共产主义者同盟"，拟定章程，并用"全世界无产者联合起来"的国际主义口号代替"人人皆兄弟"的旧口号。同年 11 月 29 日—12 月 8 日在伦敦举行第二次代表大会，审查并批准章程，明确规定同盟的目的是：推翻资产阶级，建立无产阶级统治，消灭旧的以阶级对立为基础的资产阶级社会和建立无阶级、无私有制的新社会。

大会委托马克思、恩格斯起草同盟纲领，产生了国际共产主义运动第一个纲领性文献《共产党宣言》。

◆你知道《共产党宣言》的基本原理吗？

《共产党宣言》是卡尔·马克思和弗里德里希·恩格斯为共产主义者同盟起草的纲领，国际共产主义运动的第一个纲领性文献，马克思主义诞生的重要标志。1848 年 2 月在伦敦第一次以单行本问世。宣言第一次全面系统地阐述了科学社会主义理论，指出共产主义运动已成为不可抗拒的历史潮流。

构成《共产党宣言》核心的基本原理是：每一历史时代主要的生产方式与交换方式以及必然由此产生的社会结构，是该时代政治的和精神的历史所赖以确立的基础，并且只有从这一基础出发，历史才能得到说明。从原始社会解体以来人类社会的全部历史都是阶级斗争的历史；这个历史包括一系列发展阶段，现在已经达到这样一个阶段，即无产阶级如果不同时使整个社会摆脱任何剥削、压迫以及阶级划分和阶级斗争，就不能使自己从资产阶级的剥削统治下解放出来。

◆印象派的开山之作是哪幅作品？

克劳德·莫奈 1840 年生于法国巴黎，早年随风景画家布丹学习绘画，1862 年进入格莱尔画室学习。由于他与学院派艺术趣味无法取得一致，两年后便愤然离开了格莱尔画室，开始探索独立的绘画技法。1874年，莫奈发起和组织了第一届印象派画展。就在这次画展中，莫奈的一幅《日出·印象》引起了欧洲画坛的强烈震动，莫奈也一举成名。

《日出·印象》被称为印象派绘画的开山之作，描绘了在晨雾笼罩中日出时的港口景象。在由淡紫、微红、蓝灰和橙黄等色组成的色调中，一轮生机勃勃的红日拖着海水中一缕橙黄色的波光冉冉升起。海水、天空、景物在轻松的笔调中，交错渗透，浑然一体。近海中的三只小船，在薄雾中渐渐变得模糊不清，远处的建筑、港口、吊车、船舶、桅杆等也都在晨曦中朦胧隐现……这一切是画家从一个窗口看出去画成的，他大胆地用"零乱"的笔触来展示雾气交融的景象。这对于一贯正统的沙龙学院派艺术家来说乃是艺术的叛逆。该画完全是一种瞬间的视觉感受和活泼生动的作画情绪使然，以往官方学院派艺术推崇的那种谨慎而明确的轮廓，呆板而僵化的色调荡然无存。

这种具有叛逆性的绘画，遭到了官方学院派艺术的诽谤和奚落。有的评论家挖苦说："毛坯的糊墙纸也比这海景完整！"更有人按这幅画的标题，讽喻以莫奈为首的青年艺术家们为"印象派"，于是"印象主义"也就成了这个画派的名称。

◆何谓意大利复兴运动？

意大利复兴运动是19世纪意大利争取民族独立、国家统一的运动。1815年拿破仑战争结束后，意大利恢复封建专制统治，国家四分五裂，受奥地利、西班牙等外国势力统治或控制，只有撒丁王国是独立国家。烧炭党和青年意大利党多次发动起义，争取国家统一，均遭失败。1848年，西西里岛发生人民起义，掀起全国革命浪潮。以马志尼为首的民主派先后建立罗马共和国，不久遭覆灭，革命失败。

此后复兴运动的领导权转入撒丁王国之手。在首相加富尔领导下，撒丁王国逐渐强大，依靠法国对抗奥地利。1859—1860年同奥地利作战，收复伦巴底。1860年，加里波第率红衫军在人民支持下，解放西西里和那不勒斯。撒丁王国乘机夺取胜利果实，1861年建立意大利王国。1866年和1870年又收复威尼斯和罗马，完成意大利的统一。

◆是谁发明了邮票?

世界上第一枚邮票是英国教育家罗兰·希尔发明的,因此他被誉为"邮票之父"。1836 年的夏天,罗兰·希尔正在伦敦郊外的一个村庄避暑。一天,他正在散步,忽然从后面传来一阵马蹄声,原来是一位邮递员,正骑着马送信呢。

只见邮递员来到一所简陋的农舍前,高声喊道:"请问爱丽丝小姐在家吗? 有您的信。"这时,从屋里出来一位姑娘,邮递员便将一封信交到姑娘手里,说:"爱丽丝小姐,请您付五先令邮费。"

可是,那位叫爱丽丝的姑娘只看了一眼信封,便将信还给了邮递员:"对不起,先生,我没钱付邮费,这信我不能收,请您把信退回去吧。""这可不行,国家规定,信件必须由收信人付邮费。信我已经送到了,您怎么能不付邮费呢?""可我实在没钱,怎么办?"

罗兰·希尔也没弄清究竟是怎么回事,见他们争执起来,便过去劝解,等问明白是为了付邮费的事,他便摆出一副绅士风度来:"这钱我替这位小姐付了!"说着,他付给邮递员五先令,然后从邮递员手里接过那封信,再递给姑娘:"小姐,现在你可以看信了。"谁知姑娘却说:"谢谢您! 先生,信我不看了,我已经知道信的内容了。"

罗兰·希尔被弄糊涂了:"你连信都没拆开,怎么知道里面的内容?""哦,先生,是这么回事,我事先和外出的亲人约好,如果他在外面一切平安,便在信封上画一个圆圈,我只要看一眼信封便知道了,刚才我已经看见信封上有一个大大的圆圈了。""你这可是欺骗行为呀,为什么要这样做呢?""因为我们家很穷,可邮费又太贵! 实在没办法,才这么做的。不过,我还是非常感谢您替我付了邮费。"罗兰·希尔听了,心里十分同情,他深深地叹了口气,默默地走开了。

当时,寄一封信的邮费需要 5 先令,可别小瞧这 5 先令,那可相当于当时一个工人辛辛苦苦劳动一天的工资啊。

后来,罗兰·希尔向政府建议,发行一种价格便宜的邮资凭证,由寄信人购买后,贴在信封上,这样就不用收信人付邮费了。英国政府采纳了罗兰·希尔的建议,于 1840 年发行了世界上第一枚邮票，价格只有一便士，由于是用黑色油墨印的，后人便将它命名为"黑便士"邮票。只要贴上这一便士邮票，便可以寄一封信了，12便士才为一先令呢，比原来便宜多了。

◆ **是谁设计了巴黎的埃菲尔铁塔？**

埃菲尔铁塔是一座于 1889 年建成、位于法国巴黎战神广场上的镂空结构铁塔，高 300 米，天线高 24 米，总高 324 米。埃菲尔铁塔得名于设计它的桥梁工程师居斯塔夫·埃菲尔。铁塔设计新颖独特，是世界建筑史上的技术杰作，因而成为法国和巴黎的一个重要景点和突出标志。

埃菲尔铁塔是法国巴黎著名铁塔，坐落在塞纳河南岸的战神广场上。1887 年 1 月 26 日动工，1889 年 5 月 15 日建成开放，距今已有 100 多年的历史了。巴黎铁塔有如巴黎圣母院、卢浮宫、凯旋门、香榭丽舍大街一样是巴黎的地标性建筑。

如果说，巴黎圣母院是古代巴黎的象征，那么，埃菲尔铁塔就是现代巴黎的标志。

◆ **是谁为电磁场理论奠定了基础？**

英国物理学家迈克尔·法拉第（1791—1867）受到前人启发，发现了电和磁之间的密切联系，并且第一个用力线和场的概念来表达它们，为后来建立严密的电磁场理论奠定了基础。

法拉第是许多重要电磁现象的发现者。1821 年 9 月，他发现通电的导线能绕磁铁旋转。这个装置后来发展成为电动机。1831 年 10 月，他发现如果把磁铁插入或抽出闭合的导线回路，回路中会出现电流，这个装置后来发展成了发电机。同一年，法拉第还完成了后来演变成变压器的实验。这些实验为以后电的大规模开发和应用奠定了基础。法拉第在电化学方面也有许多重要发现。现在电学和化学上的一些单位和定律就是以法拉第的名字命名的。

法拉第不仅有实验天才，还有大胆而丰富的想象力。当时人们只知道万物均由原子构成，但他却提出电和磁不是由原子构成，而是以空间中场的形式存在的；电力和磁力的作用可以用场中的力线来表示；他还认为自然界各种各样的力归根到底是统一的。他的这些新颖思想为 19 世纪以后自然科学的发展指明了方向。

法拉第一生致力于科学事业，勤奋工作，不图虚名。他获得了许多荣誉和奖章，但他却深深地收藏起来，连最亲近的朋友都未见过。有人问他喜欢不喜欢这些荣誉，他说："我从来没有为追求这些荣誉而工作。"难怪科学家麦克斯韦评价法拉第说："法拉第是科学家中最有成就最高尚的典型。"

◆是谁集电磁场理论之大成？

詹姆斯·克拉克·麦克斯韦是继法拉第之后集电磁场理论之大成的伟大科学家。1831年11月13日生于苏格兰的爱丁堡。10岁时进入爱丁堡中学学习。1847年进入爱丁堡大学学习数学和物理。1850年转入剑桥大学三一学院数学系学习，1856年在苏格兰阿伯丁的马里沙耳任自然哲学教授。1860年到伦敦国王学院任自然哲学和天文学教授。于1873年出版了电磁场理论的经典巨著《电磁学通论》，1871年受聘为剑桥大学新设立的卡文迪许试验物理学教授，负责筹建卡文迪许实验室，1874年实验室建成后，他担任这个实验室的第一任主任，直到1879年11月5日在剑桥逝世。

◆是谁被称为小提琴之王？

尼科罗·帕格尼尼（1782—1840），意大利小提琴家，作曲家。他是音乐史上最负盛名的演奏家之一，被人们称为"小提琴之王"。尼科罗·帕格尼尼幼年即学琴，后去热那亚和帕尔马学习，9岁首次登台演奏自己的作品，13岁旅行演出，足迹遍及维也纳、德国、巴黎和英国，还会演奏吉他和中提琴。在他的《二十四首随想曲》中，显示出惊人的才华。他的演奏将小提琴技巧发挥到了无与伦比的地步，为小提琴演奏艺术的发展作出了不可磨灭的贡献。他还将吉他的技巧用于小提琴的演奏，大大丰富了小提琴的表现力。

◆是谁发明了电池？

亚历山德罗·伏特（1745—1827）出生于意大利科莫一个富有的天主教家庭。

1792年他开始长途游历，到过德国、荷兰、法国和英国。他访问了一些著名的同行，比如拉普拉斯和拉瓦锡，并和他们共同做实验。他当时还被选为法国科学院的通讯院士，不久又被选为伦敦皇家学会的外国会员。

伏特经过反复实验，终于发明了被后人称作"伏特电堆"的电池，这就是在铜板和锌板中间夹上卡纸和用盐水浸过的布片，一层一层堆起来的电堆。

伏特在一封写给皇家学会会长班克斯的著名信件中介绍了他的发明，用的标题是《论不同导电物质接触产生的电》。电堆能产生连续的电流，它的强度的数量级比从静电起电机能得到的电流大。

◆ 是谁发明了电灯？

1879年，在美国，人们奔走相告：托马斯·阿尔瓦·爱迪生发明了电灯。

"那电灯比油灯、蜡烛亮多了！"

"这东西真是太神了，不可思议！"

人们七嘴八舌地谈论着，激动、惊喜的心情溢于言表。

虽然在今天看来，这种内部装有炭做成的灯丝的灯泡，只不过比手电筒亮一点，但是，在当时，着实让人吃了一惊。

在爱迪生这位伟大的发明家的一生中，发明了许多东西，然而，能够立即得到人们热烈欢迎的却只有电灯。因为电灯的好处是人们看得见、摸得着的。它的出现，意味着人们的活动不再受到黑暗的制约了。

◆ 是谁发明了电话？

亚历山大·格雷厄姆·贝尔（1847—1922）美国（英国裔）发明家和企业家。他发明了世界上第一台可用的电话机，创建了贝尔电话公司，被誉为"电话之父"。

亚历山大·格雷厄姆·贝尔，1847年生于英国苏格兰，他的祖父毕生都从事聋哑人的教育事业，由于家庭的影响，他从小就对声学和语言学有浓厚的兴趣。开始，他的兴趣是在研究电报上。有一次，当他在做电报实验时，偶然发现了一块铁片在磁铁前震动发出微弱的声音，而且他还发现这种声音能通过导线传向远方。这给贝尔以很大的启发。他想，如果对着铁片讲话，不也可以引起铁片的震动吗。这就是贝尔关于电话的最初构想。

贝尔发明电话的努力得到了当时美国著名的物理学家约瑟夫·亨利的鼓励。亨利对他说："你有一个伟大发明的设想，干吧！"当贝尔说到自己缺乏电学知识时，亨利说："学吧。"在亨利的鼓舞下，贝尔开始了实验，一次不小心把瓶内的硫酸溅到了自己的腿上，他疼痛得喊叫起来："沃森先生，快来帮我啊！"想不到，这一句极普通的话，竟成了人类通过电话传送的第一句话音。正在另一个房间工作的助手沃森，是第一个从电话里听到电话声音的人。贝尔在得知自己试验的电话已经能够传送声音时,热泪盈眶。当天晚上,他写给母亲的信中说:"朋友们各自留在家里,不用出门也能互相交谈的日子就要到来了!"

◆ **是谁发明了无线电?**

尼古拉·特斯拉(1856—1943),世界知名的发明家、物理学家、机械工程师和电机工程师。塞尔维亚血统的他 1856 年 7 月 10 日出生在克罗地亚。特斯拉被认为是历史上一位重要的发明家。他在 19 世纪末 20 世纪初对电和磁性的贡献也是知名的。他的专利和理论工作形式依据现代交变电流电力(AC)的系统,包括多相电力分配系统和 AC 马达,推动了第二次工业革命的发展。

1893 年,他成为美国最伟大的电子工程师之一,因而备受尊敬。许多他早期的成果变成现代电子工程的先驱,而且他的许多发现具有开创性意义。

◆ **法兰西第二帝国是如何演变的?**

1852 年 12 月 2 日,拿破仑的侄子路易·拿破仑·波拿巴宣布恢复帝国,成为法兰西皇帝,称拿破仑三世。根据多次补充的帝国宪法,皇帝是国家元首,统率军队,有宣战、媾和、结盟、订立商约和特赦,任命政府与地方官员,批准公共建设工程,决定是否将法案送交立法团讨论等权力。

帝国立法体制分成 3 部分:参政院由皇帝任命,约 50 人组成,任务是维护宪法与保证皇帝统治,它准备法案和审查法令修正案;凡年满 21 岁并在某地居住超过半年的法国男子皆有选举权,立法团由选举产生的 200 多名议员组成,它的主席和副主席由皇帝任命,立法团仅有权讨论和表决法案;元老院由皇帝任命,由约 100 名亲王、元帅、主教组成,批准立法团通过的法令。大臣们执行皇帝命令,各自对皇帝负责。参政院对省长实行监督。地方政权掌握在省长手中,他们领导全省警察,控制社会舆论。

第二帝国经历了由专制统治向自由主义、议会政治演变的过程。帝国初期,拿破仑三世实行个人专权,致力于巩固资产阶级秩序。政府在一些省内实行戒严,封闭共和派俱乐部,解散工人组织,查禁进步报刊,利用天主教会加强控制学校。60 年代,人民不满情绪日益增长,反动专制制度难于继续维持。因此,帝国后期开始实行改革，逐渐向自由主义政策演变，以求缓和国内矛盾，例如议员可得到请愿权利，官方"公报"公布议会辩论记录，皇帝经立法团同意方可批准追加拨款，废除禁止工人罢工和结社的《勒霞白列法》等。1870年初，奥利维埃奉命组织自由主义内阁。4月，元老院受到削弱，变为普通上院，议会权力有所扩大。

1870年7月19日，拿破仑三世以西班牙王位继承问题为借口对普鲁士宣战，企图通过对普鲁士的战争来加强对国内的控制，结果法军战败。9月2日，拿破仑三世在色当投降；4日，巴黎发生革命，宣布推翻帝制，成立共和国。法兰西第二帝国遂告瓦解。

◆巴黎公社是怎样成立的？

1870年7月，法国皇帝拿破仑三世为了转移国内尖锐的阶级矛盾，挑起了普法战争。结果是法军大败，普鲁士军队直攻巴黎。在抗击普鲁士军队入侵的战斗中，巴黎工人迅速发展了自己的革命武装，建立"国民自卫军"。没有枪，工人们就搜集被帝国军队遗弃的枪支；没有炮，工人们自己集资，用教堂的铜钟和街头皇帝的

铜像为材料，铸造了几十门大炮。

他们还编写了《贱民之歌》《人民的觉醒》《为一块牛排出卖巴黎》等许多革命歌曲，揭露普法战争中，拿破仑三世的失败和普鲁士军队的侵略行径，并号召人民拿起武器，为保卫法兰西祖国而斗争。

法国资产阶级政府对工人武装的发展害怕得要命。他们竟然放弃抵御外敌，回过头来先解除工人的武装。1871年3月18日，巴黎工人毅然举行了起义，用革命武装粉碎了反革命武装，迅速掌握了整个巴黎。巴黎上空升起了无产阶级胜利的红旗，巴黎全城欢声雷动，成千上万的工人和劳动群众走上街头，载歌载舞，庆祝人类历史上第一个无产阶级政权——"巴黎公社"的成立。

◆《国际歌》的作者是谁？

"巴黎公社"失败以后，公社领导人之一、无产阶级革命诗人欧仁·鲍狄埃转移到巴黎近郊的一个地方。在保卫公社的战斗中，他是街垒战中的一名英勇战士；在白色恐怖中，他没有屈服。伟大的马克思主义真理，把他的思想照亮，把他的视野拓宽。一个极其重大的主题在向他不停地召唤，

触动他的心弦，于是，一行行充满激情的诗句，如同火山爆发、海涛咆哮一样，奔泻而来：

"起来，饥寒交迫的奴隶／起来，全世界受苦的人／满腔的热血已经沸腾／要为真理而斗争……"

鲍狄埃写完《国际歌》后不久，由于躲避敌人的追捕，逃到了英国和美国。但是，他一天也没有停止过战斗。在国外，他一方面和过去"巴黎公社"的社员联系，一方面参加工人运动。1880 年，也就是"巴黎公社"起义失败 9 年之后，鲍狄埃才回到法国。回国后，他立即参加了工人党。为了号召工人阶级团结一致，向资产阶级政权进行斗争，他以诗歌为武器，写了两本诗集，题目分别是《谁是疯子？》和《革命歌集》。1887 年，就在鲍狄埃的第二本诗《革命歌集》出版不久，他就在贫困中病逝了。

◆ 狄盖特如何为《国际歌》谱曲？

在鲍狄埃逝世 7 个月之后，法国工人党展开纪念鲍狄埃的活动。法国里尔城的工人作曲家皮埃尔·狄盖特得到了一本鲍狄埃的《革命歌集》，同伴们鼓励他创作出足以表达工人阶级心声的歌曲，以此作为对鲍狄埃的纪念。

当狄盖特打开《革命歌集》的时候，马上被《国际歌》深刻的政治内容，富有号召力的诗句所吸引、感动，他带着炽热的创作激情，回到他居住的地下室，急不可待地坐在那台破旧的风琴前，立即为《国际歌》谱曲。这时候，夜已经很深了，狄盖特心潮澎湃，一幅幅无产阶级斗争的气吞山河的壮丽画面，展现在他的眼前。随着琴键的跳动，一曲庄严、雄伟的旋律，犹如阵阵大海潮，汹涌奔腾而来。

经过一个不平静的夜晚，作曲家狄盖特为《国际歌》塑造了庄严、雄伟、深刻的音乐形象。第二天，狄盖特把刚谱好的《国际歌》曲谱交给了里尔城的"工人之声"合唱团。没几天，合唱团就在一次卖报工人的集会上首次演出了这首歌。《国际歌》很快就在工人当中传唱开了。

狄盖特为《国际歌》谱曲的时候是 40 岁。后来他老了，只能做个煤气街灯的管理员。每天傍晚和黎明，他沿街去点灯、熄灯。直到 1922 年，狄盖特已经是 74 岁的老人了，人们才知道他就是那位著名的《国际歌》作曲者。

◆德国"三月革命"是怎么回事？

1848 年 2 月底至 3 月初，德国境内多地爆发了革命。3 月 13 日，奥地利首都维也纳的工人、学生和平民举行反政府示威，奥地利首相梅特涅调集军队镇压，人民迅速举行起义。梅特涅见势不妙，男扮女装仓皇逃往英国。奥地利国王被迫宣布成立自由资产阶级内阁，答应召开立宪国民议会，制定宪法。维也纳起义成功的消息，点燃了德国各地的革命烈火。普鲁士国王腓特烈·威廉四世于是召开了一个立宪会议，允诺成立一个联邦制的德意志帝国，在这个帝国中将会有一个民选的议会，国民拥有言论和出版自由。而人民群众却不满意，要求撤军的呼声越来越高，并包围王宫。国王下令对群众开枪，愤怒的群众举行武装起义，战斗了 10 多个小时后取得胜利。普鲁士国王腓特烈·威廉四世被迫下令军队撤出柏林，答应立即召开国民议会，释放政治犯。德国"三月革命"极大地推动了 1848 年德国革命的发展。

◆英国为何自称"日不落帝国"？

英国从事殖民掠夺的时间最长，占领的殖民地最多，维持殖民统治的时间最久。据统计，1914 年，英国殖民地面积达 3350 万平方千米，相当于全球陆地面积的 1/4，占各列强殖民地总和的 1/2，等于本土面积的 100 多倍。殖民地人口近 4 亿，等于本国人口的 9 倍，殖民地范围包括各大洲，是当时最大的殖民帝国。英国的国旗飘扬于各殖民地的上空，不管是东半球还是西半球都能受到阳光的普照。因此自称为"日不落帝国"。

◆哪种机器缓和了英国的"纱荒"？

18 世纪中期，英国商品越来越多地销往海外，手工工场的生产技术供应不足。为了提高产量，人们想方设法改进生产技术。在棉纺织部门，人们先是发明了一种叫飞梭的织布工具，大大加快了织布的速度，也刺激了对棉纱的需求。18 世纪 60 年代，织布工哈格里夫斯发明了"珍妮机"的手摇纺纱机。"珍妮机"一次可以纺出许多根棉线，极大地提高了生产效率。

1764 年的一天，英国兰开郡有个纺织工詹姆斯·哈格里夫斯，那天晚上他回家，开门后不小心一脚踢翻了他妻子正在使用的纺纱机，当时他的第一个反应就是赶快把纺纱机扶正。但是当他弯下腰来的时候，却突然愣住了，原来被踢倒的纺纱机还在转，只是原先横着的纱锭现在变成直立的了。他猛然想到：如果把几个纱锭都竖着排列，用一个纺轮带动，不就可以一下子纺出更多的纱了吗？哈格里夫斯非常兴奋，马上试着干，第二年他就造出用一个纺轮带动八个竖直纱锭的新纺纱机，功效一下子提高了八倍。1765 年制成以他女儿珍妮命名的纺纱机。1768 年哈格里夫斯在诺丁汉与别人合资开办一家纺纱作坊，用珍妮纺纱机生产针织用纱。由于当年他没能申请到专利，因此只能自己生产"珍妮机"来赚钱。"珍妮机"不但效率高，而且纺出的纱质量也比较好，因此哈格里夫斯的生意日渐火爆，"珍妮机"也渐渐流传开来。

◆ **福尔摩斯的原型是谁？**

19 世纪中后期，苏格兰爱丁堡大学医学部有位讲师兼外科医生，名叫约瑟夫·贝尔。平时，他在学校里认真教课，很少有人会想到，他还是一个私人侦探！

一次，贝尔正在上课，一个中年男子闯进来，要求贝尔给他看病。贝尔问："您是不是刚刚穿过教室西面的那片草地？"男子吃惊地承认了："您怎么知道？"贝尔回答："您脚下有红色的泥土。整个爱丁堡只有那片草地上有这种泥土。"接着，贝尔让学生们判断该男子得了什么病。学生们七嘴八舌，但没有一个回答让贝尔满意。最后，他告诉学生："这人的毛病在于酗酒。你们看，他有酒糟鼻、血红色的脸膛，这都是长期饮酒的症状。最重要的是——他的右口袋鼓鼓的，里面肯定是一瓶酒！"说着，贝尔从那人的右口袋里拿出一瓶威士忌来！学生们目瞪口呆。

一天，一个浑身都是刀伤的女子死在医院里。警方请贝尔对尸体进行解剖，贝尔在尸体检验报告中以严密的逻辑和充分的科学证据证明：该女子死于伤口感染。警方为此启动了谋杀案调查程序。这在犯罪学上是一个创举——此后，法医的尸检报告能够使警方认定一桩谋杀案，并启动相应的调查程序。

贝尔的名声渐渐传开，警方经常邀请他协助查案。

1877 年，贝尔的班里来了一个学生，叫柯南·道尔。贝尔把这个学生选为自己的书记员，让他跟随自己解剖尸体、侦查案件。柯南·道尔开始仔细观察老师。

毕业后，柯南·道尔开了一家小诊所，但生意不佳。他只能靠给杂志社写小说来赚稿费。在创作过程中，他把贝尔变作了笔下的"福尔摩斯"。1887 年 11 月，以福尔摩斯为主角的第一部小说——《血字的研究》出版后，受到读者的广泛好评。

◆海王星的发现者是谁？

奥本·尚·约瑟夫·勒威耶（1811—1877），法国天文学家，1811 年 3 月 10 日生于诺曼底的圣洛。1831 年毕业于巴黎工艺学校，早年从事化学实验工作。1837 年任母校天文教师，开始研究天体力学，并任巴黎工艺学校天文教师，后两度出任巴黎天文台台长。他于 1846 年 8 月 31 日用数学方法推算出了海王星的轨道并预告它的位置，并因此获得英国皇家学会的柯普莱奖章。他还研究过太阳系的稳定性问题和行星理论，编制了行星星历表。勒威耶发现了水星近日点的异常波动，并预言"水内行星"的存在，这个预言虽然后来被阿尔伯特·爱因斯坦用广义相对论成功解释，但至今仍未能得到最好的证实。

◆ "门罗主义"是怎么回事？

1823 年 12 月 2 日，美国第 5 届总统门罗在致国会咨文中宣称：美国将不干涉欧洲列强的内部事务或它们之间的战争；美国承认并且不干涉欧洲列强在拉丁美洲的殖民地和保护国；欧洲列强不得再在南、北美洲开拓殖民地；欧洲任何列强控制或压迫南北美洲国家的任何企图都将被视为对美国的敌对行为。他提出"美洲是美洲人的美洲"的口号。《门罗宣言》最初并未引起足够重视。1870 年以后，始有"门罗主义"的提法。随着美国成为世界强国，在门罗主义的指导下，美国于 1876 年干涉阿根廷与巴拉圭间的边界纠纷；1880 年插手哥伦比亚与智利间的纠纷；1881 年强行介入墨西哥与危地马拉间，智利与阿根廷、智利与秘鲁间的边界纠纷。1895 年，美国在英属圭亚那与委内瑞拉边界问题上，迫使英国让步，同意成立仲裁法庭，以确定两国边界。1904 年，T. 罗斯福（1901—1909 年在任）提出"罗斯福推论"，进一步补充了门罗主义。他指出，某个拉美国家一旦"闹事"，美国可以干涉其内部事务。在罗斯福、威尔逊任内，美国经常干涉拉丁美洲，尤其是加勒比地区的内部事务。1933年以后 F.D. 罗斯福执政时放弃干涉政策，转而推行睦邻政策。

◆ 哪部小说引发了一场大战？

1851 年，美国作家斯陀夫人在丈夫体弱多病、家境极其贫寒的情况下写成其生平最有影响的作品——《汤姆叔叔的小屋》。小说首先以连载的形式在《民族时代》报纸上发表，立即引起了强烈的反响，受到了人们无与伦比的欢迎，仅第一年就在国内印了 100 多版，销了 30 多万册，后来被译为 20 多种文字在世界各地出版。《汤姆叔叔的小屋》对社会发展起到了积极作用，特别是对美国废奴运动和美国内战中以林肯为代表的正义一方获得胜利，产生了重要影响。林肯总统后来接见斯陀夫人时称她是"写了一本书，酿成了一场大战的小妇人"，这一句玩笑话充分反映了《汤姆叔叔的小屋》这部长篇小说的巨大影响。作为一本文学作品，美国著名诗人亨利·朗费罗说它是"文学史上最伟大的胜利"。

《汤姆叔叔的小屋》，又译作《黑奴吁天录》或《汤姆大伯的小屋》，故事从一个奴隶主与一个奴隶贩子的讨价还价中开始。美国肯塔基州的奴隶主谢尔比在股票市场上投机失败，为了还债，决定把两个奴隶卖掉。一个是汤姆，他是在谢尔比的种植场出生的，童年时就当伺候主人的小家奴，颇得主人欢心，成年后当上了家奴总管，忠心耿耿，全身心维护主人利益。另一个要卖掉的奴隶是黑白混血种女奴伊丽莎的儿子哈利。伊丽莎不是一个俯首帖耳死心塌地听主人摆布的奴隶，当她偶然听到主人要卖掉汤姆和自己的儿子哈利后，就连夜带着儿子在奴隶贩子的追捕下跳下浮冰密布的俄亥俄河，逃到自由州，再往加拿大逃奔。她丈夫乔治·哈里斯是附近种植场的奴隶，也伺机逃跑，与妻子会合，带着孩子，历经艰险，终于在废奴派组织的帮助下，成功地抵达加拿大。

◆ "国际护士节"有何来历？

1854—1856 年间，英法联军与沙俄发生激战。在英国一家医院任护士主任的南丁格尔，带领 38 名护士奔赴前线，参加护理伤病员的工作。因当时医疗管理混乱，护理质量很差，伤病员死亡率高达 50%。于是，南丁格尔就潜心改善病房的卫生条件，并加强护理，增加营养。

半年之后，伤病员死亡率下降到2.2%。这一事迹传遍全欧。1860年，她在英国伦敦创办了世界上第一所正规护士学校。她的护士工作专著，成了医院管理、护士教育的基础教材。鉴于南丁格尔推动了世界各地护理工作和护士教育的发展，她被誉为近代护理创始人。她1910年逝世后，国际护士理事会把她的生日5月12日定为"国际护士节"。

◆ **谁被称为"圆舞曲之王"？**

约翰·施特劳斯（1825—1899），奥地利作曲家、指挥家和小提琴家。他从小爱好音乐，7岁便开始创作圆舞曲。19岁在维也纳组织了一个管弦乐团，赴波兰、德国各大城市举行圆舞曲演奏会，使维也纳圆舞曲风靡整个欧洲。

1872年，约翰·施特劳斯应邀去美国波士顿、纽约等地演出，盛况空前。他还亲自指挥由2000人组成的管弦乐团、2万人组成的合唱团，联合演出自己的代表作《蓝色多瑙河》圆舞曲，创音乐史上的新纪录。1899年，约翰·施特劳斯逝世时，维也纳人民举行了10万人的盛大葬礼。

约翰·施特劳斯一生创作了168首圆舞曲，117首波尔卡，43首进行曲，16部轻歌剧。作品大都热情欢快，旋律性很强，散发出浓郁的浪漫主义气息，并常带有幽默感。人们所熟悉的《蓝色多瑙河》《维也纳森林的故事》《艺术家的生涯》《春之声》等圆舞曲，都出自他的笔下。他与他父亲同名，两人都是著名的作曲家，又都以写圆舞曲闻名于世。为了区别起见，在他们的名字前面分别加上"老"、"小"。老约翰·施特劳斯被人们称为"圆舞曲之父"；小约翰·施特劳斯被称为"圆舞曲之王"。

◆ **美国南北战争的起因是什么？**

美国独立后，北部各州先后废除黑人奴隶制。但南部诸州由于棉花种植业的迅速发展，种植园奴隶制不断扩大，威胁着美国人民的民主权利。

19世纪20年代前后，废奴运动的组织在美国开始出现。1826—1827年，143个废奴团体在巴尔的摩召开大会，谴责奴隶制度的罪恶。30年代初，W.加里逊在波士顿出版《解放者周刊（1831—1865）》，并和其他废奴主义者于1832年创建新英格兰反奴隶制协会。1833年4月，在费城成立了全国性的美国反对奴隶制协会，总部设在纽约。随后反奴隶制协会在北部各地纷纷建立，到40年代这类组织约2000个，参加协会人数超过20万人，形成声势浩大的群众运动。废奴主义者虽然遭到反动势力的多方压制和迫害，仍坚持积极开展各种活动，出版了几千种书籍、报刊，并散发了大量传单，有大批演讲员到各地宣传废奴运动的宗旨和控诉奴隶主的罪行，各种文艺作品和专著也以不同方式揭露和抨击奴隶制的罪恶，不断推动废奴运动向前发展。

此外，废奴主义者还组织"地下铁道"，通过隐蔽的方式，经由秘密的路线和食宿站，指引和协助大批黑人奴隶逃离南方。到美国内战爆发之前，估计至少有6万人因此获得自由。"地下铁道"的组织者之一H.塔布曼是女奴出身，她多次深入南部各州，协助数百名奴隶逃出南方而获得自由。

1861年，林肯当选总统。南卡罗来那州旋即宣布退出联邦，其余蓄奴诸州亦纷纷效法南卡罗来那州，脱离联邦，并成立"美利坚联盟"，推举来自肯塔基州的杰斐逊·戴维斯为总统。两个月后，南方政府开始发动武装起事，北方政府被逼应战，南北战争由此爆发。

◆ 谁是第一位遭暗杀的美国总统？

亚伯拉罕·林肯（Abraham Lincoln，1809—1865），美国第16任总统，任期为1861年3月4日至1865年4月15日。林肯是首位共和党籍总统。在其总统任内，美国爆发了内战，史称南北战争。林肯击败了南方分离势力，废除了奴隶制度，维护了国家的统一。1865年4月14日晚，林肯在华盛顿的福特剧院遇刺，于第二天去世。5月4日，林肯葬于橡树岭公墓。

林肯是第一位遭到刺杀的美国总统，更是一位出身贫寒的伟大总统。

◆ 何谓《黑人法典》？

《黑人法典》指南北战争后，美国南部各州力图保持和恢复奴隶主阶级的统治，而制定的一系列对黑人实行种族隔离或种族歧视的法律。密西西比州在1866年首先公布，南方各州继而纷纷效仿。黑人法典使主人占有黑人劳动和对黑人使用"有节制的体罚"等特权合法化。此外，南部各州以田纳西州为首，成立了专门迫害黑人的秘密恐怖组织，其中有名的代表是"三K党""白人骑士团""白人兄弟会",这些组织常用美国刑法中的习惯法——私刑来残害黑人。1868年后,许多《黑人法典》在广大人民的强烈反对下陆续废除或修改。

◆世界上哪一笔土地交易最为廉价?

1725年1月28日,任俄国海军上校的维图斯·白令花费了17年时间,发现了阿拉斯加半岛,查清了亚、美大陆之间并非陆地相连,而是中间隔着一条海峡。不久,维图斯·白令死于坏血病。为了纪念他,这条海峡被命名为白令海峡。

在维图斯·白令发现阿拉斯加半岛后,俄国皮毛商人陆续来到半岛建立村落。当时阿拉斯加的居民总数不超过3.3万人,而且大部分是印第安人。但是这里常年冰天雪地,全境近三分之一位于北极圈内,人口稀少,多方考量后俄国沙皇决定将阿拉斯加以720万美元的价格卖给美国——平均1英亩地(约0.004平方千米)仅值2美分,创造了历史上最廉价的土地交易。

史载,1867年3月29日,美国国务卿威廉·西沃德正在客厅打牌。俄国驻华盛顿使节斯多依克尔男爵突然来求见。那时俄美之间已就转让阿拉斯加问题进行过多次秘密讨论。使节说明来意:他接到沙皇亚历山大二世的谕旨,同意就阿拉斯加问题和美国于次日进行正式谈判。西沃德听后立即推开牌桌,眉飞色舞地喊道:"为什么要等到明天呢?我们今晚就签约吧!"当晚,美国国务院灯火通明,紧张的谈判进行了一夜。西沃德开口给价500万美元,斯多依克尔坚持要价700万美元。经过激烈的讨价还价,到凌晨4点,终于以700万美元外加20万美元手续费成交。

◆谁提出了八小时工作制?

1817年8月,英国空想社会主义者罗伯特·欧文提出八小时工作制。他还提出了一个口号,"8小时劳动,8小时休闲,8小时休息"。1833年,在欧文的支持下,具有同情心的工厂主约翰·多赫尔蒂等人发动了一场争取八小时工作制的运动。1866年,第一国际日内瓦代表大会提出了"8小时工作,8小时自己支配,8小时休息"的口号,要求各国制定法律予以确认。

◆五一国际劳动节有何来历?

19世纪80年代,美国无产阶级

的队伍迅速壮大，出现了波澜壮阔的工人运动。当时美国资产阶级为了进行资本积累，对工人阶级进行残酷的剥削压榨，他们用各种手段迫使工人每天从事长达12—16小时的劳动。美国广大工人逐渐认识到，为了保障自己的权利，必须起来进行斗争。

从1884年开始，美国先进的工人组织通过决议，要为实现"每天工作八小时"而战斗，并且决定展开广泛的斗争，争取在1886年5月1日实行八小时工作制。八小时工作制的口号提出后，立即得到美国全国工人阶级的热烈支持和响应，许多城市数以千计的工人投入了这场斗争。罢工工人遭到美国当局的血腥镇压，很多工人被杀害和逮捕。

1886年5月1日，美国芝加哥等城市的35万工人举行大罢工，要求改善劳动条件。这场斗争震撼了整个美国。工人阶级团结战斗的强大力量，迫使资本家接受了工人的要求。

1889年7月，由恩格斯倡议的各国社会主义政党代表大会在巴黎举行。为了纪念美国工人的这次"五一"大罢工，显示"全世界无产者，联合起来！"的伟大力量，推进各国工人争取八小时工作制的斗争，代表大会通过决议，规定1890年5月1日国际劳动者举行游行，并决定把5月1日这一天定为国际劳动节。

◆ 海牙和平会议是由谁发起召开的？

海牙和平会议指的是1899年和1907年在荷兰海牙召开的两次国际和平会议，又称海牙会议。19世纪末，各大国为重新瓜分殖民地、争夺欧洲和世界霸权，展开军备竞赛。俄国由于财政拮据，在竞争中感到力不从心。

为了赢得时间，1898年8月24日沙皇尼古拉二世建议在海牙召开和平会议，并邀欧、亚及北美各独立国家参加。各国对沙俄的和平倡议虽持怀疑态度，但为了实现各自的外交目的，都没有表示拒绝。两次海牙会议所通过的一系列公约和文件，总称《海牙公约》或称《海牙法规》。

◆ 沙克尔顿的南极探险计划结果怎样？

19世纪末20世纪初，人类对遥远的南极给予了更多的关注。当时最著名的南极探险家是英国人斯科特。但与斯科特同时代到南极内陆探险考察，并且想同他一争高下的还有另一位探险家——爱尔兰人欧涅斯特·沙克尔顿。沙克尔顿是一名非常出色的航海家。他体格强壮，从16岁起就从事远航，练就一身高超的航海本领。1902年，当斯科特第一次深入南极内陆进行考察时，沙克尔顿就是他的一名得力的助手。但他不幸染上了坏血病，身体变得极为虚弱，最后被斯科特遣送回英国养病。这一挫折并没有使好强的沙克尔顿松懈自己的斗志，他反而信心十足地另起炉灶，决心成为第一个征服南极的人。

1907年，沙克尔顿的身体完全康复之后，由他筹集大部分资金，组成了一支南极探险队。他的这支探险队，完全是私人探险组织，他们兵分两路，计划实现两大目的：一路由沙克尔顿亲自率领，直奔南极点；另一路由澳大利亚50岁的地质学家埃奇沃斯·戴维教授和年轻的地质学家道格拉斯·莫森带领，测定南磁极的位置。1909年1月9日，沙克尔顿和3个同伴向南冲刺到南纬88°23′，离极点只有160多千米的地方，创造了人类在南极大陆活动的新纪录。但是，猛烈的风暴和严重缺粮，使他们再也无法向南挺进。沙克尔顿被迫收兵回营，归途中天气很坏，队员们都被严重冻伤。在食物匮乏的情况下，他们不得

不吞食矮种马的尸体，结果大家都得了痢疾，险些送命。

相比之下，戴维和莫森率领的分队比较顺利。他们通力合作，在翻越南极横断山脉时进行了多方面的科学考察，并于1909年1月16日在维多利亚地东部高原有史以来第一次找到了南磁极的位置（南纬72°25′，东经155°15′）。这对于现代地磁学的研究和发展航海、航空事业都具有重要意义。从那时以后，南磁极的精确位置就只需根据各地的磁参量（磁倾角和磁偏角），经过计算便可获得。逐年的观测资料表明，南磁极并不固定，而是游移不定的。从1909年到1975年，南磁极已向西北移动了800多千米。

沙克尔顿并不满足于他领导的探险队所取得的巨大成就。在阿蒙森和斯科特探险队先后登临南极之后，他制订了一个雄心勃勃的计划，准备从威德尔海的菲尔希内尔冰架出发，穿过南极极点，抵达罗斯岛。这是一条比前人的道路更加艰险的路线，他要创造新的奇迹，探索更多的奥秘。

1914年12月，沙克尔顿探险队乘坐"持久"号船航行到威德尔海域。过去人们对威德尔海的了解远不如罗

斯海。那里气候寒冷，海流急、且不规则，浮冰厚、且密集，这都给"持久"号的航行带来极大的困难。没过几天，"持久"号就被浮冰和冰山团团包围，进退不得，只好随冰漂流。探险队在船上被困了整整 10 个月之久。由于冰块的撞击和挤压，"持久"号变得千疮百孔，最后沉没了。沙克尔顿和他的全体队员在一座冰山上建立起一个避难所，他们捕食海豹，住冰洞，在十分险恶的环境里顽强生存。

1916 年 4 月 15 日，冰山漂流到一个叫象岛的小孤岛上，他们结束了历时 500 天的漂流生活。可是在这座小岛上久留等于束手待毙，为了谋求生路，沙克尔顿亲自驾驶救生艇，向南乔治亚岛方向划去。经过近半个月的拼死搏斗，航行 1287 千米，终于找到了南乔治亚岛上的挪威捕鲸基地。他们得救了。尽管沙克尔顿的跨越南极的计划彻底破产了，可是，他和他的探险队员传奇般地全部生还回国，创造了南极探险史上的又一奇迹。

◆ 你知道红十字会的由来吗？

1859 年 6 月，瑞士商人亨利·杜南亲眼目睹了英意法联军与奥地利的军队在意大利的索尔费里诺进行的一场大战，双方伤亡惨重，尸横遍野。更使亨利·杜南难过的是，战后这个小镇上还有千名伤员，缺胳膊断腿，躺在干柴堆里呻吟，很多人因没人照料而死去。他当即跑到教堂，说服教士，并自己出钱出力，组织了一支救护队，为伤病员喂水喂饭，进行力所能及的各种护理和治疗。

回到日内瓦后，杜南写了一篇回忆录，描述了伤病员在战场上悲惨的遭遇，向世界发出呼吁，要求成立一个国际性的志愿救护伤兵组织，建议给予军事医务人员和各国志愿救护伤兵组织以中立地位。他给各国元首写信，四处奔波宣传。1863 年 10 月，16 个国家的 36 名代表在日内瓦召开筹备会议，第二年 8 月，在召开的外交会议上正式签订了《日内瓦公约》。红十字会将 5 月 8 日定为"世界红十字日"，而红十字这个标志，也是由他的祖国瑞士的国旗图案翻转而成。

由于十字是基督教的宗教符号，伊斯兰国家不愿接受，1876 年奥斯曼帝国采用"红新月"标志，1929 年国际红十字会承认了"红新月"与"红十字"这两个符号。1991 年，红十字会联合会改名为"红十字会与红新月会国际联合会"。

◆ "协约国"是如何形成的?

协约国是第一次世界大战中以英国、法国、沙俄为主的国家联盟。它与以德国、奥匈帝国为中心的同盟国集团形成了第一次世界大战的对立双方。一战中后期,美国、日本、中国等一些国家也先后加入协约国集团。最终,协约国赢得了第一次世界大战的胜利。

最初的协约国是由法国和俄国组成的。英国本来实行的是"光荣孤立"政策,但随着英国的霸主地位被动摇,和以德国为首的同盟国的建立,英国为了维护自身利益,加入了法俄协约,形成了一战中协约国的雏形。

协约国集团是在 1904—1907 年间的英法俄"三国协约"的基础上形成。英法、英俄分别签订协定,在相互承认各自势力范围的基础上建立军事集团,与同盟国集团相对峙。第一次世界大战期间,站在协约国方面参战的有 31 个国家和地区,其中日本于 1914 年、意大利于 1915 年、美国于 1917 年参战。中国也在 1917 年站在协约国一方对德奥宣战,并派 2 万名劳工奔赴欧洲战场。

◆ 三八国际妇女节有何来历?

1909 年 3 月 8 日,美国伊利诺伊州芝加哥市的女工和全国纺织、服装业的工人举行规模巨大的罢工和示威游行,要求增加工资、实行 8 小时工作制和获得选举权。这是历史上劳动妇女第一次有组织的群众斗争,充分显示了劳动妇女的力量。斗争得到全国乃至世界其他国家妇女群众的广泛同情和热烈响应。

第一次世界大战前,战争的阴影笼罩着世界,帝国主义企图瓜分殖民地。1910 年 8 月,在丹麦首都哥本哈根召开了国际社会主义者妇女代表大会。出席会议的有 17 个国家的代表,会议讨论的主要问题是反对帝国主义扩军备战,保卫世界和平;同时还讨论了保护妇女儿童的权利,争取 8 小时工作制和妇女选举权问题。领导这次会议的著名德国社会主义革命家、杰出的共产主义战士克拉拉·蔡特金倡议,以每年的 3 月 8 日作为全世界妇女的斗争日,得到与会代表的一致拥护。从此以后,三八妇女节就成了世界妇女争取权利、争取解放的节日。

1911 年的 3 月 8 日为第一个国际劳动妇女节。

◆ "布尔什维克"是怎么来的？

布尔什维克是俄文音译，意为多数派，指的是苏俄共产党建党初期党内的一个派别。1903年七八月举行的俄国社会民主工党第二次代表大会期间，在制定党章时，以列宁为首的马克思主义者同马尔托夫等人发生激烈争论，马尔托夫等机会主义者得少数票，称孟什维克（俄文意为少数派）。1905年，革命时期，两派提出两种不同的策略路线。1906—1907年，该党第四次、第五次代表大会上，两派在土地纲领、对国家杜马的策略等问题上继续争论。1905年革命失败后，大部分孟什维克变为主张取消革命党的取消派。

布尔什维克是坚持马克思主义，并把它同俄国实际相结合、创造性地发展马克思主义的无产阶级革命派。从此，布尔什维克成为独立的马克思主义政党。党的名称仍为俄国社会民主工党，后面加括号标明"布尔什维克"。1917年，十月革命胜利后，各国共产党都以俄共为榜样，布尔什维克又成为真正共产党人的同义语。

◆ 美国何时通过第一个反托拉斯法？

1890年，美国国会通过了《保护贸易及商业免受非法限制及垄断法》，因该法案乃是由参议员约翰·谢尔曼提出，故又名《谢尔曼反托拉斯法》。该法是美国联邦第一部反托拉斯法，也是美国史上第一个授权联邦政府控制、干预经济的法案。该法全文共8条，其主要内容规定在第1条和第2条中。第1条规定，以托拉斯或任何类似形式限制州际贸易或对外贸易者均属非法，违者处以5000美元以下罚金，或1年以下监禁，或二者并科；第二条规定，凡垄断或企图垄断，或与其他任何人联合或勾结，以垄断州际或对外贸易与商业的任何部分者，均作为刑事犯罪，一经确定，处罚与第1条相同。《谢尔曼反托拉斯法》奠定了反托拉斯法的坚实基础，但该法的措辞极其含混，诸如"贸易""联合""限制"等关键术语词义不明，为司法解释留下了广泛空间。所以，该法颁布后执行不力。此外，该法还常常被法院用以反对工会组织，镇压工人运动，仅1890年到1897年，联邦最高法院就据此作出了一系列不利于工会的判决。

◆ 墨西哥第一任立宪总统是谁？

卡兰萨是墨西哥第一任立宪总

统。1859 年 12 月 29 日生于自由派地主家庭，卒于 1920 年 5 月 21 日。先后担任过市长、州长和参议员。1910 年墨西哥资产阶级民主革命爆发后，任第三军区司令和临时政府陆军部长。1913 年 3 月 26 日，卡兰萨公布了"瓜达卢佩计划"，成为宪法派领袖。1914 年，他联合农民军领袖 P.比利亚和 E.萨帕塔推翻了韦尔塔政变集团。以后，他又与农民军发生冲突，镇压农民武装。1915 年 1 月 6 日颁布土地法，许诺归还农民被夺走的土地，以瓦解农民军。1916 年 12 月—1917 年 1 月召开立宪会议，2 月 5 日颁布《1917 年宪法》。这是一部激进的资产阶级宪法。1917 年 3 月，被选为第一任立宪总统。总统任期内继续镇压工农运动。对外虽先后宣布了一些限制外资的法令，但未能奏效。1920 年，在总统选举中被 P.E.卡列斯、A.奥夫雷贡等人组成的集团击败。同年 5 月 21 日被杀害。

◆ 第一位获得诺贝尔奖的女性是谁？

居里夫人是第一个荣获诺贝尔科学奖的女性科学家，也是第一位一生两次荣获诺贝尔科学奖的科学家。

1867 年 11 月 7 日，居里夫人出生在波兰华沙的一个教师家庭，她从小就很喜爱父亲实验室中的各种仪器。中学毕业后，她当了家庭教师。1891 年她只身前往法国巴黎大学理学院求学深造，1893 年获得物理学硕士学位，1894 年又获得数学硕士学位。几乎与此同时，科学之缘将她和皮埃尔·居里吸引到一起。1895 年两人结了婚。1903 年，她和丈夫皮埃尔·居里及亨利·贝克勒尔共同获得了诺贝尔物理学奖。8 年之后的 1911 年，居里夫人又因为成功分离了镭元素而获得诺贝尔化学奖。出乎意料的是，在居里夫人获得诺贝尔奖之后，她并没有为提炼纯净镭的方法申请专利，而是将之公布于众，这种做法有效地推动了放射化学的发展。

在第一次世界大战时期，居里夫人倡导用放射学救护伤员，推动了放射学在医学领域里的运用。之后，她曾在 1921 年赴美国访问并为放射学的研究筹款。居里夫人由于过度接触放射性物质于 1934 年 7 月 4 日在法国上萨瓦省逝世。

◆ 谁是"现代流体力学之父"？

1875 年 2 月 4 日，路德维奇·普朗特出生于德国的弗莱辛。普朗特是现代流体力学的奠基人之一，他创立了边界层理论、机翼理论、升力线理论，研究了超声速流动，提出普朗特-葛劳渥法则，并与他的学生梅耶一起研究了膨胀波现象（普朗特-梅耶流动），并首次提出超声速喷管设计方法。普朗特的开创性工作，将19世纪末期的水力学和水动力学研究统一起来，被称为"现代流体力学之父"。此外，普朗特还培养了很多著名科学家，其中包括冯·卡门、梅耶等著名流体力学家，以及对我国流体力学研究做出奠基工作的陆士嘉教授。1953年8月15日，路德维奇·普朗特卒于哥廷根。

◆自由女神像有什么来历？

自由女神像是法国赠送给美国独立100周年的礼物。美国的自由女神像坐落于美国纽约州纽约市附近的自由岛，是美国重要的观光景点。自由女神像全称为"自由女神铜像国家纪念碑"，正式名称是"照耀世界的自由女神"。

自由女神像双唇紧闭，头戴光芒四射的冠冕，身着罗马古代长袍，右手高擎长达12米的火炬，左手紧抱一部象征美国《独立宣言》的书板，上面刻着《独立宣言》发表日期"1776.7.4"的字样。脚上残留着被挣断了的锁链，象征独裁统治已被推翻。

花岗岩构筑的神像基座上，镌刻着美国女诗人埃玛·拉扎勒斯的一首脍炙人口的诗《新巨人》。

一个多世纪以来，耸立在自由岛上的自由女神铜像已成为美国的象征。

第四篇

现代史

◆ **第一次世界大战的导火索是什么?**

1914 年 6 月 28 日,这一天是星期天,也是塞尔维亚的国庆日。波斯尼亚首府萨拉热窝阳光明媚,奥匈帝国皇储弗兰茨·斐迪南大公携妻子索菲亚来这里作特别访问。他此行的目的是想使妻子得到她在维也纳得不到的皇室荣誉。然而他却忘记了,这块土地是奥地利 6 年前才吞并的,对他充满了仇恨,刺杀他的阴谋正在酝酿着。当塞尔维亚族青年普林西普(一名隶属塞尔维亚秘密组织"黑手社"的波斯尼亚学生)的枪弹打穿斐迪南的脖颈和他妻子腹部的时候,随着两股鲜血的喷出,一场把全世界都卷入的战争开始了。这次事件成了第一次世界大战的导火索。

◆ **第一次世界大战的主战场在哪里?**

萨拉热窝事件后,1914 年 7 月 28 日,奥匈帝国对塞尔维亚宣战。第一次世界大战爆发。俄国根据有关条约,为支持塞尔维亚,于 7 月 30 日宣布军事总动员。8 月 1 日,德国对俄宣战。8 月 3 日,德国对法宣战。8 月 4 日,英国对德国宣战。大战由此全面展开。

第一次世界大战的战火在欧洲大陆首先被点燃,随后迅速蔓延到中近东、远东和非洲等地区。其中欧洲战场是主要战场,由西线战场、东线战场、巴尔干战场以及意大利战场组成。参战国还进行了多次海战,并把空军第一次用于实战。

◆ **英法联军在达达尼尔海峡战役中因何失利?**

达达尼尔海峡战役是第一次世界大战期间,英法联军于 1915 年 2 月 19 日—1916 年 1 月 9 日实施的一次战役,又称加利波利半岛战役。此次战役目的是,控制达达尼尔海峡和博斯普鲁斯海峡,占领土耳其首都君士坦丁堡(伊斯坦布尔),迫使土耳其退出与德国联合的战争。英法两国竭力先于俄国夺取战略上极其重要的这两个海峡。最后以联军失败告终。

战斗中，英法联军损失约 4.5 万人。英法联军的失利，很大程度上促使了保加利亚决定与德国结盟参战，也成为丘吉尔辞去海军大臣职务的原因。1915 年底，由于德奥联军和保加利亚军队在巴尔干战区顺利进攻，塞尔维亚军队被击溃，以及出现了希腊倒向德国一方的威胁，迫使盟军停止了达达尼尔海峡战役，将军队（14.5 万人，1.5 万匹军马和 400 门火炮）撤到希腊，以加强萨洛尼卡远征军。

达达尼尔海峡战役的失利是由英法统帅部的错误造成的。他们没有按约定与俄国陆海军实施协同动作，而企图独自夺取两海峡和土耳其首都（协约国之间存在着尖锐的矛盾）。战役最初企图，即仅用舰队兵力夺取达达尼尔海峡和君士坦丁堡，其本身就欠妥当。

英法联军统帅部低估了敌方的防御能力，忽视了战役准备的隐蔽性和第一批登陆兵登陆的突然性；第二批登陆兵登陆又过于迟缓，使敌方在此之前建立了强有力的防御。德土统帅部巧妙使用陆军、海岸炮兵和抗登陆

水雷障碍，以及德国舰队在海上交通线上的有效作战，都是英法在达达尼尔海峡战役中失利的主因。

◆ 哪次战役宣告"施里芬计划"的破产？

第一次世界大战期间，协约国军队同德军于 1914 年和 1918 年在法国马恩河地区进行的会战，史称马恩河战役。

第一次世界大战打响后，德军主力按照"施里芬计划"，穿过比利时，插入法国北部省份，向巴黎迅速逼近。前锋部队距巴黎仅 15 千米，德国为一时胜利所陶醉。参谋长小毛奇及其幕僚都以为胜券在握，因而不断从西线抽调军队，用以加强东线，抵御俄军，这就削弱了西线德军进攻力量。面对德军的大兵入境，法军总司令霞飞将军急忙调整战前的部署，逐渐扭转了战场不利形势。9 月 5 日，英法军队大举反攻，双方在马恩河展开大会战，投入兵力达 150 万，战斗十分激烈。德军由于抽调西线兵力等原因而削弱。9 月 10 日，被迫退据埃纳河，形成对峙局面。9 月 11 日，德军参谋总长小毛奇下令停止进攻，马恩河会战结束。这一会战时间很短，但意义却十分重

大。它使德军东守西攻的"施里芬计划"破产，德军不得不陷入东西两线同时作战的困难境地，这正是德国最害怕出现的局面。

◆ **第一次世界大战的转折点是什么？**

凡尔登战役是第一次世界大战的转折点，德意志帝国从此逐步走向最终失败。1916年，德意志帝国决定把进攻重点再次转向西线，力图打败法国，德军统帅部选择法国的凡尔登要塞作为进攻目标，凡尔登是协约国军防线的突出部分，对德军深入法国、比利时有很大威胁，它又是通往巴黎的坚固据点和法军阵线的枢纽。

凡尔登战役是典型的阵地战、消耗战。双方参战兵力众多、伤亡惨重。法军损失约54.3万人，德军损失约43.3万人，故此役有"绞肉机""屠宰场"之称。战役中，法军野战工事与永备工事相结合组织防御的经验，成为大战后各国修建要塞工事的依据。战役结束后，德皇威廉二世撤销接替小毛奇任总参谋长职务的法金汉，改任兴登堡为总参谋长，鲁登道夫为其副手。

◆ **坦克何时开始用于战场？**

1916年9月15日，英国把一种新式武器——坦克投入索姆河战役，这种由强有力马达推动的、外覆装甲的履带式车辆，既可抵抗机枪等轻武器的杀伤，又可在崎岖不平、弹坑累累的地方行走，还可冲压堑壕等障碍。有9辆坦克突破索姆河德军的前沿阵地，长驱直入。

但是，由于英国人对坦克的功效思想准备不足，缺乏后援，未能利用它组织大规模进攻；又由于初次使用，从坦克工厂出产的49辆坦克，17辆在开赴前线途中抛锚，只有9辆能真正投入使用。其中一辆还被德军俘获。

对于在索姆河战役中显示威力的坦克，英国人喜忧参半：一方面，他们为坦克初露锋芒，所向披靡感到高兴；另一方面，他们认为这种秘密武器用的不是时候，应在有足够数量的坦克进行重大突破时再使用它，而索姆河战役中它并没有真正起到决定性的作用。

◆ **伊里亚·穆罗梅茨轰炸机是谁发明的？**

"伊里亚·穆罗梅茨"重型轰炸机是俄国人西科斯基发明的。西科斯基于1889年5月25日生于基辅，1903—1906年曾就读于圣彼得堡海军学院和基辅工业学院。他从小就沉迷于航空，尤其对达芬奇所画的直升机原理和从中国传来的竹蜻蜓特别感兴趣，12岁那年，西科斯基就制作了一架橡筋动力的直升机模型，显示出富于创造的天赋。

1913年底，西科斯基制成了"伊里亚·穆罗梅茨"重型轰炸机，这种飞机能载炸弹400千克，这在当时是最大的载弹量了。机上还有8挺机枪，机组成员4—8人。第一次世界大战爆发时，俄军中共有4架这样的飞机正式投入作战使用，至1918年共生产了73架。1915年2月15日，一架"伊里亚·穆罗梅茨"飞机首次袭击了德国本土，投掷了272千克炸弹。至1917年"十月革命"，俄国退出大战为止，这种飞机共执行过422次作战任务，投弹2000余枚。

◆第一次世界大战的结果如何？

第一次世界大战使各国人民蒙受了空前的灾难。战争期间，协约国总计动员军队约4218万人，损失约2210万人，其中死亡约515万人。同盟国总计动员军队约2285万人，损失约1540万人，其中死亡约380万人。交战双方直接花费约为1863亿美元。第

一次世界大战，使帝国主义各国的力量对比发生了变化。德国战败，割地赔款；奥匈帝国彻底瓦解；英法虽取得了胜利，但在战争中元气大伤，受到削弱；美国在战争中牟取暴利，一跃成为经济强国。战后，帝国主义奴役掠夺战败国和宰割弱小国家的《凡尔赛和约》等分赃条约，虽暂时调整了帝国主义战胜国之间的关系，但没有消除它们之间的根本矛盾，为第二次世界大战的爆发埋下了祸根。

◆第一次世界大战为哪国提供了发展机遇？

第一次世界大战是人类历史上的一次浩劫，但却给美国的经济发展提供了机遇。战争初期，美国利用"中立"的有利地位，以及交战双方对军需物资的大量需求，充当双方的兵工厂，迅速扩大军工生产和重工生产。此外，美国还在战争期间对英法贷款，并乘欧洲交战国在世界市场上竞争力减弱的良机，扩大工农业生产，进行商品输出。战争结束时，美国已从战前一个资本输入国变为资本输出国，由债务国变成债权国。到1924年，美国掌握的黄金总额已达世界黄金储存量的1/2，控制了国际金融市场，战

后资本主义世界的金融中心由英国移到了美国。这就大大加强了美国在资本主义世界中的地位，为更新生产设备，扩大生产规模，迅速发展生产提供了雄厚的资金，从而为经济繁荣奠定了基础。

◆福熙元帅对巴黎和会评价如何？

巴黎和会指的是1919年1月18日至6月28日，第一次世界大战的战胜国（协约国）和战败国（同盟国）在巴黎凡尔赛宫召开的和平会议。共27国参加，苏俄未被邀请。会议名义上是拟定对德和约、建立战后世界和平，实际上是帝国主义宰割战败国、重新瓜分势力范围。

在巴黎和会以后，建立起了被称为凡尔赛体系的国际地区"新秩序"。凡尔赛体系不但包括《协约和参战各国对德和约》，还包括对奥地利的《圣日耳曼条约》，对保加利亚的《特里亚农条约》，对匈牙利的《纳伊条约》，对土耳其的《色佛尔条约》。上述几个条约共同构成了凡尔赛体系，其实质是一战后帝国主义重新安排利益的国际体系。

巴黎和会未能从根本上协调好各国的争议，无论战胜国与战败国，还是在战胜国之间，还是殖民地和半殖民地与帝国主义之间，仍然矛盾重重。法国陆军的福熙元帅在听到和会签订的和约内容后，就这样评价说："这不是和平，这是二十年休战！"值得注意的是，福熙元帅的预言惊人地准确，因为德国正式发动第二次世界大战，正是在20年后的1939年。

◆何谓国际联盟？

在第一次世界大战期间，美国的一些和平团体积极主张建立一个调解国际纠纷的机构，得到了美国总统伍德罗·威尔逊和他的顾问爱德华·豪斯上校的积极推动。1918年1月8日，伍德罗·威尔逊在美国国会发表演说，提出了结束战争、缔结和约、维护战后和平的《十四点纲领》，其中的第十四点便是呼吁成立一个国际联盟。

1919年1月，威尔逊参加巴黎和会，向与会各国提议建立国际联盟的方案。美国力主先讨论建立国联，然后再讨论其他问题，但遭到英、法的反对。经过一番争执，和会决定将问题交给以威尔逊为主席的专门委员会研究，负责拟订国联盟约草案。然而，在美国国内，威尔逊要建立国际联盟的做法却遭到了强烈反对。

1919 年 4 月 28 日，各国在巴黎和会上通过了《国际联盟盟约》，它被列入同年 6 月 28 日通过的《凡尔赛条约》的第一部分。同年 11 月 19 日，美国参议院却以 53∶38 的多数票否决了《凡尔赛条约》，条约中的国联盟约自然也没被通过。

1920 年 1 月 10 日，巴黎和会宣布《凡尔赛条约》正式生效，国际联盟宣告成立，其总部设在瑞士的日内瓦。盟约规定，美国、英国、法国、中国等 32 个一战协约国及自治领是国联创始会员国，并邀请阿根廷、智利等 13 个国家加入。由于美国政府没有批准《凡尔赛条约》，美国也就没有参加国际联盟。

◆ 何谓道威斯计划？

第一次世界大战结束后，由于德国财力枯竭，加上战胜国争夺德国赔款的矛盾，德国按《凡尔赛和约》(巴黎和会) 支付赔款问题成为 20 年代资本主义国际经济与政治中难以解决的纠纷。根据英国提议，协约国赔款委员会于 1923 年 11 月增设两个专门委员会，一个研究平衡德国预算和稳定德国金融之方法，一个调查德国资本外流情况并设计引回的方法。两个专门委员会以美国银行家 C.G. 道威斯为主席。12 月由法、比、意、英、美 5 国代表组成的国际专家委员会赴德调查，研究德国赔款问题。1924 年 4 月 9 日，道威斯拟定一项解决赔款问题的计划，史称道威斯计划。该计划的主要内容是：由协约国监督改组德意志银行，实行货币改革，并由协约国贷款 8 亿金马克 (折合 1.9 亿美元) 以稳定其币制，在赔款总数尚未最后确定的情况下，规定德国赔款年度限额，即由第一年 (1924—1925) 10 亿金马克开始，逐年增加，到第五年 (1928—1929) 增至年付 25 亿金马克；德国支付赔款的财源来自关税、烟酒糖专卖税、铁路收入及工商企业税；发行 110 亿金马克铁路公债、50 亿金马克工业公债；德国的金融外汇、铁路运营以及税捐征收事务受国际监管。德国以法、比两国从鲁尔撤军作为接受赔款计划的条件。1924 年 8 月 16 日，计划被双方接受。道威斯计划的执行，对 20 世纪 20 年代后半期德国经济的恢复和发展起了重要作用。

◆ 德国第一条高速公路叫什么？

德国艾伏斯的 10 千米长公路是德国第一条高速公路。1921 年 9 月 19

日这条公路正式启用。艾伏斯公路位于柏林市的绿林与苑湖之间，是双线道的柏油路面，每条道宽7.8米，两条道之间以草皮及灌木隔开。艾伏斯路段上有10个十字路口，每个路口都以钢筋水泥高架桥加以高低错开，它是欧洲最好的一条道路，同时也是为赛车而设计的。两车道尽头两端，各以回转相衔接，使整条公路形成一个长条的循环跑道。

◆**洛迦诺公约的主要内容是什么？**

大战后的欧洲安全保障问题，是凡尔赛体系未能完全解决的问题之一。1925年，英、法、德、意、比、捷、波七国代表在瑞士小城洛迦诺召开会议，讨论欧洲安全保障问题。会议签订的最后议定书和几个条约，总称为《洛迦诺公约》。公约的主要内容包括：洛迦诺会议最后议定书；德、比、法、意、英《相互保证条约》，又称《莱茵保安公约》，规定德、法、比互相保证德比、德法边界不受侵犯，遵守《凡尔赛和约》关于莱茵区非军事化的规定，英意充当保证国，承担援助被侵略国的义务；德比、德法、德波、德捷之间的《仲裁条约》，规定德国和比、法、波、捷用和平方式解决彼

此间的纠纷，每一组缔约国分别设立一个常设调解委员会处理双方间的问题；法波、法捷间的《保障条约》，规定在抵御遭受无端袭击时互相支援。公约保证德国与西部邻国的边界现状，但未给予德国与其东部邻国的边界以保证，即不约束德国向东扩张。《洛迦诺公约》的签订，是协约国在欧洲安全问题上对凡尔赛体系所做的又一次较大调整。它暂时缓解了欧洲安全问题，改善了协约国尤其是法国同德国的关系，使欧洲国际关系进入了相对稳定时期，并为道威斯计划的实行和20世纪20年代中后期资本主义经济的发展，创造了有利条件。这个公约是道威斯计划在政治上的延续，成为德国摆脱战败国地位，恢复政治大国地位的重要一步。

◆ **"委任统治"是怎么回事？**

根据《国际联盟盟约》第22条的规定，第一次世界大战爆发前德国在非洲和太平洋中的殖民地和属地以及奥斯曼土耳其帝国在近东的一部分领土，由国联委任"先进国"进行统治。委任统治是指第一次世界大战后帝国主义战胜国通过国际联盟对原属于战败国的殖民地进行瓜分的一种形式，

国联规定的"先进国"包括英国、法国、比利时和日本等国。委任统治地分为三类：甲类委任统治地包括前属奥斯曼帝国的阿拉伯领土（巴勒斯坦一带），这些地区较为发达，可"暂被承认为独立国之程度"，受委任统治国指导；乙类包括前德国在中非和东非的殖民地，这些地区短期内不赋予独立之诺言，委任统治国必须负地方行政职责；丙类包括前德国在西南非的殖民地和在太平洋的岛屿属地，受委任国可将本地区作为本国领土的一部分进行管理。委任统治的期限没有确定。第二次世界大战后，委任统治国承认了一些委任统治地的独立，其他未获得独立的委任统治地则被转为联合国托管地。

◆ 土耳其共和国的第一任总统是谁？

第一次世界大战后，土耳其面临亡国的危机。1919年5月，希腊军队占领土耳其天然良港伊兹密尔，土耳其反对外国占领的斗争在各地展开。爱国军官凯末尔统一了各地分散的民族主义组织，成立土耳其民族代表委员会。1920年4月在安卡拉召开的大国民议会上，成立了以凯末尔为首的国民政府。1923年10月，凯末尔当

选为土耳其共和国第一任总统，安卡拉为共和国首都。凯末尔积极投身改革。他利用一切场合宣传教育的意义。针对当时土耳其使用的、难读难写又不适合记录土耳其语言的阿拉伯文字造成文盲很多的情况，凯末尔和学者、教师一起研究制订了文字改革方案，采用拉丁化新字母。他召开会议宣传新文字，号召每个土耳其人把学习新文字当作爱国的民族义务。凯末尔还亲自教议员、部长们学习新字母。他甚至在巡视全国时，也随身带着黑板，在公园、在广场、在田间、在牧场，随时随地教人们识读新字母。人们亲切地称凯末尔是"首席教师"。

然而，凯末尔革命毕竟是资产阶级性质的革命。凯末尔党人一方面依靠工农，一方面又限制和镇压工农，对土耳其共产党人进行了镇压。1938年，凯末尔死后，土耳其政府又与英、法两国签订了互助条约，投入了英法帝国主义的怀抱。

◆ 德·里维拉的军事独裁是如何终结的？

20世纪初，西班牙是一个经济上贫穷、政治上落后的国家。经济上，农村盛行半封建的大庄园制。工业很

不发达，全国约 70% 以上的人口从事农业。政治上，实行君主立宪制度，贵族、上层僧侣、大资产阶级和军官们统治着国家。天主教是国教，教会拥有很大的势力和影响，不仅控制着人们的精神生活，而且本身拥有巨大的财产。

1923 年 9 月，德·里维拉将军在取得国王阿方索十三世的同意下，发动政变，从此在西班牙建立了军事独裁制度。他消灭残存的立宪政体、审查新闻报道和限制各大学的学术自由和独立，激起了知识分子的反抗。他废除炮兵部队中按资历晋升的传统办法而改为按功绩晋升，亦引起了一部分军官的恶感。拥护共和政体的资产阶级也反对里维拉。在这种形势下，国王决定换马，迫使里维拉于 1930 年 1 月 28 日辞职。

◆ 十月革命的影响如何？

十月革命是指 1917 年 11 月 7 日（俄历 10 月 25 日）在俄国发生的，由布尔什维克领导的一场武装起义。11 月 7 日下午，约 2 万名赤卫队员和士兵包围了临时政府——冬宫。晚上在阿芙乐尔巡洋舰上起义成功的士兵开始攻打冬宫。赤卫队员和士兵经过艰苦的拼杀，于次日凌晨 2 点攻陷冬宫，推翻了俄国的资本主义政权——克伦斯基临时政府，建立了苏维埃政府和第一个社会主义国家。

俄国十月革命是 20 世纪国际共产主义运动的序幕。在十月革命影响和带动下，东欧各国以及亚洲的中国、朝鲜、越南等国家先后进行革命，有的国家成功建立社会主义国家。

◆ 何谓共产国际？

1919 年 3 月 2 日，莫斯科召开了国际共产主义代表会议，来自 21 个国家的 35 个共产主义政党的 52 名代表参加。大会通过了《告国际无产阶级宣言》《共产国际行动纲领》《关于资产阶级民主和无产阶级专政的提纲》等文件，宣告共产国际成立。共产国际的任务是宣传马克思主义，动员和组织世界各国工人阶级和广大劳动人民，为推翻各国的资产阶级统治，建立无产阶级专政，消灭剥削制度而斗争。共产国际的最高权力机关是代表大会。代表大会闭会期间，由代表大会选出的执行委员会负责向各国共产党发布指示和监督他们的工作。总部设在莫斯科。共产国际在其存在的 24 年中，召开过多次代表大会，领导过多个共产主义政党和组织。

◆何谓"新经济政策"？

"新经济政策"指的是苏俄在1921年3月开始实行的向社会主义过渡的经济政策。"新经济政策"的一项重要内容是：以征收粮食税代替余粮收集制，农民按国家规定缴纳一定的粮食税，超过税额的余粮归个人所有。1922年，政府允许农民自由使用土地和在苏维埃监督下出租土地和雇佣工人。在流通方面，1921年5月，苏维埃政权通过关于交换的法令，宣布实行产品交换。国家通过合作社组织工业品同农民手中余粮直接交换。同时，允许私人在地方范围内进行商业往来。在工业方面，一切涉及国家经济命脉的重要厂矿企业仍归国家所有，由国家经营。而中小企业和国家暂时无力兴办的企业则允许私人经营。"新经济政策"的实行，重新建立了工业与农业之间正常的经济联系，促进了生产力的发展，挽救了危机四伏的苏维埃政权。

◆德国十一月革命的信号是什么？

1918年10月，第一次世界大战接近尾声，德国败局已定，但德国统治集团仍想孤注一掷进行抗争。10月25日，海军司令部下令基尔港的德国远洋舰队出海同英军作战，若失败就"光荣地沉没"。基尔港的8万名水兵拒绝起锚，并把军舰熄了火。水兵的抵制虽然迫使德国海军当局收回命令，但水兵们却遭到迫害，被逮捕了几百人。11月3日，水兵走上基尔街头游行示威，抗议海军当局，要求释放被捕者。游行示威随后发展为武装起义，水兵们解除了军官的武装，迅速占领了战略要地，控制了全城。工人也举行武装起义响应，并建立了工兵代表苏维埃。至4日晚，基尔及附近郊区均为起义者占领。5日，基尔全城总罢工支持水兵起义。基尔港水兵起义成为德国十一月革命爆发的信号，革命在全国迅速蔓延。

◆德国十一月革命的过程如何？

第一次世界大战末期，德国陷入空前的军事、政治和经济全面危机。在俄国十月革命影响下，群众反战革命运动高涨。1918年11月3日，拒绝出海作战的基尔港水兵举行起义，得到当地工人积极响应，建立了工兵代表苏维埃，控制了全城，揭开了十一月革命的序幕。起义迅速席卷全国，各地纷纷建立苏维埃。11月9日，在斯巴达克团等组织号召下，首都柏林工人和士兵发动武装起义。德皇威廉二世调集军队镇压未遂，被迫退位出逃，霍亨索伦王朝统治被推翻。首相巴登亲王将政权交予社会民主党右派首领艾伯特，企图限制革命的发展。艾伯特拒绝斯巴达克团全部政权归苏维埃、建立社会主义共和国的建议，组成资产阶级的临时政府——人民全权代表委员会。该政府进行部分资产阶级民主改革，宣布保证言论、集会、结社自由，实行大赦政治犯、8 小时工作制和普选制等，继续保护资本主义私有制。为了把革命推向社会主义革命阶段，斯巴达克联盟于 12 月 30 日建立德国共产党，宣布革命的任务是建立无产阶级专政。艾伯特政府为了稳定现有秩序，解除同情革命的柏林警察总监的职务。

1919 年 1 月 5 日，柏林工人举行抗议游行示威并转变为推翻艾伯特政府的武装起义，旋即遭到镇压。15 日德共领导人李卜克内西和卢森堡被捕遇害。2 月国民会议在魏玛召开，宣布成立资产阶级共和国。此后，革命斗争仍在继续。4 月 13 日，慕尼黑工人在共产党领导下夺取政权，建立巴伐利亚苏维埃共和国。5 月初，政府军队攻入慕尼黑，苏维埃政权被颠覆。

◆ 你知道魏玛共和国的由来吗？

魏玛共和国是形容 1919—1933 年统治德国的共和政体的历史名词。由于共和国的宪法（一般称之为《魏玛宪法》）是在魏玛召开的国民议会上通过的，因此这个共和政体被称为魏玛共和国。共和国于德意志帝国崩溃、德国在第一次世界大战中战败后成立。虽然共和国废除帝制，但仍然保留德意志国这一国名。魏玛共和国之称谓，是后世历史学家的称呼，从来不是共和国的官方名字。共和国是德国有史以来第一次走向共和的尝试，因十一月革命而生，因阿道夫·希特勒与纳粹党在 1933 年上台而结束。虽然 1919 年的共和国宪法在第二次世界大战结束前仍然存在，但纳粹政府在 1933 年采取的一体化政策已经彻底破坏了共和国的民主制度，所以魏玛共和国在 1933 年已经名存实亡。

◆ 何谓鲁尔危机？

1923 年 1 月 11 日，法国联合比利时，以德国不履行赔款义务为借口，出动 10 万军队占领德国的鲁尔工业区，酿成"鲁尔危机"。对此，德国政府实行"消极抵抗"的政策。危机对德国的打击是惨重的。德国出现了企业停工，工业生产下降，资金大量外流，失业工人激增，通货膨胀达到天文数字，政局动荡不安的现象。英美两国害怕德国经济陷于崩溃引起革命，要求尽快结束鲁尔危机。此时，德、法双方也都难以坚持原来的政策。鲁尔冒险的失败导致法国"得不偿失"，在德国赔款问题上丧失优势，最终导致德国赔款问题的领导权转向英美手中，开始受英美摆布。

◆ **波兰第二共和国是如何复国的？**

第一次世界大战进行到1917年，俄国爆发了十月革命，1918年8月29日，苏俄政府颁布法令，宣布废除沙俄与普、奥签订的关于瓜分波兰的一切条约，承认波兰人民享有"独立和统一的不可否认的权利"。1916年11月，德国政府许诺建立"独立的波兰国家"，12月底，德、奥成立了"波兰临时国务会议"，并在波兰青年中征兵，社会党人毕苏茨基被任命为临时国务会议的军政部长。1918年10、11月，奥匈帝国和德国趋于崩解，从而为波兰的复国形成了有利的国际条件。10月28日，奥占区的波兰爱国者在克拉科夫成立了"波兰清算委员会"。11月7日，社会民主党人在卢布林成立了波兰共和国临时人民政府。10月23日，华沙组成了波兰政府；11月11日，该政府由毕苏茨基领导。卢布林政府和克拉科夫的清算委员会也宣布接受毕苏茨基领导。11月18日，毕苏茨基在华沙组成联合政府，他成为波兰共和国的国家元首。这样，自1795年波兰被瓜分灭亡以来，历经123年，至1918年11月复国。

1919年12月8日，协约国最高委员会在巴黎和会上通过决议，同意重建波兰国家，承认波兰共和国，并建议在俄波之间划一临时分界线，即沿着格罗德诺、布列斯特、赫鲁别舒夫、普热米代尔，直到喀尔巴阡山一线。波兰政府拒绝接受巴黎和会的决议，力图恢复1772年的俄波边界线，为此，发动了对苏俄的战争，史称苏波战争。1920年4月，波军进占乌克兰和白俄罗斯广大地区，苏俄红军进行反击，但最后被波军击败。7月12日，英国外交大臣寇松代表协约国致电苏俄建议停火，停火线大体是巴黎和会决议中规定的分界线，故称"寇松线"。7月22日，波兰同意停战。

1921 年 3 月 18 日，波兰与苏俄在里加正式签订《波兰与俄罗斯和乌克兰和平条约》，即《里加条约》。其主要内容是：缔约双方承认乌克兰和白俄罗斯的独立，划定了波兰东部边界（将乌克兰和白俄罗斯的西部地区划归波兰），这时波俄边界线约在寇松线以东约 241 千米处。根据该条约，波兰获得西乌克兰和西白俄罗斯以及立陶宛的一部分，苏俄在这场战争中损失了大片领土，这也为二战时苏联和德国分割波兰埋下了伏笔。由《里加条约》确定的波俄（苏）边界一直保持到 1939 年 9 月 17 日。另外，根据 1919 年巴黎和会决议，波兰获得了东波莫瑞和波兹南地区，但泽（后波兰改为格但斯克）被辟为国际自由市，西里西亚的大部分仍归德国，波兰领土面积共约 38.8 万平方千米。1921 年 3 月，议会通过宪法，波兰成为议会制共和国，史称波兰第二共和国。

◆ "柯立芝繁荣" 的原因是什么？

一战后，美国经济从 1922—1929 年间，进入经济繁荣的 "黄金时代"。由于繁荣主要经历了柯立芝总统执政期，故称 "柯立芝繁荣"。"柯立芝繁荣" 的原因如下：

其一，美国在第一次世界大战中发了横财，扩张了经济实力，为 "柯立芝繁荣" 提供了物质基础。

其二，技术革命是 "柯立芝繁荣" 最基本、最重要的原因。在第一次世界大战初期，美国忙于军工生产和重工生产，1917 年 4 月参战后又忙于战争，所以无暇顾及陈旧生产设备的更新。战争结束后，美国靠在战争中积累下来的雄厚资金，并随着一些新技术的突破，出现了一个更新生产设备、扩大生产规模以及采用新技术的热潮。与此同时，美国还大力推行 "工业生产合理化运动"。当时，运动最有代表意义的就是泰勒制和福特制。早在 19 世纪 80 至 90 年代，年轻的工程师泰勒就着手研究工厂的科学管理，并发展成为一种理论。在这个理论成熟后的 20 世纪 20 年代初期，工商企业中几乎每一个部门都不同程度地接受了科学管理。所谓福特制，即采用装配线作业或流水线作业技术。这种技术先是在福特汽车公司采用，由于能大大提高生产效率，降低生产成本，所以在 20 年代初期，被应用于许多工业部门。

其三，广阔的国内外市场刺激了

经济的发展。第一次世界大战后，美国垄断资产阶级为了追逐高额利润，凭借其在一战中扩张起来的经济实力和欧洲各国战后经济尚未恢复之机，以及西欧各国在财政上对美国的依赖，夺取大量新的海外市场，实行资本和商品输出。一战后，美国以经济势力渗透取代了英国在加拿大的优势地位；在拉丁美洲，美国以"金元"外交、"大棒"政策并以"美洲是美洲人的美洲"的掩盖口号，排挤欧洲国家的资本，使得加拿大和拉丁美洲成为美国垄断资本的主要投资场所。美国对欧洲发达的资本主义国家，则以帮助恢复战争破坏为名，到处运用美元，推行"金元外交"。这样，美国的对外贸易和资本输出不断增长。

其四，美国在夺取新的海外市场的同时，也注重扩大国内市场。20世纪20年代，垄断资产阶级挖空心思，用五花八门的扩大广告宣传和赊购的办法来刺激汽车、住房及大件日用生活必需品的消费。

◆ 何谓进步主义教育？

进步主义教育是20世纪上半期盛行于美国的一种教育哲学思潮，对当时的美国学校教育产生相当大的影响。起源自反对传统教育的形式主义。因为19世纪末至20世纪初的美国教育仍沿袭欧洲的传统教育，强调严格训练，注重记忆，学生处于被动学习的地位，被称为进步教育之父的帕克（1837—1902）受欧洲自然主义思想影响，19世纪70年代首先引进并积极实践新教学方法的实验，提出"教育要使学校适应儿童，而不是使儿童适应学校的"的原则。

20世纪初杜威将其实用主义哲学运用于教育领域，其实验和理论更壮大了进步主义的声势，甚至远播至中国。20世纪初期，美国建立了许多新学校，旧学校也加入进步主义的阵营。都市地区的学校更广泛地采用活动课程、核心课程与设计教学法。

这些学校的特色是儿童本位、较宽容的训导、男女合校、课程实验，不重视学业与考试，鼓励艺术与手工学习。1919年进步教育学会成立，20世纪30年代达到全盛时期。第二次世界大战后，人们逐渐意识到进步主义的教育并不能提高知识水平，进步主义教育运动遂渐衰退。1955年进步教育协会解散，宣告了进步主义教育时代的结束。

◆作家海明威为什么要站着写作?

欧内斯特·米勒尔·海明威(Ernest Miller Hemingway)是美国著名作家,素有"文坛硬汉"的美誉。第一次世界大战时,海明威的腿受了重伤。伤好后他只有用单腿站立的姿势写作,以减轻受伤腿的痛苦。渐渐地他养成了站着写作的习惯。

曾有记者采访他:"你那简洁风格的秘诀在哪里?""站着写作!"海明威脱口答道,"我站着写,而且是用一只脚站着,我采取这种姿势,使我处于一种紧张的状态,使我尽可能简洁地表达我的思想。"一代文学大师站着写作的故事启示我们,写作的艺术就是凝练的艺术。

◆谁是实用主义的集大成者?

约翰·杜威是实用主义的集大成者。如果说皮尔士创立了实用主义的方法,詹姆士建立了实用主义的真理观,那么,杜威则建造了实用主义的理论大厦。杜威的著作很多,涉及科学、艺术、宗教伦理、政治、教育、社会学、历史学和经济学诸方面,使实用主义成为美国特有的文化现象。

1859年10月20日,约翰·杜威出身于一个中产阶级的杂货商家庭。他的家乡在新英格兰的维蒙特州的贝林顿。这个地方向来习于自治,崇尚自由,笃信民主制度。

杜威小的时候有点害羞,不过他很喜欢看书,是大家公认的"书虫"。他中学毕业后,进入当地的维蒙特大学就读。大学期间,杜威修过希腊文、拉丁文、解析几何及微积分,大三开始涉猎自然科学的课程,大四时,他才广泛地接触到人类智能的领域。1879年,杜威大学毕业,开始了他一直想要从事的教职工作,并且继续研读哲学史。1882年,杜威首次发表论文,有三篇论文被刊登在当时颇具影响力的哲学学术论文杂志上,对他自己来说,这是一个相当大的鼓舞。后来,杜威拿到博士学位。

杜威认为,既然教育是一种社会生活过程,那么学校就是社会生活的一种形式。他强调说,学校应该"成为一个小型的社会,一个雏形的社会"。学校作为一种特殊的环境,应该具有3个比较重要的功能:简单和整理所要发展的倾向的各种因素;把现存的社会风俗纯化和理想化;创造一个比青少年任其自然时可能接触的更广阔、更美好的平衡的环境。

1894 年，杜威跟妻子创立了实验小学，后因归并的问题，遂辞职离去。之后杜威到了哥伦比亚大学任教。1919 年，他先后在北京、南京、杭州、上海、广州等地讲学，他还去了苏联、土耳其、南非及墨西哥等地。杜威在 87 岁的时候再婚，一直到 93 岁（1952年）时因肺炎去世。

◆ 哪一天被称为"黑色的星期四"？

1929 年 10 月 24 日，在美国历史上被称为"黑色的星期四"。在此之前的 1929 年夏天，美国还是一片歌舞升平。夏季的三个月中，美国通用汽车公司股票价格由 268 美元上升到391 美元，美国钢铁公司的股票价格从 165 美元上升到 258 美元，人们见面时不谈别的，只谈股票。直至 9 月份，美国财政部长还信誓旦旦地向公众保证："这一繁荣的景象还将继续下去。"但是，10 月 24 日这一天，美国金融界崩溃了，股票一夜之间从顶巅跌入深渊，价格下跌之快，连股票行情自动显示器都跟不上趟。股票市场的大崩溃导致了持续四年的经济大萧条，从此，美国经济陷入了危机，以往蒸蒸日上的美国社会逐步被存货山积、工人失业、商店关门的凄凉景象所代替。数万家企业破产，数千家银行倒闭，全国金融界陷入窒息状态，千百万美国人多年的辛苦积蓄付诸东流，GNP 显著下降，失业人数激增，整体经济水平倒退。农产品价值降到最低点，农民将牛奶倒入大海，把粮食、棉花当众焚毁的现象屡见不鲜。

◆ 你知道"炉边谈话"的由来吗？

1933 年 3 月 12 日，即罗斯福就职总统后的第 8 天。罗斯福总统在总统府楼下外宾接待室的壁炉前接受美国广播公司、哥伦比亚广播公司和共同广播公司的录音采访，工作人员在壁炉旁装置扩音器。总统说：希望这次讲话亲切些，免去官场那一套排场，就像坐在自己的家里，双方随意交谈。哥伦比亚广播公司华盛顿办事处经理哈里·布彻说：既然如此，那就叫"炉边谈话"吧。

20 世纪 30 年代，美国经济处于大萧条时期。为了求得美国人民对政府的支持，缓解萧条，美国总统富兰克林·罗斯福利用炉边谈话节目通过收音机向美国人民进行宣传。他的谈话不仅鼓舞了美国人民，坚定了人民的信心，而且也宣传了他的货币及社会改革的基本主张，从而赢得了人们的理解和尊敬。"炉边谈话"对美国政府度过艰难，缓和危机起到了较大作用。

◆罗斯福新政包括哪些主要内容？

针对1929年以来的经济危机，美国总统罗斯福顺应人民意志，大刀阔斧地实施了一系列旨在克服危机的政策措施，史称"罗斯福新政"。新政的主要内容可以用"三R"来概括，即复兴（Recover）、救济（Relief）、改革（Reform）。

由于大萧条是由疯狂投机活动引起的金融危机触发的，罗斯福总统的新政也先从整顿金融入手。在被称为"百日新政"（1933年3月9日至6月16日）期间制订的15项重要立法中，有关金融的法律占1/3。罗斯福于1933年3月4日宣誓就任总统时，全国几乎没有一家银行营业，支票在华盛顿已无法兑现。在罗斯福的要求下，3月9日，国会通过《紧急银行法》，决定对银行采取个别审查颁发许可证制度，对有偿付能力的银行，允许尽快复业。在整顿银行的同时，罗斯福还采取了加强美国对外经济地位的行动。从1933年3月10日宣布停止黄金出口开始，采取一个接一个的重大措施：4月5日，宣布禁止私人储存黄金和黄金证券，美钞停止兑换黄金；4月19日，禁止黄金出口，放弃金本位；6月5日，公私债务废除以黄金偿付；1934年1月10日，宣布发行以国家有价证券为担保的30亿美元纸币，并使美元贬值40.94%。通过美元贬值，加强了美国商品对外的竞争能力。这些措施对稳定局势、疏导经济生活的血液循环，产生了重要作用。

另外，罗斯福还竭力促使议会先后通过了《农业调整法》和《全国工业复兴法》，这两个法律成了整个新政的左膀右臂。罗斯福要求资本家们遵守"公平竞争"的规则，订出各企业生产的规模、价格、销售范围；给工人们订出最低工资和最高工时的规定，从而限制了垄断，减缓了紧张的阶级矛盾。在得到大企业的勉强支持后，罗斯福随之又尽力争取中小企业主的支持。他说大企业接受固然重要，"而产生丰硕成果的领域还在于小雇主们，他们的贡献将是为1至10人提供新的就业机会。这些小雇主实际上是国家中极重要的部分，而我们的计划的成败在很大程度上取决于他们"。

新政的另一项重要内容是救济工

作。1933 年 5 月，国会通过《联邦紧急救济法》，成立联邦紧急救济署，将各种救济款物迅速拨往各州，第二年又把单纯救济改为"以工代赈"，给失业者提供从事公共事业的机会，维护了失业者的自力更生精神和自尊心。

◆马塞尔·加香为何创立法国共产党？

1920 年 2 月 25—29 日，法国社会党在斯特拉斯堡召开代表大会，就加入共产国际问题展开论战。中间派的主张取得胜利。大会决定派出马赛尔·加香和弗罗萨尔组成的代表团，去莫斯科进行考察，以便决定下一步的行动。

从 6 月 13 日到 7 月底，以马赛尔·加香为首的代表团在莫斯科等地进行广泛深入的访问，应邀参加了共产国际"二大"，得到了列宁和共产国际的具体指导。他们二人在共产国际"二大"上同意加入共产国际的《二十一条》，并发电报给《人道报》说："依我们看来，参加第三国际势在必行。"

马赛尔·加香回国后，立即周游全国各地，为加入共产国际、支持苏俄展开广泛的宣传鼓动。法国社会党的各省总支部，大多数拥护加入共产国际的《二十一条》。

1920 年 12 月 25 日，图尔代表大会（即法国社会党第十八次代表大会）正式开幕。大会的中心任务是最终解决加入共产国际问题。

1920 年 12 月 28 日，共产国际代表、德国共产党人克拉拉·蔡特金秘密地来到会场，受到大会的热烈欢迎。她在讲话中强调指出：只有用革命斗争才能夺取政权。她主张要与改良主义者、中间派和社会爱国主义者决裂。29 日晚 9 时，大会进行表决，赞成立即加入共产国际的计 3208 票（占 67.8%）、反对加入的计 1022 票（占 21.6%）、弃权的 397 票（占 8.3%）。由马赛尔·加香为首的社会党多数派组成法国共产党。代表们高唱《国际歌》，表示庆贺。法国共产党正式宣告成立。它的成立是战后法国革命运动的重要成就，是第三国际在法国的一个重大胜利。

◆炒股亏本给了丘吉尔怎样的启发？

1929 年，刚刚卸去英国财政大臣之职的丘吉尔和几位同伴来到美国，受到了投机大师巴鲁克的盛情款待。巴鲁克是一位能干的金融家，并且还是一名善于把握先机的股票交易商，被人们称为"投机大师""在股市大崩溃前抛出的人"。此番接待丘吉尔，巴鲁克悉心备至，特意陪他参观了纽约股票交易所。交易所紧张热烈的气氛深深吸引了丘吉尔。

在丘吉尔看来，炒股就是小事一桩。然而不幸的是，1929 年 10 月，改变世界经济乃至世界政治格局的美国股灾爆发了。结果仅仅在 10 月 24 日这一天，丘吉尔几乎损失了投入股市的全部 10 万美元。那天晚上，巴鲁克邀请大约 50 名财界领袖一起吃晚饭，席间他向丘吉尔祝酒时就戏称他为"我们的朋友和前百万富翁"了。

这样的残酷事件让丘吉尔感到，炒股绝非儿戏。不过返回英国时，丘吉尔似乎还比较乐观，他认为这场金融灾难，尽管对无数人是残忍的，但也仅仅是一个插曲，最终会过去。

◆巴塞罗那世博会德国馆有何特点？

1929 年，巴塞罗那世博会的德国馆由现代建筑运动的先驱密斯·范德罗设计，在世博会举办当年建造，博览会结束后拆除。半个世纪以后，西班牙政府于 1983 年重建这个对建筑界有着深刻影响的展览馆，馆内的布置，除少量桌椅外，没有其他展品，其目的是显示这座建筑物本身所体现的一种新的建筑空间效果和处理手法。

德国馆占地长约 50 米，宽约 25 米，由一个主厅、两间附属用房、两片水池、几道围墙组成。

这一建筑是现代主义建筑的最初成果。它在建筑空间划分上突破了传统砖石承重结构造成的封闭、孤立的室内空间形式，采取一种开放的、连绵不断的空间划分方式。主厅用 8 根十字形断面的镀镍钢柱支撑一片钢筋混凝土的平屋顶，墙壁因不承重而可以一片片地自由布置，形成一些既分隔又连通的空间，互相衔接、穿插，以引导人流，使人在行进中感受到丰富的空间变化。

德国馆在建筑形式处理上突破了传统的砖石建筑以手工方式精雕细刻和以装饰效果为主的手法，而主要靠钢铁、玻璃等新建筑材料表现其光洁平直的精确的美、新颖的美，以及材料本身的纹理和质感的美。墙体和顶棚相接，玻璃墙也从地面一直到顶棚，而不像传统处理手法那样需要有过渡或连接部分，因此给人以简洁明快的印象。建筑物采用了不同色彩和质感的石灰石、玛瑙石、玻璃、地毯等，显现出华贵的气派。

德国馆在建筑空间划分和建筑形式处理上成功地创造了新经验，并且充分传达了设计者密斯·范德罗的名言——"少即是多"，以及由新的材料和施工方法创造出的丰富的艺术效果。他认为，当代博览会不应再具有富丽堂皇和竞市角逐功能的设计思想，应该跨进文化领域的哲学园地，建筑本身就是展品的主体。德国馆虽然存在的时间不长，却在建筑界留下了深远的影响。

◆ 苏联成立于何时？

1922年12月30日，俄罗斯、乌克兰、白俄罗斯和外高加索联邦共同组成苏维埃社会主义共和国联盟，简称苏联。1924年1月21日，苏联的缔造者列宁逝世。约瑟夫·斯大林成为新的领导人。

◆ 何谓"杨格计划"？

1929年，德国声称财政濒临崩溃，无力实行道威斯计划。同年2月11日—6月7日，英、法、比、意、日、美、德7国代表组成的专家委员会在巴黎召开会议重新审议德国赔偿问题，美方代表O.D.杨格为主席。会议上通过的主要由杨格起草的报告书，被称为"杨格计划"。其主要内容包括：德国赔款总额确定为1139.5亿马克，在58年零7个月内偿清。取消赔偿委员会及有关国家对德国国民经济与财政的部分监督形式。成立国际清算银行，管理有关德国赔偿的金融业务。

该计划于1930年9月生效。计划的执行在很大程度上减少了德国的赔款负担，通过国际清算银行的业务活动，扩大了外国资本，特别是美国资本对德国经济的渗透。该计划实施不久，1931年6月，德国总统兴登堡声明因经济恶化而无力支付赔款。1932年6—7月，英、法、意、比、日、美、德等国举行洛桑会议，决定德国应偿付30亿马克作为最后一笔赔偿费，但德国从未支付。"杨格计划"遂告终结。

◆ 谁是火箭理论的奠基人？

齐奥尔科夫斯基是俄国科学家，现代航天学和火箭理论的奠基人，1857年9月5日生于俄国伊热夫斯科耶镇。童年因病辍学，后来主要靠自学读完中学和大学数理课程；1880年开始在卡卢加省博罗夫斯克县立学校任教并开始研究工作，研究课题有：金属气球（飞艇）、流线型飞机、气垫火车和星际火箭的基本原理等。1883
年，他在《自由空间》论文中提出了
宇宙飞船的运动必须利用喷气推进原
理，并画出了飞船的示意图。齐奥尔
科夫斯基曾于 1898 年发表了《用火箭
推进飞行器探索宇宙》。这篇文章辗
转 5 年之后，才得以发表在当时俄国
的《科学评论》杂志上。就是这篇文
章，在世界上第一次明确阐述了火箭
和火箭发动机的基本原理，具体阐述
了液体火箭的构造，认为可以用液态
氧和煤油作为火箭的推进剂，并提出
了"质量比"的概念：飞行器起飞质
量和推进剂消耗完以后的质量之比值。
齐奥尔科夫斯基还在文中推导出在不
考虑空气动力和地球引力的理想情况
下，计算火箭在发动机工作期间获得
速度增量的公式——发射火箭运动必
须遵循的"齐奥尔科夫斯基公式"，
从科学的视角向人们说明了人类进行
太空旅行不是不可能的，为研究火箭
和液体火箭发动机奠定了理论基础。

十月革命后，齐奥尔科夫斯基的
才智得以充分发挥。在研究喷气飞行
原理方面他卓有建树：提出了燃气涡
轮发动机方案，解决了航天器在行星
表面着陆的理论问题，研究大气层对

火箭飞行的影响，首次探讨从火箭到
人造地球卫星的诸多问题。1929 年，
他提出了多级火箭构造设想。这一富
有创见的构想为研制克服地球引力的
运载工具提供了依据。齐奥尔科夫斯
基一生撰写了 730 多篇论文。1932 年，
苏联政府授予他劳动红旗勋章。1935
年 9 月 19 日，他在卡卢加逝世。

◆ 谁发现了青霉素？

发现青霉素的是英国细菌学家亚
历山大·弗莱明。1928 年，弗莱明在
检查培养皿时发现，在培养皿中的葡
萄球菌由于被污染而长了一大团霉，
而且霉团周围的葡萄球菌被杀死了，
只有在离霉团较远的地方才有葡萄球
菌生长。他把这种霉团接种到无菌的
琼脂培养基和肉汤培养基上，结果发
现在肉汤里，这种霉菌生长很快，形
成一个又一个白中透绿和暗绿色的霉
团。通过鉴定，弗莱明知道了这种霉
菌属于青霉菌的一种。于是，他把经
过过滤所得的含有这种霉菌分泌物的
液体叫作"青霉素"。接着弗莱明又
把这种霉菌接种到各种细菌的培养皿
中，发现葡萄球菌、链球菌和白喉杆
菌等都能被它抑制。这极大地鼓舞了
正急于找到一种治疗化脓性感染药物

的弗莱明。经过一系列试验和研究，弗莱明认为青霉素可能成为一种可以全身应用的抗菌药物。

1929 年，弗莱明发表论文报告了他的发现。但是青霉素的提纯问题还没有得到解决，这使这种药物在大量生产上遇到了困难。

1935 年，英国病理学家弗洛里和侨居英国的德国生物化学家钱恩合作，重新研究青霉素的性质、分离和化学结构，终于解决了青霉素的提纯问题。当时正值二战期间，青霉素的研制和生产转移到了美国。青霉素的大量生产，拯救了千百万伤病员，成为第二次世界大战中与原子弹、雷达并列的三大发明之一。

◆ 何谓敦刻尔克大撤退？

1940 年 5 月 26 日—6 月 4 日，英国政府紧急调集了所有能抽调的军舰和民船，无数业余水手和私人船主也应召而来，他们驾着驳船、货轮、汽艇、渔船，甚至花花绿绿的游艇，冒着德国飞机、潜艇和大炮的打击，往返穿梭于海峡之间，将一批批联军官兵送回到英国本土。从 5 月 26 日到 6 月 4 日，短短 10 天时间，这支前所未有的"敦刻尔克舰队"把 35 万大军从死亡陷阱中拯救出来，为盟军日后的反攻保存了大量的有生力量，创造了二战史上的一个伟大的奇迹。这就是著名的敦刻尔克大撤退。

◆ 谁领导了"自由法国"运动？

1940 年 6 月 14 日，德国进入巴黎，维希政府向德国投降。6 月 17 日，戴高乐带着全家飞往伦敦。维希政府指责戴高乐叛国，并由军事法庭缺席判处他"死刑"。6 月 18 日，戴高乐在伦敦通过广播电台发表演说，号召法国人民继续战斗。随后，发起"自由法国"运动，着手组建"自由法国"武装力量。1943—1944 年，戴高乐作为法兰西民族解放委员会主席和法兰西共和国临时政府首脑，领导"自由法国"武装力量转战近东、非洲、巴尔干，参加诺曼底登陆和解放法国本土的作战行动，为反法西斯战争的胜利做出了重大贡献。

◆ 何谓海狮计划？

1940 年 6 月，德军占领了法国等西欧大陆。从此，北起挪威、南至法国的全部西欧海岸已被德军控制。英伦三岛陷入了困境。此前，英军在敦刻尔克大撤退中损失了大量的武器装备，只剩下 500 门火炮和 200 辆坦克。

空军也受到很大削弱，仅余下1300多架作战飞机。英国海军也因德国海军、空军的封锁，失去了与法国舰队合作的条件。大英帝国从封锁者的地位，一变成为被封锁者，形势岌岌可危，希特勒为了对付苏联和避免两线作战，拉拢英国，诱其妥协投降，当德国向英国提出的"和平建议"接二连三地遭到英国的拒绝后，希特勒终于做出了对英实施"海狮计划"的作战决定。

德军原先企图在航空兵的支援下强渡英吉利海峡，后因船只装备、后勤供应和天候等方面存在着许多难以克服的困难，最后决定单纯以空中进攻迫使英国投降。整个不列颠之战其实就是战争史中大规模的空袭与反空袭作战。希特勒曾扬言：以空军这把钥匙就足以打开英国防御之大门。

在整个不列颠之战中，德国空军共出动飞机4.6万多架次，向英国投下了7万多吨炸弹，损失飞机约1500架。英国空军损失飞机915架，被炸死炸伤居民8.6万余人，100多万栋建筑物遭到破坏，许多城市被摧毁。英国人民付出了巨大的牺牲，但他们没有让一个德国士兵登上不列颠的土地。英国首相丘吉尔在赞扬英国军民所表

现出来的高昂士气和大无畏精神时，曾动情地说："他们是以自己的劳苦、眼泪和血汗，粉碎了希特勒妄图迫使英国退出战争的狂妄企图。德国空军这把钥匙始终也没有打开英国防御的大门。"

◆ "巴巴罗萨计划"包括哪些内容？

1940年7月，希特勒召集了一次高级军事会议，会上希特勒宣布了一个蓄谋已久的作战计划：突然袭击苏联，一举将这个红色帝国摧毁！为实施希特勒的作战意图，德军总参谋部立即着手拟订对苏联作战的具体行动方案。该方案于12月底完成，并被定名为"巴巴罗萨计划"。该计划的主要内容有：一、在对英作战结束之前，以一次快速的战役，在一个半月到两个月的时间内打垮苏联。二、先以突袭的办法歼灭苏联西部各军区的部队，使其无法退往内地，然后以坦克部队为先导，并辅之以空军支援，分三路向苏联腹地进攻，占领莫斯科、列宁格勒和顿巴斯。

◆ 何谓租借法案？

租借法案是美国国会在第二次世界大战初期通过的一项法案，目的是在美国不卷入战争的同时，为盟国提

供战争物资。法案在 1941 年 3 月 11 日生效，为第 1776 号案，授权美国总统"售卖、转移、交换、租赁、借出，或交付任何防卫物资，予美国总统认为与美国国防有至关重要之国家政府"。租借法案改变了原来军事物资需要现金交易的惯例，亦改变了原来"中立国"的意义。罗斯福总统在 1941 年 10 月即以此案向英国提供超过 10 亿美元援助，在法案通过之前，美国已在 1940 年通过与英国达成的基地租用协议，向英国及加拿大提供驱逐舰，以换取使用英国在西半球的基地。

租借法案对盟军在二次大战取得胜利有直接影响。特别是美国于 1941 年 12 月参战前，英国、苏联等盟国在战略物资生产皆处于下风。而在美国正式参战后，租借法案仍然继续为盟国提供物资，一直至 1944 年。接受租借法案援助的国家包括英联邦国家（占约 60%，调整后约占 58%），其中的英国（占约 45%，调整后约占 40%）、苏联（占约 22%）、自由法国、中国等，一共 38 个国家，总值达 500 亿美元。

◆ 苏德战争于何时全面爆发？

1941 年 6 月 22 日，希特勒撕毁《苏德互不侵犯条约》，以事先拟订好的一份"巴巴罗萨计划"，出动 190 个师，3700 辆坦克，4900 架飞机，4.7 万门大炮和 190 艘战舰，兵分三路以闪电战的方式突袭苏联。1941 年 7 月 3 日，斯大林向苏联人民发表广播演说，号召全体苏联人民团结起来，全力以赴同希特勒法西斯做殊死的斗争，苏德战争全面爆发。

苏德战争是第二次世界大战期间，苏联反对纳粹德国及其欧洲盟国的战争，时间从 1941 年 6 月 22 日德国"巴巴罗萨计划"实施开始到 1945 年 5 月 2 日苏联攻占德国首都柏林，结束柏林战役为止。

◆ 有史以来"最伟大的英国人"是谁？

温斯顿·丘吉尔，曾于 1940—1945 年及 1951—1955 年期间两度任英国首相，被认为是 20 世纪最重要的政治领袖之一。丘吉尔在当上英国首相之前，曾经历过几次竞选失败，但他毫不气馁，仍然像"一头雄狮"那样去战斗，最后终于取得了成功。他不但意志坚强，而且待人十分宽厚，能够谅解他人的过失，包括那些曾经强烈反对过他的人。

丘吉尔被英国人称为"快乐的首相"。不论在公开场合，还是与家人在一起，他的谈话总是充满幽默感。甚至在生命垂危之时，他也没有忘记幽默。2002 年，英国广播公司 BBC 举行了一个名为"最伟大的 100 名英国人"的调查，结果丘吉尔获选为有史以来最伟大的英国人。

◆《大西洋宪章》包括哪些原则？

苏德战争爆发后，第二次世界大战范围扩大，美、英迫切需要进一步协调反法西斯的战略。两国首脑于 1941 年 8 月在大西洋北部纽芬兰阿金夏海湾的奥古斯塔号军舰上举行大西洋会议，8 月 14 日签署并发表了《大西洋宪章》。该文件全文共 8 条，宣布两国不追求领土或其他方面的扩张，不承认法西斯通过侵略造成的领土变更，尊重各国人民选择其政府形式的权利，恢复被暴力剥夺的各国人民的主权，各国在贸易和原料方面享受平等待遇，促成一切国家在经济方面最全面的合作，摧毁纳粹暴政后重建和平，公海航行自由，各国必须放弃武力削减军备，解除侵略国家的武装。《大西洋宪章》提出的对法西斯国家作战的目的和进步民主的重建战后和平的目标，体现了资产阶级民主政治的一般原则，对于国际反法西斯统一战线的形成和打败德、日侵略者起到了积极的推进作用。同时，"机会均等""海上自由"等内容有利于美国战后与英国争夺势力范围，取得世界"领导地位"。同年 9 月，苏联等国表示同意宪章的基本原则。

◆ 日本是怎样偷袭珍珠港的？

珍珠港位于太平洋中部的夏威夷群岛，距日本约 3500 海里，距美国本土约 2000 海里，是美国太平洋舰队最重要的基地。1941 年 1 月 7 日，日本联合舰队司令山本五十六写信给海军大臣及川古志郎，正式提出了偷袭珍珠港的设想。此后就和几个参谋一起，秘密地制订"Z"作战方案。6 月，正式方案提出后，曾在日本上层引起争论，一些人不相信庞大的舰队横渡 3500 海里而不被发现，对这一计划的可行性表示怀疑。山本五十六固执己见，甚至以辞职相要挟。日本为了"南进"，于 10 月中旬批准了这个计划。于是，山本五十六指挥联合舰队选择了与珍珠港相似的鹿儿岛湾，开始了充分的准备和严格的模拟训练。

1941年12月7日凌晨，从六艘航空母舰上起飞的第一攻击波183架飞机，穿云破雾，扑向珍珠港。7时53分，发回"虎、虎、虎"的信号，表示奇袭成功。此后，第二攻击波的168架飞机再次发动攻击。仓促应战的美军损失惨重，8艘战舰中，4艘被击沉，一艘搁浅，其余都受重创。对珍珠港事件负有责任的美国太平洋陆军司令沃尔特·肖特中将和太平洋舰队总司令赫斯本德·金梅尔海军上将于12月17日被解除职务。

就其战略目的而言，对珍珠港的袭击从短期和中期的角度来看是一次辉煌的胜利。它的结果远远超过了它的计划者最远的设想，在整个战争史上，这样的成果也是很罕见的。在此后的6个月中，美国海军在太平洋战场上无足轻重。没有美国太平洋舰队的威胁，日本对其他列强在东南亚的力量可以彻底忽略，此后它占领了东南亚大部分地区、太平洋西南部，它的势力扩张到印度洋。

◆美国何时投入第二次世界大战？

珍珠港事件发生后，美国总统罗斯福在国会发表演说，进行战前动员。而后，国会声明对日本宣战。德国元首希特勒原本十分恼怒日本人的鲁莽，因为他一直不想让美国介入战争，但这样的"和平局面"被日本打破了。1941年12月11日，希特勒对美国宣战。之后，美国正式对德国、意大利宣战。从此，美国正式投入第二次世界大战，将其强大的国家机器带上了战时轨道。

◆哪次会战成为第二次世界大战的转折点？

德军基于在莫斯科会战中的失败，被迫放弃全面进攻，于1942年夏在苏德战场南翼实施重点进攻，企图攻占高加索和斯大林格勒，切断苏军的战略补给线。接下来，德军不断向该方向增兵，直逼斯大林格勒。1942年7月17日，斯大林格勒会战正式开始。

会战按苏军的行动性质分防御和反攻两个阶段。防御阶段又包括远接近地防御、近接近地防御和市区防御战斗。远接近地防御主要在斯大林格勒外围和周边地区进行，苏军的顽强抵抗最终阻滞了德军的猛烈进攻。但苏军在战争中也伤亡惨重，不得不退至斯大林格勒周围地带进行防御。当德军再次进攻时，近接近地防御开始了，并最终将敌军阻于西北市郊。但随着德军方面的不断增兵，德国军队攻入了斯大林格勒城内。寸土必争的市区攻防战打响了。

巷战中，苏德双方逐街逐楼逐屋反复争夺，仅对火车站的反复争夺就达 13 次之多。面对苏联人保家卫国的坚强信念，德军变得无计可施。在最后一次企图攻占斯大林格勒失败后，德军任何的攻击都成了强弩之末。德军统帅部企图攻占斯大林格勒的计划宣告破产，与此同时苏军的反攻也开始了。

苏军统帅部早在防御阶段就制订了反攻计划。反攻打响后，西南方面军、顿河方面军和斯大林格勒方面军等各个集结在斯大林格勒地区的兵团开始对德军形成合围之势。在粉碎了德军的救援计划后，围歼战斗正式开始了。在经过猛烈的火炮袭击和激烈的兵团交战后，被围德军或歼灭、或被俘、或投降，完全丧失了战斗力。

斯大林格勒会战以苏联的胜利而宣告结束，斯大林格勒保卫战是苏德战争和第二次世界大战的转折点。此后，纳粹德国再也无力进行大规模的战略进攻，被迫转入战略防御。

◆ 谁是美国史上唯一连任四届的总统？

1944 年 6 月 5 日，盟军在法国诺曼底登陆，实施"霸王"作战计划，欧洲第二战场形成。

1944 年，第二次世界大战到了最紧要的关头，美国的总统大选也同时迫近。美国舆论普遍认为，关键时刻行政首脑不宜更替。美国民主党政府警告选民："行到河中最好别换船。"罗斯福选中哈里·S·杜鲁门为自己的竞选伙伴。开始，杜鲁门感到突然，认为自己从来没有进行过这种竞选活动，担心对罗斯福的前途无补。经罗斯福劝解，他才最后答应。为了赢得竞选，罗斯福驳斥了共和党总统候选人托马斯·E·杜威的"疲惫不堪的老人"的抨击，公开了他的医生罗斯·麦金太尔海军中将出示的一份健康证明书的情景，并示威性地在恶劣的天气中进行竞选活动。

1944 年 11 月 7 日，罗斯福再次以 53% 的得票率第四次当选为美国总统。在这一任期里（1945 年 1 月 20 日宣誓就职，4 月 12 日去世），罗斯福只担任了 73 天职务就在佐治亚州与世长辞了。这样，富兰克林·罗斯福成为连任了四届，12 年零 39 天（1933

年 3 月 4 日—1945 年 4 月 12 日）的总统，是美国历史上唯一一位任期达四届的总统。

◆ 哪次海战是航空母舰的首次交锋？

1942 年 5 月 7 日，珊瑚海海战爆发，这是人类史上航空母舰的首次交锋。日本舰队在实施其占领澳大利亚的第一个步骤：进攻莫尔兹比港口。途中，遭遇弗兰克·弗莱彻少将率领的由 7 艘巡洋舰护卫的两艘美国航空母舰"约克城"号和"列克星顿"号。美国舰队击沉了日本航空母舰"祥凤"号，严重损伤"翔鹤"号，但失去了"列克星顿"号。珊瑚海海战是日本海军在太平洋第一次受挫。日本海军由于损失的飞机和飞行员无法立即得到补充，被迫中止对莫尔兹比港的进攻。

◆ 哪次战役使美国海军取得太平洋战区主动权？

中途岛，面积只有 4.7 平方千米，其特殊的地理位置决定了它战略地位的重要性。该岛距美国旧金山和日本横滨均 2800 海里，处于亚洲和北美之间的太平洋航线的中途，故名中途岛。另外它距珍珠港 1135 海里，是美国在中太平洋地区的重要军事基地和交通枢纽，也是美军在夏威夷的门户

和前哨阵地。中途岛一旦失守，美太平洋舰队的大本营珍珠港也将唇亡齿寒。中途岛海战于 1942 年 6 月 4 日展开，是第二次世界大战的一场重要战役。美国海军不仅在此战役中成功地击退了日本海军对中途环礁的攻击，还因此取得了太平洋战区的主动权，所以，中途岛战役可说是太平洋战区的转折点。

◆《开罗宣言》有哪些规定？

1943 年 11 月，当世界反法西斯战争胜利曙光初露之际，美、中、英三国首脑罗斯福、蒋介石、丘吉尔在埃及首都开罗会晤，通过《开罗宣言》。宣言规定：美、中、英三国坚持对日作战直到日本无条件投降为止；日本归还自第一次世界大战以来在太平洋区域所占的一切岛屿；日本窃取于中国之领土，包括台湾、澎湖列岛以及东北，归还中国；在适当时机让朝鲜半岛独立自主。12 月 1 日，美、中、英三国在华盛顿、重庆、伦敦三地同时发表了《开罗宣言》。该宣言经美、中、英三盟国于 1945 年 7 月 26 日在波茨坦所发表的《波茨坦公告》及 1945 年 9 月 2 日盟国与日本在密苏里号战列舰所签署的《日本降书》确

认，是战后处理日本问题的共识，也是未来处理战后亚洲新秩序的一份重要文件。《开罗宣言》为二战后中国收复被日本军国主义掠夺和窃取的台湾及其附属岛屿等领土提供了重要的国际法依据，是举世公认的重要国际法文件。

◆ 何谓曼哈顿工程？

曼哈顿工程是指美国陆军部于1942年6月开始实施的利用核裂变反应来研制原子弹的工程，亦称曼哈顿计划。为了先于纳粹德国制造出原子弹，该工程集中了当时西方盟国最优秀的核科学家，动员了10万多人参加这一工程，历时约3年，耗资20亿美元，于1945年7月16日成功地进行了世界上第一次核爆炸，并按计划制造出两颗实用的原子弹。整个工程取得圆满成功。在工程执行过程中，负责人L.R.格罗夫斯和R·奥本海默应用了系统工程的思路和方法，大大缩短了工程所耗时间。这一工程的成功促进了第二次世界大战后系统工程的发展。

◆ 莱特湾大海战的战况如何？

莱特湾大海战是指在1944年10月23—26日之间，在菲律宾莱特湾周围海域所发生的四场相对独立而又相互关联的海空战以及其他几次零星海空战的总称。

美军参战兵力有航空母舰16艘，护航航母18艘，战列舰12艘，重巡洋舰11艘，轻巡洋舰15艘，驱逐舰144艘，护卫舰25艘，运输舰后勤辅助舰592艘，飞机近2000架。在战斗中被击沉航空母舰1艘，护航航母2艘，驱逐舰2艘，护卫舰1艘；被击伤护航航母4艘，驱逐舰2艘，护卫舰3艘，潜艇1艘；损失飞机162架，人员伤亡不足3000。

日军参战的兵力可以说倾其所有，共有航空母舰4艘，航空战列舰2艘，重巡洋舰14艘，轻巡洋舰7艘，驱逐舰32艘，飞机约600架。在战斗中被击沉航空母舰4艘，战列舰2艘，重巡洋舰6艘，轻巡洋舰4艘，驱逐舰10艘；被击伤航空战列舰1艘，战列舰4艘，重巡洋舰3艘，轻巡洋舰2艘，驱逐舰3艘；损失飞机288架，人员伤亡超过一万。

由于日军在莱特湾的失利，使美军掌握了菲律宾地区的制空权和制海权，陆上日本第14方面军陷入孤立无援的困境。美军于1945年1月占领了莱特岛，2月占领了马尼拉。而日本海军的基本力量在战役中蒙受了巨大损失，在以后的战争中再也无力发动大规模远洋作战。

◆最早成立的地区性国际组织是什么？

1945年3月22日，在埃及倡议下，7个阿拉伯国家（埃及、伊拉克、约旦、黎巴嫩、沙特阿拉伯、叙利亚和也门）的代表在埃及首都开罗举行会议，通过了《阿拉伯联盟宪章》，阿拉伯国家联盟正式成立，简称阿盟。阿盟是世界上最早成立的地区性国际组织之一。组织机构主要有首脑会议、联盟理事会和秘书处，总部设在开罗。联盟成员国自成立后陆续缔结了一些加强各方面合作的条约、协定，在维护本地区石油国权益、支持巴勒斯坦人民正义事业，处理阿拉伯国家间分歧和解决本地区国家间冲突方面发挥了积极的作用，是当代国际社会，尤其是中东地区的重要政治力量。到1993年，阿盟共有22个成员国。

◆和平鸽的形象是谁所创？

把鸽子作为世界和平的象征，并为世公认，当属毕加索之功。1940年，以希特勒为首的法西斯匪徒攻占了法国首都巴黎，当时毕加索心情沉闷地坐在他的画室里，这时有人敲门，来者是邻居米什老人，只见老人手捧一只鲜血淋漓的鸽子，向毕加索讲述了一个悲惨的故事。原来老人的孙子养了一群鸽子，平时他经常用竹竿拴上白布条作信号来招引鸽子。当他得知父亲在保卫巴黎的战斗中牺牲时，幼小的心灵里燃起了仇恨的怒火。他想，白布条表示向敌人投降，于是他改用红布条来招引鸽子。显眼的红布条被德寇发现了，惨无人道的法西斯匪徒把他扔到了楼下，惨死在街头，还用刺刀把鸽笼里的鸽子全部挑死。

老人讲到这里，对毕加索说道："先生，我请求您给我画一只鸽子，好纪念我那惨遭法西斯杀害的孙子。"随后毕加索怀着悲愤的心情，挥笔画出了一只飞翔的鸽子——这就是"和平鸽"的雏形。

1950年11月，为纪念在华沙召开的世界和平大会，毕加索又欣然挥笔画了一只衔着橄榄枝的飞鸽。当时智利的著名诗人聂鲁达把它叫作"和平鸽"，由此，鸽子才被正式公认为和平的象征。

◆主持柏林投降仪式的苏联元帅是谁？

1945年5月8日24时，德国无

条件投降仪式在柏林正式举行。仪式由苏联朱可夫元帅主持，参加仪式的苏联代表还有维辛斯基。盟军最高司令部的代表包括：盟军最高副司令特德空军上将、美国战略航空部队司令斯帕茨上将和法军总司令塔西尼上将。代表德国在无条件投降书上签字的人员是：德国最高统帅部参谋长凯特尔元帅、海军总司令弗雷德堡海军上将和空军总司令斯通普夫空军上将。德国无条件投降书宣布同意德国一切陆海空军及目前仍在德国控制下的一切部队向苏联红军最高统帅部和盟国远征军最高司令部无条件投降；投降书自 1945 年 5 月 9 日零时开始生效。德国签署无条件投降书，标志着第二次世界大战中欧洲战争的结束。

◆《波茨坦公告》是对哪个国家的最后通牒？

1945 年 7 月 17 日，美、英、苏三国政府首脑杜鲁门、丘吉尔（7 月 28 日以后是新任首相艾德礼）和斯大林在柏林近郊波茨坦举行会议，会议期间发表对日最后通牒式公告。由美国起草，英国同意。中国没有参加会议，但公告发表前被征求了同意。苏联于 8 月 8 日对日宣战后加入该公告。公告共 13 条，主要内容有：盟国将予日本以最后打击，直至停止抵抗；日本政府应立即宣布所有武装部队无条件投降；重申《开罗宣言》的条件必须实施，日本投降后，其主权只限于日本本土及由盟国指定的岛屿；军队完全解除武装；战犯交付审判；日本政府必须尊重人权，保障宗教、言论和思想自由；不得保有可供重新武装作战的工业，但容许保持其经济所需和能偿付货物赔款之工业，准其获得原料和资源，参加国际贸易；在上述目的达到和成立和平责任政府后，盟国占领军立即撤退。8 月 14 日，日本天皇宣布接受《波茨坦公告》，向盟军投降。

◆第二次世界大战的结果如何？

在第二次世界大战中，先后有 60 多个国家和地区参战，波及 20 亿人口（占当时世界人口的 80%），战火燃及欧、亚、非、大洋洲和太平洋、印度洋、大西洋、北冰洋。作战区域面积为 2200 万平方千米，交战双方动员兵力达 1.1 亿人，因战争死亡的军人和平民超过 5500 万，直接军费开支总计约 1.3 万亿美元，占交战国国民总收入的 60%—70%，参战国物资总损失价值达 4 万亿美元。

中国是抗击日本侵略的主战场。据不完全统计，在日本侵略军的屠刀下，中国死伤人数达 3500 万，占二战参战国死亡总人数的 42%。其中，死亡人数达 2100 万，仅南京大屠杀就死亡 30 万人以上。按 1937 年的比价计算，日本侵略者给当时中国造成的直接经济损失 1000 亿美元，间接经济损失 5000 亿美元。中国人民为世界反法西斯战争的胜利作出了巨大的民族牺牲和重要的历史贡献。

苏联是抗击德国法西斯的主战场，二战参战国蒙受的全部损失中有 41% 是苏联的损失。据俄罗斯公布的材料，苏联在 1941 年到 1945 年卫国战争期间，因战争死亡 2700 万人，其中苏联红军牺牲 866.84 万人；物质损失按照 1941 年的价格计算达 6790 亿卢布。

美国和英国是世界反法西斯同盟的核心成员，它们也为反法西斯战争的胜利付出了重大代价。据战史材料，美国共有 40 多万人在二战中丧生，英国有 27 万军人在战争中死亡。

德国、日本和意大利是发动二战的元凶，遭到了反法西斯国家和人民的严厉惩罚。世界人民经过多年的浴血奋战，终于打败德、意、日等法西斯轴心国。战后，战胜国分别对战犯进行了审判，并成立了纽伦堡和东京两大国际军事法庭，对甲级战犯进行审判。

◆ **你知道"胜利之吻"的由来吗？**

1945 年 8 月 14 日，纽约街头和广场上到处都是庆祝二战胜利的人群。人们情绪亢奋，素不相识的人也彼此拥抱和亲吻。在时代广场上，一名水兵和一名白衣护士萍水相逢，他们也相拥在一起，深情而吻。然而两人拥吻的场景正好被摄影师阿尔弗雷德·艾森斯塔德及时捕捉了下来，这一瞬间成了美国《生活》杂志的封面照片。这张照片从此广为流传，被誉为"胜利之吻"。

◆ **国际货币基金组织的宗旨是什么？**

1945 年 12 月 27 日，国际货币基金组织成立，总部设在华盛顿，与世界银行并列为世界两大金融机构之一。

该组织的资金来源于各成员认缴的份额。成员享有提款权，即按所缴份额的一定比例借用外汇。1969 年又创设"特别提款权"的货币（记账）单位，作为国际流通手段的一个补充，以缓解某些成员的国际收入逆差。成员有义务提供经济资料，并在外汇政策和管理方面接受该组织的监督。

该组织的宗旨是：通过一个常设机构来促进国际货币合作，为国际货币问题的磋商和协作提供方法；通过国际贸易的扩大和平衡发展，促进和保持成员国的就业、生产资源的发展和实际收入的提高；稳定国际汇率，在成员国之间保持有秩序的汇价安排，避免竞争性的汇价贬值；协助成员国建立经常性交易的多边支付制度，消除妨碍世界贸易的外汇管制；在有适当保证的条件下，基金组织向成员国临时提供普通资金，使其有信心利用此机会纠正国际收支的失调，而不采取危害本国或国际繁荣的措施；按照以上目的，缩短成员国国际收支不平衡的时间、减轻不平衡的程度等。

◆ 何谓纽伦堡审判？

纽伦堡审判是 1945 年 11 月 20 日到 1946 年 10 月 1 日第二次世界大战结束之后在德国纽伦堡举行的国际战争犯罪审判。23 名被同盟国认定为"主要战争犯"中的 21 人被推上了历史的审判台，其中包括前纳粹元帅赫尔曼·戈林、希特勒副手鲁道夫·赫

斯及纳粹外长里宾特洛甫。

纽伦堡国际军事法庭开庭的时间距离二战结束只有短短的 6 个月。当时的德国，纳粹虽已战败，但民众尚未从数十年的精神管制和理论荼毒中清醒过来；许多党卫军死硬分子虽然消失在人海中，但仍蠢蠢欲动，企图伺机东山再起；纳粹的精神遗毒仍闪烁在德国儿童不服输的眼神中，隐藏在一些德国民众的内心深处，或者披上民族主义的外衣；一些普通的德国士兵认为，自己虽然参与了战争，但只是作为一名德国公民履行自己保卫祖国的义务而已，不是犯罪行为。在这种情况下，再也没有什么比审判、比法庭证据展示、法庭辩论和判决更能挖掘历史的真相了。

1945 年 11 月 20 日上午 10 时不到，3 组辩护律师相继走出电梯，鱼贯而入 600 号房间——纽伦堡审判现场，一个精心准备的国际法庭。审判席上，4 位来自不同战胜国的法官端坐在那里。前苏联的法官身穿褐色戎装，美国、英国和法国的法官都是身穿黑色长袍。法庭内，厚重的灰色丝绒窗帘垂下来，遮住了纽伦堡深秋的天际，一排排的木头长凳被漆成了深

木色。这个法庭展现在全世界面前的气氛，正如杰克逊法官所描述的，是"忧郁的庄严"。

经过218天的持续审判，最终有18个纳粹分子被判以"战争罪"和"反人类罪"，其中11人被判处死刑。对德国来说，纽伦堡审判是黑暗历史的结束，也是同纳粹的过去划清界限的开始。德意志民族从此开始了对历史的反省。

◆东京审判取得了怎样的成果？

1946年1月19日，远东盟军最高统帅部在日本东京设置远东国际军事法庭，同时颁布了《远东国际军事法庭宪章》，其内容与英、美、苏、法4国在伦敦签署的《欧洲国际军事法庭宪章》基本相同。中国委派法学家梅汝璈为法官。由11国检察官组成的委员会于1946年4月29日向法庭提出起诉书。被告28人，除松冈洋右等3人已死亡或丧失行为能力外，实际受审25人。起诉书控告被告自1928年1月1日至1945年9月2日期间犯有破坏和平罪、战争罪和违反人道罪。审讯自1946年5月3日开始。1948年11月12日，法庭宣布判处东条英机、广田弘毅、土肥原贤二、板

垣征四郎、松井石根、武藤章、木村兵太郎7人绞刑，判处木户幸一等16人无期徒刑，判处东乡茂德20年徒刑，判处重光葵7年徒刑。7人绞刑于1948年12月23日在东京巢鸭监狱执行。自1950年起美国不顾世界舆论的反对，将判刑的首要战犯陆续释放出狱。这次审判并不能代表所有被侵略国家人民的意志。但确认侵略战争为国际法上的犯罪，策划、准备、发动或进行侵略战争者列为甲级战犯，是对国际法战犯概念的重大发展。

◆谁被尊为印度国父？

莫罕达斯·卡拉姆昌德·甘地（1869—1948），人称圣雄甘地，是印度民族主义运动和国大党领袖。他是印度的国父。他领导的非暴力不合作运动，增强了印度人民的自尊心和自信心。通过非暴力不合作，甘地使印度摆脱了英国的统治。激发了其他殖民地的人民起来为他们的独立而奋斗。最终大英帝国分崩离析了，取而代之的是英联邦。甘地经常说他的价值观很简单，那就是：真理、非暴力。

甘地认为，所有宗教本质上是统一的。甘地这一所有宗教本质上统一的思想，是他对世界宗教进行认真研

究之后得出的结论。他说："事实是，宗教之间没有不可调和的区别。如果你探索表面，到了底部，你会发现它们具有同一基础。"他打比方说，所有宗教就像不同的河流，最终汇合于同一海洋："河流有许许多多，彼此不同，但是它们汇流于同一海洋。同样，宗教也有许许多多，但是，所有宗教的真正目的是相同的。因此，如果我们关注目的，便会发现各个宗教之间没有区别。"也就是说，所有宗教具有同一基础和目的。

甘地这里所说的宗教的同一基础和目的是指道德。甘地的宗教是以道德为核心的道德宗教或伦理宗教。他主张，道德是宗教的核心和基础，宗教和道德彼此相关，相互依存。就他本人来说："道德、伦理和宗教是相互转换的同义词。道德生活不触及宗教，犹如建筑在沙堆上的城堡。"

◆ **谁是现代大众社会理论的先驱？**

奥尔特加·加塞特（1883—1955），西班牙著名思想家，20 世纪西方最重要的知识贵族与公共知识分子之一，现代大众社会理论的先驱。著有《我们时代的主题》《大众的反叛》《什么是哲学》等。他的哲学思想以及对于文学艺术的论述，在西班牙乃至西方世界具有重要影响。《大众的反叛》是奥尔特加最负盛名的代表作，通过对"大众"及其反叛心理的剖析，他对西方文化的危机以及现代社会的病理现象做出了诊断。该书出版后不久，《大西洋月刊》即评论说："奥尔特加的《大众的反叛》之于 20 世纪，一如卢梭的《社会契约论》之于 18 世纪，卡尔·马克思的《资本论》之于 19 世纪。"

◆ **谁发现了"会跳舞的基因"？**

芭芭拉·麦克林托克是美国遗传学家，1902 出生于美国康涅狄格州，1923 年在康乃尔大学农学院获理学学士学位，1927 年获植物学博士学位。而后，麦克林托克主要从事玉米遗传学的研究，在玉米中发现了"会跳舞的基因"。她一生未婚，但对玉米可以说是情有独钟。有关玉米染色体遗传变异的许多重大发现（如易位、倒位、缺失、环状染色体、双着丝粒染色体、断裂—融合—桥周期和核仁组织区功能等）都与她有关。可以说，她以玉米遗传学的研究成果推动和促进了细胞遗传学这一遗传学分支学科的建立。但是，真正使她名垂科学史册的却是她在玉米中对可移动基因——转座基因（俗称"会跳舞的基因"）的研究。

基因在染色体上呈现线性排列，基因与基因之间的距离非常稳定。常规的交换和重组只发生在等位基因之间，并不扰乱这种距离。在显微镜下可见的、发生频率非常稀少的染色体倒位和相互易位等畸变才会改变基因的位置。可是，麦克林托克竟然发现单个的基因会跳起舞来：从染色体的一个位置跳到另一个位置，甚至从一条染色体跳到另一条染色体上。麦克林托克称这种能跳动的基因为"转座因子"（目前通称"转座子"）。这一调控系统是她从1944年至1950年整整花了6年时间才完全弄清楚的。

麦克林托克理论的影响是非常深远的，她发现能跳动的控制因子，可以调控玉米籽粒颜色基因的活动，这是生物学史上首次提出的基因调控模型，对后来莫诺和雅可布等提出操纵子学说提供了启发。转座因子的跳动和作用控制着结构基因的活动，造成不同的细胞内基因活性状态的差异，有可能为发育和分化研究提供新线索，说不定癌细胞的产生也与转座因子有

关。转座因子能够从一段染色体中跑出来，再嵌入到另一段染色体中去，现代的 DNA 重组和基因工程技术也从这里得到过启发。转座因子的确是在内切酶的作用下，从一段染色体上被切下来，然后在连接酶的作用下再嵌入到另一切口中去的。

◆ 谁成功研制了第一架直升机？

1919年，世界上公认的第一架重型轰炸机"伊里亚·穆罗梅茨"号的发明者西科斯基移居美国。1928年他加入了美国国籍，并于次年组建了西科斯基飞机公司，开始研制水上飞机，先后交付了 S-38、S-40、S-42 和 S-44 等型号。

在创造了无数辉煌之后，西科斯基决定把精力投入到对直升机的研制中。不到3年时间，他解决了直升机最大的难题——直升机有在空中打转儿的毛病。他巧妙地在机尾装了一副垂直旋转的抗反作用力的小型旋翼——尾桨，终于使直升机飞上了天空。

1939年9月14日，西科斯基身穿黑色西服，头戴鸭舌帽，爬进座舱，轻松地把一架型号为 VS-300 的直升机升到空中，高约两三米，平稳地悬停了10秒钟之久，然后轻巧地降落地

面。这在航空史上是崭新的一章，意味着世界上第一架真正的直升机升上了天空。经反复试飞，西科斯基发现VS-300具有良好的操纵性能。1940年底，美国陆军决定大量购买VS-300的改进型VS-316，军队编号为R-4。

1972年10月26日，西科斯基在美国康涅狄格州伊顿市逝世，终年84岁。他传奇般的一生正如他所说过的一句话："人类征服天空发明飞行器是最令人引为自豪的伟大成就，而这成就起源于人类的一个梦想。这个梦想让人想象，最后通过人得以实现。"

◆你知道喜剧大师卓别林吗？

1889年4月16日，卓别林诞生在英国伦敦的一个贫民区。他的父母都是喜剧演员，经常在伦敦的游艺场里演出。后来父母离异，母亲带着他和比他大四岁的哥哥，生活十分贫苦。由于过度劳累，母亲染上了喉炎。在卓别林5岁那年，母亲在一次演唱时，由于嗓音过于微弱，被观众哄下了舞台。管事的灵机一动，让卓别林代替母亲演出。卓别林故意用沙哑的嗓子学妈妈唱歌，没想到观众竟大为欣赏，报以热烈的掌声。

生性活泼好动的卓别林，一直向往当一名真正的演员，他曾随一个闯荡江湖的戏班巡回演出，还曾在一个马戏团里当过一阵子杂技演员。1907年，卓别林终于被伦敦专演滑稽哑剧的卡尔诺剧团录用，他刻苦训练，精益求精，把杂技、戏法、舞蹈、插科打诨以及令人发笑的忧郁和让人流泪的笑巧妙而自然地融为一体，初步形成了他后来的那种独特的哑剧风格，几年过去，卓别林成了卡尔诺剧团的台柱，获准到法国和美国等地演出。

1913年底，好莱坞的启斯东制片公司看中了卓别林，和他签订了一年的合同。卓别林为启斯东公司拍摄了35个短片，从《赛车记》开始，卓别林那有名的化妆——圆顶帽、小胡子、灯笼裤、大皮鞋和文明棍就陆续出现在银幕上了。卓别林对此曾经解释说，小胡子是虚荣心的象征；瘦小的外衣和肥大的裤子是一系列可笑行为和笨拙举止的写照；而手杖呢，不但是纨绔子弟的标记，而且可以用它勾住别人的腿或肩膀，增加喜剧效果。

1925年，卓别林完成了轰动一时的长片《淘金记》，描写19世纪末美国发生的淘金狂潮。《淘金记》在卓别林的艺术生涯中具有承前启后的意义，既是他早期作品的总结，又为他以后更成熟的作品奠定了基础。

20 世纪 30—50 年代，是卓别林喜剧创作的高峰，他先后创作了《城市之光》（1931）、《摩登时代》（1936）、《大独裁者》（1940）和《舞台生涯》（1952）等优秀作品。在《城市之光》和《摩登时代》里，他无情地揭露了资本主义对工人的剥削和劳动人民遭受的苦难；在《大独裁者》里，他把矛头直接指向希特勒和墨索里尼；在《舞台生涯》里，他进行了严肃的人生探索，表现了对未来的希望。

1966 年，77 岁高龄的卓别林拍摄了最后一部影片《香港女伯爵》，之后便与爱妻奥娜一起，隐居在瑞士风景秀丽的维薇（沃韦）镇，直到 1977 年辞世。

◆ 谁被称为"原子核之父"？

被称为"原子核之父"的英国科学家欧内斯特·卢瑟福（1871—1937），是开辟科学新时代的少数几个人之一。1899 年，28 岁的卢瑟福发现了放射性元素"钍"和新型放射线；1902 年他又发现一种原子可以蜕变为另一种原子，否定了原子永远不变的旧观念，荣获 1908 年诺贝尔化学奖。

1911 年，卢瑟福根据 α 粒子的散射实验（被称为卢瑟福实验），提出了一个类似太阳系结构的原子模型；原子中央是一个带有正电荷的硬核，所有带负电的电子围绕着这个硬核旋转，就像行星绕着太阳转一样。这一理论极大地推动了对原子结构的认识，为后来深入探讨原子结构奠定了基础。

1919 年，卢瑟福用放射性元素钋的 α 粒子轰击氮原子，获得了氧的同位素，第一次实现了元素的人工嬗变。

1920 年，他还预言中子的存在，认为原子核内部存在某些不带电的粒子，很容易打入原子核内，或者和原子核结合起来，或者在它的强大场内蜕变。12 年后，这种中子果然被人们发现，成为轰击原子核的最佳"炮弹"，为原子核链式反应、释放原子能提供了条件。

卢瑟福不仅在科学上作出了重大贡献，还培养了 11 名诺贝尔奖获得者，是世界上培养诺贝尔奖获得者最多的导师。

◆ 何谓"哥本哈根精神"？

丹麦物理学家尼尔斯·亨利克·大卫·玻尔（1885—1962）出生在哥本哈根，从小跟着当教授的爸爸参加每周一次的家庭式学术沙龙，练出一身"反骨"。7岁上小学时，他就敢于指出教材和教师的错误。博士毕业后去英国进修，第一次见导师，他带去了自己一篇批评导师的论文，并用不太流利的英语把论文讲解了一通，结果此后再没有得到过人家的好脸色。所幸后来他在一次聚餐中认识了卢瑟福，继而跟随卢瑟福到了曼彻斯特，人生由此发生了转变。

当玻尔27岁受聘于哥本哈根大学，31岁成为教授，32岁当选丹麦科学院院士，37岁获诺贝尔物理学奖后，他将自己那种"自由思考和讨论，高度的智力活动，快乐而大胆的科学探索精神"转化为著名的"哥本哈根精神"。1921年，他婉拒了卢瑟福"在曼彻斯特建立现代物理研究中心"的高薪邀请，创建了哥本哈根大学理论物理学研究所，并领导这一世界性的科学中心长达40年，因为他"立志帮助自己的国家发展物理学研究"。在玻尔周围聚集了一大批性格鲜明、才华横溢的青年学者，如以尖酸刻薄著称的泡利，把画漫画和写打油诗当主业、物理研究当副业的伽莫夫，他们中的很多人后来都获得了诺贝尔奖。

在丹麦这个小国形成的哥本哈根学派，很快成为全世界量子力学的学术中坚和物理学界的朝拜对象。

玻尔自称"从来不怕在别人面前显露我的愚蠢"。玻尔的声望达到这样的程度：他与爱因斯坦齐名。给玻尔写信或拜访他不需要地址，到了哥本哈根，邮差或司机自然知道他的住处。他1922年应邀赴德国讲学的活动甚至能形成"玻尔节"。而就在那次"玻尔节"中，20岁的大学生海森堡对玻尔的学说提出了强烈的质疑，玻尔在约他散步并深入长谈后坦陈了自己的疏漏，并邀他前往哥本哈根作研究。海森堡后来回忆说："我真正的科学生涯是从那次散步开始的。"而玻尔却得意地说，他去德国讲学的最大收获是海森堡和泡利。

◆谁被称为"世界杯之父"？

国际足球协会联合会（FIFA，简称国际足联）于1904年5月21日在巴黎成立。成立之初，只有7个成员：法国、比利时、丹麦、荷兰、西班牙、瑞典、瑞士。1910年，南非作为第一个非欧洲成员国加入国际足联，推动了国际足联的发展。1921年3月1日，48岁的雷米特当选为国际足联第三任主席，他在任期内做了两件事：其一，雷米特凭借出众的外交能力，壮大了国际足联的规模，1954 年他卸任时，FIFA 的成员协会已从 20 个发展为 85 个，特别是 1946 年，雷米特争取到了英伦三岛四个足协（英格兰、苏格兰、威尔士、北爱尔兰）的加入，作为现代足球的发源地，这四个足协至今仍拥有独立参加世界杯的资格。其二，雷米特创立了世界杯大赛。为此，雷米特得到了"世界杯之父"的称号，最初的世界杯奖杯也以他的名字命名。1930 年 7 月 18 日，首届世界杯在乌拉圭揭幕，最后东道国乌拉圭赢得了"世界杯"足球赛史上的第一个冠军。1956 年 10 月 16 日，雷米特在巴黎去世，享年 83 岁。

◆ 何谓种族隔离制度？

南非的种族隔离制度是对白人与非白人（包括黑人、印度人、马来人及其他混血种族）进行分隔，并在政治经济等各方面给予差别待遇的一种制度。1948 年被以法律方式固定下来，直到 1994 年废止。南非的种族隔离法律以四种人为分类：白人、有色人种、印度人与黑人。其内容如下：

原住民土地法与"家园政策"——

1951 年开始将居多数的黑人移居到南非共和国 13% 的边陲地带的十个"国"并给予自治权，目标是使其独立；移居的这些"国"的黑人会失去南非共和国的公民身份。但是这些"国"中白人仍然居有政治经济的优越地位。而且南非共和国从 1976 年到 1981 年扶植温达、希斯凯、川斯凯与波布纳等四个"国"独立，但都没有被国际社会所承认。

集团地区法——以人种作为居住地区的限制；

混种婚姻禁止法——禁止人种不同的男女结婚；

背德法——对于恋爱行为的限制与惩罚；

其他在医疗、宗教、就职等方面都作出有关限制。

南非的种族隔离政策不但引发国内的反弹与抗争，更引发国际社会的攻击与经济制裁；1989 年戴克拉克担任南非总统后，便释放反对种族隔离政策而入狱的曼德拉，并于 1990 年解除戒严；1991 年南非共和国废止人口登记法、原住民土地法与集团地区法，在法律上取消了种族隔离政策。1993 年，戴克拉克因对南非的民主贡献，与曼德拉一同获颁诺贝尔和平奖。

◆《尤利西斯》是谁的作品?

《尤利西斯》是爱尔兰意识流文学作家詹姆斯·乔伊斯于 1922 年出版的长篇小说。小说描述了主人公,苦闷彷徨的都柏林小市民,广告推销员利奥波德·布卢姆于 1904 年 6 月 16 日一昼夜之内在都柏林的种种日常经历。乔伊斯选择这一天来描写,是因为这一天是他和他的妻子诺拉·巴纳克尔首次约会的日子。小说的题目来源于希腊神话中的英雄奥德修斯(Odysseus,拉丁名为尤利西斯),而《尤利西斯》的章节和内容也经常表现出和荷马史诗《奥德赛》内容的平行对应关系。利奥波德·布卢姆是奥德修斯现代的反英雄的翻版,他的妻子摩莉·布卢姆则对应了奥德修斯的妻子帕涅罗佩(Penelope)。此外,青年学生斯蒂芬·迪达勒斯(Stephen Dedalus,也是乔伊斯早期作品《一个青年艺术家的画像》的主人公,以乔伊斯本人为原型)对应奥德修斯的儿子忒勒玛科斯。乔伊斯将布卢姆在都柏林街头的一日游荡比作奥德修斯的海外十年漂泊,同时刻画了他不忠诚的妻子摩莉以及斯蒂芬寻找精神上的

父亲的心理。小说大量运用细节描写和意识流手法构建了一个交错凌乱的时空,语言上形成了一种独特的风格。《尤利西斯》是意识流小说的代表作之一,并被誉为 20 世纪一百部最佳英文小说之首。

◆谁发明了电视?

电视诞生是 20 世纪最伟大的事件之一,历史将记住它的发明者的名字——一位 14 岁的美国少年,名字叫费罗·T.法恩斯沃斯。

在法恩斯沃斯之前,英国科学家约翰·洛吉·贝尔德(1888—1946)一直致力于用机械扫描法传输电视图像。1925 年 10 月 2 日,他终于制造出了第一台能传输图像的机械式电视机,这就是电视的雏形。尽管画面上木偶面部很模糊,噪音也很大,但能在一个不起眼的黑盒子中看到栩栩如生的图像,仍引起了人们极大的兴趣。刚问世的电视被称为"神奇魔盒"。

1906 年 8 月 19 日,法恩斯沃斯出生于美国犹他州的一户农家。幼年的法恩斯沃斯就表现出早慧的迹象。他对见过的任何机械装置具有摄影般的记忆力和天生的理解力。法恩斯沃斯的父母不断搬家以寻找较理想的居住地。

当他们在爱达荷州定居下来之后，11岁的法恩斯沃斯得知他的新家装有输电线后，欣喜若狂。他在家里的屋顶阁楼上开始认真地考虑研制电视。他几乎是从本能上意识到用机械装置传送图像是不可行的。这名年轻人还有一个直觉，即令他感到新奇的物理学领域——电子学的研究——有可能掌握着解决这一问题的答案。无论如何，电子能够以机械装置不可比拟的速度移动，这就可使图像清晰得多，并且意味着不需要活动元件。他由此推理，如果一个画面能转换成电子流，那么就能像无线电波一样在空间传播，最后再由接收机重新聚合成图像。从本质上看这是个相当简单的主意，但如此简单的想法却似乎没有任何人想到。

1927年，他用电子技术传送图像取得了成功。

1928年，他发明了电子图像分解摄像机。

1929年，他成立法恩斯沃斯电视股份有限公司。

1937年，他的电子电视系统成功地击败贝尔德，使贝尔德的机械扫描电视装置被淘汰，从而确立了电子电视系统的垄断地位。这时真正意义上的现代电视诞生了。当美国专利局终于认定法恩斯沃斯应该是电视的所有主要专利的持有者时，已经到了20世纪30年代后期，这对法恩斯沃斯来说已经太迟了，他的资金差不多耗尽了。随着第二次世界大战的逼近，联邦政府不久即宣布暂停发展电视工业。这样一来，电视合法地开始制造的时间不得不推延到1946年，而到那时，法恩斯沃斯的专利已超过了保护期限。法恩斯沃斯历经艰辛发明了电视，自己在个人收益上却一无所获。

1969年7月，已近高龄的法恩斯沃斯与妻子埃尔玛在他们缅因州家中看电视，屏幕上正播放着人类第一次踏上月球表面的实况。他平静地对妻子说道："你知道，为了今天，这一切都是值得的。"不久后，费罗·法恩斯沃斯患了肺炎，于1971年6月去世。《纽约时报》在讣闻中称他为世界上最伟大、最具魅力的发明家之一。

◆**德国法兰克福学派有何特色？**

法兰克福学派是以德国法兰克福大学的"社会研究中心"为核心的一群社会科学学者、哲学家、文化批评家所组成的学术社群，被认为是新马克思主义学派的一支。其主要代表人物包括第一代的阿多诺、马尔库塞、霍克海默、弗洛姆，以及尤尔根·哈贝马斯等人。

社会研究中心成立于1924年，但在1930年霍克海默成为机构主任之后，才转向马克思主义理论的思考方式，包括以马克思及黑格尔、卢卡奇、葛兰西等人的理论为基础，并借助马克斯·韦伯的现代化理论和弗洛伊德的精神分析，对于20世纪的资本主义、种族主义及文化等作进一步的探讨。他们最大的特色在于建立所谓的"批判理论"，相较于传统社会科学要以科学的、量化的方式建立社会经济等的法则规律，他们更注重探讨历史的发展以及人的因素在其中的作用。阿多诺提出的"文化工业"、哈贝马斯提出的"沟通理性"等，都是批判理论的重要概念之一。

◆谁被誉为"精神领域的哥伦布"？

西格蒙德·弗洛伊德（Sigmund Freud）是20世纪最具影响力的学者之一。他的心理学研究和精神分析学，成为各门学科汲取灵感的源头。因此，弗洛伊德被誉为"精神领域的哥伦布"。1856年3月6日，弗洛伊德出生于奥地利摩拉维亚的弗莱堡（现属捷克）的一个犹太商人家庭。他母亲共生了三个儿子和五个女儿，他是长子，此外还有一个同父异母的哥哥。尽管家庭财政紧张，居住拥挤，但他的父母尽力抚养他们。四岁时全家迁居到维也纳，他的一生几乎都是在那里度过的。弗洛伊德读书时就是一个出类拔萃的学生，1881年，他在维也纳大学获得医学学位。

1895年，弗洛伊德出版了他的第一部论著《歇斯底里论文集》；五年后，他又推出了第二部论著《梦的解析》。《梦的解析》是弗洛伊德最有创造性、最有意义的论著之一。虽然该书问世后销量不佳，但却大大地提高了他的声望。1902年，他在维也纳组织了一个心理学研究小组，艾尔弗雷德·阿德勒就是其最早的成员之一，几年以后卡尔·荣格也加入其中，两个人后来都成了世界著名的心理学家。

弗洛伊德结过婚，育有六个孩子。他晚年患了颌癌，为了解除病根，从1923年起先后做过30多次手术。尽管如此，他仍然工作不息，继续写出了一些重要论著。1938年，纳粹德国入侵奥地利，由于弗洛伊德是犹太人，因此他不顾82岁高龄逃往伦敦，1939年9月23日因癌症不幸去世。

◆法国为何创办戛纳电影节？

戛纳电影节目前是世界上最大、最重要的电影节之一。1939年，法国为了对抗当时受意大利法西斯政权控制的威尼斯国际电影节，决定创办法国自己的国际电影节。然而，第二次世界大战爆发使筹备工作停顿下来。大战结束后，首届电影节于1946年9月20日在法国南部旅游胜地戛纳举办。自创办以来，戛纳电影节除1948年、1950年停办和1968年中途停办外，每年举行一次，为期两周左右，原来每年9月举行。1951年起，为了在时间上争取早于威尼斯国际电影节，改在5月举行。

◆谁被誉为"欧洲之父"？

罗贝尔·舒曼（Robert Schuman，1886—1963），法国总理，生于卢森堡。他先后在波恩、慕尼黑、柏林和斯特拉斯堡等地的大学攻读法学专业，获博士学位，毕业后当了一名律师。1919—1949年，他担任国民议会议员。二战期间被德军逮捕，逃脱后参加抵抗运动，后为人民共和运动的创始人

之一。1945—1962年，他再次担任国民议会议员。1946年6—11月任财政部长。1948年7月—1953年1月任外交部长。在任外长期间，与让·莫内一起倡导欧洲建设，并于1950年5月9日提出"舒曼计划"，奠定了欧洲煤钢联营和防务共同体的基础。1955年任欧洲运动主席。1958—1960年担任欧洲共同市场的协商机构欧洲议会主席，并任议员至1963年2月，同年9月4日逝世。由于他在西欧联合中的贡献，被称为"欧洲之父"。

◆何谓"舒曼计划"？

1949年12月13日，欧洲委员会咨询议会通过决议，建立欧洲超国家的钢铁高级机构，以协调管理西欧各国的钢铁工业。决议还建议在煤炭、石油、电力和交通运输等方面也建立类似的高级机构。1950年5月4日，法国外交部长舒曼致函欧洲委员会秘书处，表示法国对上述建议感兴趣。5月9日，舒曼举行记者招待会，发表了一项声明，提议"把法国、德国的全部煤钢生产置于一个其他欧洲国家都可参加的高级联营机构的管制之下"，"各成员国之间的煤钢流通将立即免除一切关税"。舒曼的这一声明，

通常被称为"舒曼计划"。根据舒曼的建议，1950年6月20日，法国、联邦德国、意大利、比利时、荷兰、卢森堡六国在巴黎开始谈判。六国达成协议，于1951年4月18日签订了为期50年的《欧洲煤钢联营条约》。1952年7月25日，条约正式生效。8月，正式成立超国家的"联营"最高权力机构，由9人组成，舒曼计划的起草人、法国人让·莫内担任该机构的首任主席。1953年2月—1954年8月，"联营"六国先后建立了煤、钢、铁砂、废铁、合金钢和特种钢的共同市场。"联营"的最高权力机构负责协调成员国的煤钢生产、投资、价格、原料分配和内部的有效竞争。欧洲煤钢联营促进了成员国冶金工业的发展，它的建立为20世纪50年代后期成立"欧洲共同市场"奠定了基础。

◆ 谁被称为"原子弹之父"？

罗伯特·奥本海默（1904—1967）美国犹太人，物理学家，曼哈顿计划的主要领导者之一，被称为美国"原子弹之父"。奥本海默出身于美国纽约一个家境富裕的犹太人家庭。他的母亲是一位天才画家，常常鼓励奥本海默接触艺术和文学，却不幸在奥本海默9岁时去世。奥本海默是早慧的天才，三年读完大学；1925年以荣誉学生的身份毕业于哈佛大学。随后奥本海默到英国剑桥大学深造，开始攻读理论物理，加入到著名的卡文迪许实验室；1926年转到德国哥廷根大学，跟随玻恩研究；1927年以量子力学论文获德国哥廷根大学博士学位。接下来的两年，他在瑞士的苏黎士和荷兰的莱登作进一步的研究。1929年夏天，奥本海默回到美国，不幸感染了肺结核，在新墨西哥州洛塞勒摩斯镇附近的一个农场上养病。后来他在加利福尼亚大学伯克利分校任教。

奥本海默的研究范围很广，从天文、宇宙射线、原子核、量子电动力学到基本粒子。他有辩才，长于组织管理能力，精通八种语言，尤爱读梵文《薄伽梵歌》经典，为此自修梵文。

当代史

◆联合国于何时正式成立？

联合国创建于世界反法西斯战争的凯歌声中。联合国这一名称是美国总统罗斯福提出的。

1942年1月1日，正在对德国、意大利、日本法西斯作战的中国、美国、英国、苏联等26国代表在华盛顿发表了《联合国家宣言》。

1945年4月25日，来自50个国家的代表在美国旧金山召开"联合国家国际组织会议"。6月26日，50个国家的代表签署了《联合国宪章》，后又有波兰补签。同年10月24日，中国、法国、苏联、英国、美国和其他多数签字国递交了批准书后，宪章开始生效，联合国正式成立。

1947年，联合国大会决定，10月24日为联合国日。1946年1月10日—2月14日，第一届联合国大会第一阶段会议在伦敦举行。51个创始会员国的代表参加了这次会议，联合国组织系统正式开始运作。

联合国对所有接受《联合国宪章》的义务以及履行这些义务的"热爱和平的国家"开放。

◆联合国的宗旨是什么？

根据《联合国宪章》规定，联合国的宗旨为"维护国际和平与安全"，"发展国际间以尊重人民平等权利及自决原则为基础的友好关系"，"促进国际合作"。联合国所有成员国都享有平等的表决权。联合国的常设核心机构是安全理事会，它有权根据联合国宪章采取必要的措施与行动，美国、英国、中国、苏联（现为俄罗斯）、法国为安理会的常任理事国。安理会在决定重大问题时，采取5个常任理事国一致的原则，即5个常任理事国都享有否决权。

◆联合国总部因何设在纽约？

联合国总部设在什么地方，1945年10月24日联合国宣告成立时尚未确定。有一些国家表示愿意接纳联合国总部；欧洲国家倾向于设在瑞士的日内瓦；美国国会在同年12月10日通过决议，提请将联合国总部设在美国。1946年，第一次联合国大会是在英国伦敦召开的，联合国总部地址问题是会上考虑的主要议题之一。大会在2月14日作出决定：接受美国的邀请。

当时的美国总统杜鲁门听到联大的决议之后，建议将总部建在波士顿或费城或美国中西部某地。这时，美国大资本家小约翰·洛克菲勒提出愿将自己在纽约市东河畔的一块价值850万美元的地皮捐赠给联合国。1946年12月14日，联合国正式接受了这个赠礼，决定将总部建在纽约市曼哈顿区。次年，联大批准了联合国大厦建筑设计方案，并开工建造。1948年，美国国会通过决议，拨付6500万美元作为建造大厦的无息贷款。

1952年，联合国大厦全部建成，它包括秘书处大楼（大厦的主体建筑，39层）、大会场和会议楼三大部分。同年10月，第七届联大会议便在新建的大会场内召开。

◆联合国秘书长有何职权？

联合国秘书长既是外交官又是代言人，既是公务员又是执行官。《联合国宪章》规定，联合国秘书长履行行政官的职务，以及安理会、联合国大会、经济社会理事会和其他联合国组织"所托付之其他职务"。宪章还规定秘书长有权力"将其所认为可能威胁国际和平及安全之任何事件，提请安全理事会注意"。这些纲领性的原则既明确规定了本职位的权力，又给予其极大的采取行动的自由。如果秘书长不关心成员国的利益，他就不称职。但是他必须要维护联合国的价值观念和道德权威，一言一行都要从和平的角度出发，为此甚至可以不惜经常得罪上述成员国。

秘书长要参加联合国各机构的会议，同世界领袖、政府官员和其他人员举行会谈，奔赴世界各地，使成员国的人们能清楚地了解联合国日程上值得国际关注的众多事务。每年，秘书长都要作联合国工作报告，评价联合国的工作，指出未来的工作重点。联合国秘书长同时又是行政首长协调理事会的主席。该理事会由联合国秘书长、联合国专门机构等组成，每两年举行一次会议，在联合国体系面临的全部重要事宜和管理事务上谋求进一步的协调与合作。联合国秘书长的最重要作用之一就是发挥他的"积极职能"，本着独立、公正、诚信的原则，公开或私下里采取措施，防止国际争端的产生、激化和传播。

每任秘书长在其任期中间都会根据当时的时代形势确定自己的工作重点。根据《联合国宪章》，联合国秘书长经安理会推荐由联合国大会任命。

◆杜鲁门主义的实质是什么？

1947年3月12日，杜鲁门在美国国会两院联席会议上发表咨文，宣称：今日世界的所有国家都面临着对两种不同生活方式的选择，一种是以大多数人的意志为基础的自由制度，另一种是以强加于大多数人的意志为基础的极权政体，而美国政策必须支持那些自由国家人民抵抗武装的少数人。他强调："无论在什么地方，无论直接或间接侵略威胁了和平，都与美国的安全有关。"杜鲁门这篇咨文的发表标志着杜鲁门主义的提出。这是美国第一个具有全球性质的对外战略，也是美国外交政策的一个重大转

折。由此，美国确立了以冷战避免热战，遏制共产主义，稳定资本主义的遏制战略。杜鲁门主义实质上就是战后初期美国公开反共，企图遏制苏联，在全球推广民主的一种霸权主义思想，它标志着美苏盟友关系的破裂和美苏冷战的全面展开。

◆你知道国际儿童节的由来吗？

1942年6月，德国法西斯枪杀了捷克利迪策村16岁以上的男性公民140余人和全部婴儿，并把妇女和90名儿童押往集中营，村里的房舍、建筑物均被烧毁，好端端的一个村庄就这样被德国法西斯摧毁。

为了悼念利迪策村和全世界所有在法西斯侵略战争中死难的儿童，反对帝国主义战争贩子虐杀和毒害儿童，保障儿童权利，1949年11月国际民主妇女联合会在莫斯科召开执委会，正式决定每年6月1日为全世界少年儿童的节日，即国际儿童节。

◆联合国维和部队的作用是什么？

联合国维持和平部队是根据有关联合国决议建立的一支跨国界的特种部队，成立于1956年苏伊士危机之际。它受联合国大会或安全理事会的委派，活跃于国际上有冲突的地区。维和部

队士兵头戴天蓝色钢盔或蓝色贝雷帽，上有联合国英文缩写"UN"，臂章缀有"地球与橄榄枝"图案。凡参加联合国维持和平部队的人员，必须被送到设于北欧4国的训练中心接受特种训练，以熟悉维和部队的职能、宗旨、任务和进行特种军事训练。

联合国维持和平部队的作用是阻止局部冲突扩大化，或防止冲突再起，并帮助在战争中受害的平民百姓，为最终通过政治途径解决冲突创造条件。

◆ "圆桌会议"有何特点？

所谓"圆桌会议"，是指一种平等对话的协商会议形式，是一个与会者围圆桌而坐的会议。在国际会议的实践中，主席和各国代表的席位不分上下尊卑，可避免其他排座方式出现一些代表的席位居前、居中，另一些代表居后、居侧的矛盾，更好体现各国平等原则和协商精神。据说，这种会议形式来源于英国亚瑟王的传说。

据传说，5世纪左右，英国国王亚瑟在与他的骑士们共商国是时，大家围坐在一张圆形的桌子周围，骑士和君王之间不排位次。圆桌会议由此得名。至今，在英国的温切斯特堡还保留着一张圆桌。

"圆桌会议"已成为平等交流、意见开放的代名词，也是国家之间以及国家内部，一种重要的协商和讨论形式。现在，联合国安理会和其他国际会议，以及在举行国际政治谈判时，大多开"圆桌会议"。

◆ 两国建交分哪三个级别？

两国在相互承认对方主权的基础上，经过协商谈判，就建立外交关系、派驻外交代表等问题达成协议，并互派外交代表后，外交关系即正式成立。两国的建交协议通常以发表联合公报或换文等形式公布。根据《维也纳外交关系公约》，国家之间的外交关系可以分为大使级、公使级和代办级三种。另外，国家间如果发生战争，首先要断绝外交关系，所以战争关系并不属于外交关系的一种。

驻外大使的全称为"特命全权大使"，是最高一级的外交使节。由一国元首向另一国元首派遣，享有比其他两个等级（公使、代办）的外交使节更高的礼遇，有权请求驻在国元首接见，与驻在国高级官员谈判。其主要职责为：负责外交代表机关职能的实施和遵照本国政府指令全权处理外交代表机关的事务。驻一国大使可以兼任驻另一国或两个以上国家的使节，但兼任必须得到接受国的同意，并正式向接受国国家元首递交国书，定期或不定期前往接受国履行大使职责。

公使的全称为"特命全权公使"或"全权公使"。1961年《维也纳外交关系公约》规定，公使为外交使节的第二等级，由国家元首派遣，其所受礼遇仅次于大使，但实质地位、职务以及所享受的外交特权与豁免同大使相同。其任命需事先得到接受国的同意。此外有些国家在大使馆中设有公使，此类公使与特命全权公使不同，不由派遣国元首向接受国元首派遣，而是使馆中仅次于大使一级的外交官，其任命不需事先取得接受国同意。

代办，又称常任代办，是最低一级外交代表，由一国外交部长向另一国外交部长派遣，而大使、公使则由国家元首向驻在国元首派遣，因而所享受的礼遇低于大使、公使，但所享受的外交特权和豁免与大使、公使相同。如两国长期保持代办级的外交关系，则表明双方的外交关系是不完全的。代办的"代"字不意味大使、公使的代理人。临时代办的"代"字才真正具有代理的涵义。

◆何谓马歇尔计划？

马歇尔计划又称为欧洲复兴计划，是二战后美国对被战争破坏的西欧各国进行经济援助、协助重建的计划，对欧洲国家的发展和世界政治格局产生了深远的影响。该计划于1948年4月正式启动，并整整持续了4个财政年度。在这段时期内，西欧各国通过参加欧洲经济合作发展组织，接受了美国包括金融、技术、设备等各种形式的援助，总额达130亿美元。

二战欧洲战场胜利后，美国凭借其在二战后的雄厚实力帮助其欧洲盟国恢复因世界大战而濒临崩溃的经济体系，该计划同时意在抗衡苏联和共产主义势力在欧洲的进一步渗透和扩张。该计划因时任美国国务卿乔治·马歇尔而得名，但事实上真正提出和策划该计划的是美国国务院的众多官员，特别是威廉·克莱顿和乔治·凯南。

当该计划临近结束时，西欧国家中除了德国以外的绝大多数参与国的国民经济都已经恢复到了战前水平。在接下来的20余年时间里，整个西欧经历了前所未有的高速发展时期，社会经济呈现出一派繁荣景象。可以说，这一成就与马歇尔计划密不可分。

此外，马歇尔计划长期以来也被认为是促成欧洲一体化的重要因素之一。因为该计划消除或者说减弱了历史上长期存在于西欧各国之间的关税及贸易壁垒，使西欧各国的经济联系日趋紧密并最终走向一体化。该计划同时也使西欧各国在经济管理上系统地学习和适应了美国的经验。

◆ 社会主义阵营和资本主义阵营是如何形成的？

1945 年 9 月 2 日，东京受降仪式在美国战列舰"密苏里"号上举行，标志着第二次世界大战结束。这次反法西斯的战争，给人类世界造成了非常巨大而深远的影响。

在世界反法西斯战争胜利的鼓舞下，东欧和亚洲出现了一系列人民民主国家。这些国家在苏联的影响和帮助下走上了社会主义道路。社会主义力量不断壮大，超越了一国范围，形成了以苏联为首的社会主义阵营。

二战后，西欧国家普遍衰落，美国一枝独秀，形成以美国为首的资本主义阵营。美国对社会主义国家推行遏制政策，出现了北约和华约两大军事集团的对峙。

◆ "北约"是什么性质的组织？

1949 年 4 月 4 日，美国与加拿大、英国、法国、比利时、荷兰、卢森堡、丹麦、挪威、冰岛、葡萄牙、意大利共 12 国在华盛顿签署了《北大西洋公约》，标志着北约正式成立。《公约》于 1949 年 8 月 24 日生效。北约的目的是与苏联为首的东欧集团国成员相抗衡，若某成员国受到攻击，其他成员国可以及时作出反应、联合进行反击。但这一条款在"9·11"事件之前，一直未曾付诸实施。及至苏联解体，华沙条约组织宣告解散，北约才成为一个地区性防卫协作组织。北约的最高决策机构是北大西洋理事会。理事会由成员国国家元首及政府首脑、外长、国防部长组成。总部设在布鲁塞尔。北约的主要组织机构有北大西洋理事会、防务计划委员会、常设代表理事会、军事委员会、国际秘书处等。欧洲盟军最高司令历来由美国将领担任。北约就重大国际问题进行磋商合作，协调立场，加强集体防务，每年举行各种联合军事演习。北约拥有大量核武器和常规部队，是西方的重要军事力量之一。这是资本主义阵营在军事上实现战略同盟的标志。

◆日本为何在二战后还保留天皇制?

第二次世界大战结束后,远东国际军事法庭对日本战犯进行了审判,但对日军的最高统帅裕仁天皇却未加处置。这个结果,出乎人们的意料,也出乎天皇本人的预料。

日本战败投降后,裕仁天皇深知罪行重大,内心惊恐万状。然而,此时负责东京大审判的盟军驻日本最高统帅、美国将军麦克阿瑟却另有打算。他知道,天皇是日本国民的精神支柱,即使在战败的日本,仍有巨大的感召力和凝聚力。他曾形象地说:"一个天皇等于100万美军。"为此,他向美国总统杜鲁门写了一份紧急报告,说明为了确保美国利益,必须保留日本天皇,否则美国将付出巨大牺牲。杜鲁门同意并支持他的意见。

裕仁天皇曾于1945年9月27日秘密拜见了麦克阿瑟。当时麦克阿瑟正在批阅文件,副手费特尼准将进门报告说,有一位不愿公开身份的日本中年绅士前来求见,麦克阿瑟感到好奇,于是同意接见,原来来者就是日本天皇裕仁。这是天皇第一次打破至尊至贵的身份,徒步登门拜访一个敌国的将军。

据《麦克阿瑟的回忆录》记述,当时裕仁天皇的神情很紧张,他向麦克阿瑟表示自己愿对战争祸害负起全部责任,愿接受裁判,所以自己前来投案。麦克阿瑟以为天皇是来求饶的,没想到竟是来承担战争责任的。这令麦克阿瑟很高兴,自尊心因此得到了满足,由此对裕仁天皇产生了好感。至于他们后来具体谈了些什么内容,两人都守口如瓶。

到了1976年,庆祝裕仁登基50周年时,有记者提出这个问题,裕仁仍避而不答,只是说:"当初与麦克阿瑟的君子协定,永不透露。"此时,麦克阿瑟已去世12年。

为了使裕仁天皇免于制裁,麦克阿瑟不顾各国反对,下达了对裕仁天皇免予起诉的命令,并让他继续做天皇,这使日本的无条件投降,变成了保留天皇制的有条件投降。对此,英国人一直耿耿于怀。1989年裕仁天皇病危时,英国《太阳报》和《明星报》还发表评论说:"依照裕仁在第二次世界大战期间的所作所为,他老早就该下地狱了。"

◆谁发明了晶体管?

晶体管是美国物理学家肖克莱和他的同事巴丁及布拉顿一同发明的。

这是一项影响深远的发明，让他们共同获得了 1956 年度诺贝尔物理学奖。1947 年圣诞节前夕，37 岁的物理学家肖克莱写了一张言辞有些羞怯的便笺，邀请美国新泽西州中部贝尔电话实验室的几位同僚到他的实验室，观察他和他的合作者巴丁及布拉顿最近取得的"一些成果"。这三位发明家演示了电流通过一个名为"晶体管"的小元器件。尽管用现代标准衡量，这个元器件显得原始且笨拙，但它在当时却是一个举世震惊的突破。因为真空管——最初的电子增幅器，虽然推动了无线电、电话、电视机等的发展，但是它体积大、耗能多，限制了复杂电子机器的发展。电子机械师们早就期待着一种可靠、小型而又便宜的替代装置了。晶体管的发明，终于使由玻璃封装的、易碎的真空管有了替代物。与真空管相同的是，晶体管能放大微弱的电子信号；不同的是，它廉价、耐久、耗能低，并且几乎能够被制成无限小的尺寸。

◆美国何时进行了第一颗氢弹试验？

氢弹的研制是在第二次世界大战末期开始的，自从原子弹试爆之后，因为它能产生上千万度的超高温，为日后研制氢弹开创了条件。美国在研制氢弹初期，经过了多次试验都没有成功。1950 年以后美国又重新开始试验，并且利用电脑对热核反应的条件进行了大量计算之后，证明在钚弹爆炸时所产生的高温下，热核原料的氘和氚混合物确实有可能开始聚变反应。为了检查这些结论，他们曾经准备了少量的氘和氚装在钚弹内进行试验，结果测得这枚钚弹爆炸时产生的中子数大大增加，说明了其中的氘氚确实有一部分会进行热核反应。于是在这次试验后，美国加紧了制造氢弹的工作，并于 1952 年 11 月 1 日在太平洋上进行了第一次氢弹试验。当时所用的氢弹重 65 吨，体积十分庞大，缺乏实战价值。直到 1954 年，科学家找到了用固态的氘化锂替代液态的氘氚作为热核装料，才缩小了体积和减轻重量，制出了可用于实战的氢弹，随着科学技术的发展，氢弹与洲际弹道飞弹的结合就为现代世界带来了"以暴制暴"的恐怖和平，使得人类进入"按钮战争"的时代。任何一个核大国在战争中使用氢弹，都可能导致世界末日的来临！

◆奥巴林提出了什么假说？

奥巴林（1894—1980），苏联生物化学家，生命起源科学假说的创始人。他出生于俄国雅罗斯拉夫尔省的乌格利奇市。中学毕业后，于1912年进莫斯科大学攻读化学。1917年通过国家考试后任莫斯科大学植物生理学助教，不久又晋升为讲师。1922年赴德国，在著名生化学家科塞尔的实验室工作，受到良好的生化科学训练。后随生化学家巴赫研究植物的呼吸机制。1929年任莫斯科大学植物生化教授。1953年帮助建立"巴赫生化研究所"，并在该所工作，先后研究了茶、葡萄酒、砂糖和面包生产中的化学问题。1946年起任苏联科学院巴赫生化研究所所长，直至逝世。1970年当选为"研究生命起源国际协会"主席。

早在1922年，奥巴林就在一次俄罗斯植物学会上提出了关于生命起源的假说。1924年，他写成一本名叫《生命起源》的小册子在苏联出版。他认为，地球上的生命是由非生命物质经过长期的化学进化逐步演化而来的。1936年，他出版了另一部著作《地球上生命的起源》，进一步阐述了他的生命起源假说。这部著作经过1957年大加扩充和以后的多次修订出版，已成为世界上第一部全面论述生命起源的专著。

◆早期的海下科研生活的情况如何？

1962年，法国人让·米歇尔·库斯托在法国马赛地中海岸边，建成了自己的第一个长期海下科研生活舱"康谢夫"。在康谢夫生活舱中，让·米歇尔·库斯托等人创下了水下人类生活的新纪录。5名潜水员在10米深的海下度过了30天时间，另两名潜水员还在海下25米深的地方生活了整整7天。就在让·米歇尔·库斯托进行海下科研的时候，美国海军在大西洋彼岸的百慕大群岛海域也建造了"海底实验室1号"。1964年，4名美国科学家进入实验室，在海下58米处生活了相当长一段时间。

1965年，"海底实验室2号"被投入南加利福尼亚海湾62米深的海底。除了一个17平方米的起居室，里面还配有热水器和冰箱。在这个舒适的环境中，潜水员斯科特·卡朋特连续生活了30天。他在这个看似狭小的空间里没有受到任何限制，随心所欲地生活，在床铺上享受美味的食物，收听优雅的音乐，不时翻阅书籍，几乎与陆地上的家没有区别。唯一遗憾的是，他妻子不在身边，否则这个海底之家就更完整了。

至今，斯科特对当时的情形仍然记忆犹新。他记得，当他躺下休息的时候，迷迷糊糊中倾听着暗礁发出的细碎声，或在半梦半醒间，透过床脚的大窗户看着鱼儿游来游去窥视着他，感觉十分不可思议。

1969年，"海底实验室3号"在加利福尼亚海湾185米深的海底处，突然出现小规模的氮泄漏。在进行查修时，一名研究人员被一个有缺陷的校准器夺去了生命。

◆世界上首个海底旅店名称是什么？

体积最大、技术先进的海底实验室——"秘鲁渔船"于20世纪70年代建造完成。它由两个长15米、宽6米的钢质丙烯酸圆柱体组成，生活空间为29平方米，可容纳5个人共同生活。"秘鲁渔船"是研究海洋生命的前哨，在其配备的大气压生活舱内，曾接待过无数科研远征队。

1976年，由于研究资金耗尽，"秘鲁渔船"回到陆地被拆毁。10年后，几位投资商把它制造成世界上第一个海底旅店——儒勒海底旅店。旅店位于佛罗里达州的基·拉谷，距海岸10

米远，底部被牢牢固定，其生活场景十分接近《海底两万里》中的描述。

由于这是一个周围大气压生活舱，舱内的大气压与外面的水压相同，所以，进入旅店的唯一途径是潜水。旅客像鱼一般进入旅店后，首先会用淡水淋浴把身上的海水冲洗干净；在一流的客房周围，到处都是绚烂的珊瑚礁；从房间里望出去，还可以看见西班牙大帆船残骸的复制品，五彩缤纷的海洋生物漫游在残骸间。

出于安全因素的考虑，旅店在入口处安装了监控摄像头和一个麦克风，以确保所有进入旅店的人都进行登记。旅店的控制中枢在海岸上，控制室里配备了负责旅客内部安全和通讯整套系统。即使有旅客在半夜时分想订餐，也完全可以实现，控制室里的值班人员会尽快提供帮助。

◆悉尼歌剧院有何特色？

悉尼歌剧院位于澳洲悉尼，是20世纪最具特色的建筑之一，也是世界著名的表演艺术中心，已成为悉尼市的标志性建筑。该歌剧院1973年正式落成，2007年6月28日被联合国教科文组织评为世界文化遗产。剧院设计者为丹麦设计师约恩·乌松。悉尼歌剧院坐落在悉尼港的便利朗角，其特有的帆造型，加上悉尼港湾大桥，与周围景物相映成趣。

歌剧院分为歌剧厅、音乐厅和贝尼朗餐厅等区域。歌剧厅、音乐厅及休息厅并排而立，建在巨型花岗岩石基座上，各由一系列巍峨的大壳顶组成。这些"贝壳"依次排列，前三个一个盖着一个，面向海湾依抱，最后一个则背向海湾侍立，看上去很像是两组打开盖倒放着的蚌。高低不一的尖顶壳，外表用白格子釉瓷铺盖，在阳光照映下，远远望去，既像竖立着的贝壳，又像两艘巨型白色帆船，飘扬在蔚蓝色的海面上，故有"船帆屋顶剧院"之称。那贝壳形尖屋顶，是由2194块（每块重15.3吨）弯曲形混凝土预制件用钢缆拉紧拼成的，外表覆盖着105万块白色或奶油色的瓷砖。

据约恩·乌松晚年时说，他当年的创意其实是来源于橙子。正是那些剥去了一半皮的橙子启发了他。这一创意来源也由此被刻成小型的模型，放在悉尼歌剧院前，供游人们观赏这一平凡事物所引起的伟大构想。

◆ 谁是登陆月球第一人？

阿波罗载人登月工程是美国国家航空和航天局在20世纪六七十年代组织实施的载人登月工程，或称"阿波罗计划"。阿波罗计划采用月球轨道交会法，通过强大的土星五型运载火箭把50吨重的航天器送入月球轨道。航天器本身装有较小的火箭发动机，当它接近月球时，能使航天器减速进入绕月轨道。而且，航天器的一部分——装有火箭发动机的登月舱能脱离航天器，载着宇航员登上月球，并返回绕月轨道与阿波罗航天器结合。

工程开始于1961年5月，至1972年12月第6次登月成功结束，历时约11年，耗资255亿美元。在工程高峰时期，参加工程的有2万家企业、200多所大学和80多个科研机构，总人数超过30万人。

第一次载人阿波罗飞行由于发生悲惨事故而被推迟。当时在一次发射演习过程中，航天器突然着火，造成3名宇航员死亡。随后，经过几次不载人的地球轨道飞行，1968年10月11日阿波罗7号终于载着3名宇航员绕地球飞行了163圈。

迈出载人月球探测第一步的是阿波罗8号，它从绕地球轨道进入绕月球轨道，在完成绕月飞行后安全返回地球。之后，阿波罗9号在绕地球轨道上进行了长时间飞行，并对登月舱进行检验。阿波罗10号则飞入绕月轨道，并使登月舱下降到离月球表面15千米以内，以检验其性能。

1969年7月，阿波罗11号终于在月球着陆，使逐步推进的阿波罗登月计划达到高潮。阿姆斯特朗成为登陆月球第一人。美国在月球探测中取得了最为辉煌的成果。在随后的3年多时间里，阿波罗计划又先后进行了5次载人登月飞行，其中1970年4月发射的阿波罗13号，虽因氧气瓶爆炸发生事故，但仍然安全回到了地球。

到1972年12月阿波罗计划的最后一次飞行——阿波罗17号登月为止，先后有12名宇航员登上月球表面。这一系列"访问"大大丰富了人类对月球的认识。各次阿波罗飞行都对月球表面进行了广泛考察，搜集了大量月球岩石、土壤标本，其中从月球上带回地球的月岩样品就达440千克。阿波罗飞行同时把许多仪器安装在了月球上，进行科学研究，如太阳风实验和月震测量等。

◆ 77国集团是怎么回事？

77国集团是发展中国家为改变国际经济贸易中的被动地位，改善日益恶化的交往环境，以及阻止发展中国家国际收支逆差不断扩大而建立起来的松散经济组织。它的前身是75国集团。1963年，第18届联合国大会讨论召开贸易和发展会议时，73个亚、非、拉国家以及南斯拉夫和新西兰共同提出一个联合宣言，从而形成了"75国集团"。后来，1964年6月15日在日内瓦召开的第一届联合国贸易和发展会议上，发达国家和发展中国家在一些重大问题上产生尖锐分歧。肯尼亚、韩国、越南加入"75国集团"，而新西兰宣布退出。77个发展中国家联合起来，发表了《77国联合宣言》，要求建立新的、公正的国际经济秩序，并以此组成一个集团参加联合国贸易和发展会议的谈判，因而该集团被称为"77国集团"。77国集团自成立以来，其影响力逐渐从设在日内瓦的贸易和发展会议扩展到联合国其他一些机构。77国集团没有总部、秘书处等常设机构，也没有章程和预算，但由于成员国有着共同的利害关系，它们在同发达国家谈判时，往往能以"一个声音讲话"。在每届联大及贸易和发展会议召开前，该集团通常要举行部长级会议，研究对策，统一步调。由于该集团步调一致，在维护发展中国家独立和主权、推动建立国际经济新秩序，以及在国际经济领域的斗争中发挥了重要作用。

◆何谓南南合作？

南南合作，即发展中国家间的经济技术合作（由于大部分发展中国家分布在南半球或北半球的南部，因而发展中国家间的经济技术合作被称为"南南合作"），是促进发展的国际多边合作不可或缺的重要组成部分，是发展中国家自力更生、谋求进步的重要渠道，也是确保发展中国家有效融入和参与世界经济的有效手段。

1955 年，万隆会议确定了南南合作"磋商"的原则，促进了原料生产国和输出国组织的建立，提出了在发展中国家间实施资金和技术合作，因此被认为是南南合作的开端。20 世纪 60 年代初形成的不结盟运动和 77 国集团是南南合作的两个最大的国际组织。它们通过的一系列纲领性文件，为南南合作规定了合作的领域、内容、方式与指导原则。20 世纪 70 年代至 80 年代末，发展中国家团结自救、合作自强的努力取得重大进展。西非经

济共同体、拉丁美洲经济体系、南部非洲发展协会、海湾合作委员会、南亚区域合作联盟等发展中国家谋求经济合作，增强集体自力更生能力的区域性经济组织相继建立。1982 年，首届南南合作会议在印度新德里召开，1983 年和 1989 年先后在北京和吉隆坡召开南南合作会议，这三次会议是南南合作的重要里程碑。南南合作的实质是面对不平等的南北经济关系，实行联合自强，共同发展。

◆铁托元帅有何传奇经历？

1892 年 5 月，约瑟普·布罗兹·铁托出生于克罗地亚的一个贫农家庭。他的童年生活非常艰苦，15 岁就外出谋生，先后做过放牛娃、饭馆招待员和学徒工，并在国内、捷克、奥地利以及德国当过五金工人。20 岁时，他加入克罗地亚社会民主党。1913 年，铁托应征入伍。在第一次世界大战中，他曾因鼓动反战而受处分，后被俄军俘获。1920 年，他回国加入了南斯拉夫共产党，组织工人开展革命斗争。在长期的革命斗争中，铁托曾三次被捕。1934 年，刑满出狱后，他继续从事革命活动，并当选为党中央政治局委员。1935 年，铁托以巴尔干书记处

候补书记身份，赴苏联参加共产国际的工作，这段经历使他在理论上有了很大提高。1938年，南斯拉夫共产党领导层出现问题，共产国际准备解散南共。铁托说服了主要领导人，在整党基础上保留了南共，他也随之成为党的主要领导人，从此南共走上了健康发展的道路。

在反对法西斯侵略者、争取自由解放的斗争中，铁托领导南斯拉夫人民进行了英勇不屈的斗争。1941年4月6日，德意法西斯侵略者以23个师的兵力迅速占领了南斯拉夫。6月27日，南共中央成立了南斯拉夫人民游击司令部，铁托任总司令，不久发动了全国规模的七月起义，在塞尔维亚西部山区以乌日策为中心建立了第一个解放区。同年12月，在抗击德军的进攻中，铁托创建了第一支正规军——"第一无产阶级旅"。他领导这支队伍在没有外援的情况下，独立斗争了20个月，粉碎了敌人的7次进攻。在苏捷斯卡战役中，铁托成为第二次世界大战期间唯一在战场上负伤的总司令。

1943年11月，铁托被授予元帅称号。他不顾大国的反对，宣布反法西斯人民解放委员会为南斯拉夫临时政府。

一年后，已发展到近百万人的南斯拉夫人民解放军与苏联红军配合，成功解放了贝尔格莱德。1945年11月29日，南斯拉夫联邦人民共和国宣告成立，铁托任联邦政府主席、最高统帅。

铁托于1980年5月4日下午3时05分（当地时间）在卢布尔雅那逝世。根据他生前的愿望，他的遗体被安葬在贝尔格莱德德迪涅的花房里。这个小小的花房，是他生前最喜欢去灌浇花草的地方。

◆何谓不结盟运动？

1956年，南斯拉夫总统铁托、埃及总统纳赛尔和印度总理尼赫鲁举行会谈，针对当时东西方两大军事集团严重对抗殃及广大中、小国家的情况，提出了不结盟的主张。1961年9月，在南斯拉夫、埃及、印度和印度尼西亚等国的倡议下，首次不结盟国家首脑会议在南斯拉夫首都贝尔格莱德举行，25个国家的代表出席了会议，标志着不结盟运动正式形成。

不结盟运动奉行独立、自主和非集团的宗旨和原则，支持发展中国家争取和维护民族独立、捍卫国家主权以及发展民族经济和文化的斗争，坚持反对帝国主义、新老殖民主义、种族主义和一切形式的外来统治和霸权主义。不结盟运动的成立是发展中国家走向联合自强的新开端，在支持和巩固成员国民族独立和经济发展、维护成员国权益等方面发挥了重要作用，成为国际社会的一支重要力量。

不结盟运动不设总部，无常设机构。它定期召开首脑会议、外长会议、协调局外长会议及纽约协调局会议等。其中，首脑会议为不结盟运动的最重要会议，自1983年起，首脑会议会期制度化，每三年举行一次。

◆ 何谓哈尔斯坦主义？

哈尔斯坦主义，即德意志联邦共和国推行的一项对外政策。1955年9月，由外交部国务秘书哈尔斯坦建议制定。该政策声称德意志联邦共和国政府单独代表整个德国，不承认德意志民主共和国，不得与德意志民主共和国建交的任何国家（作为四个战胜国之一而对德国统一负有责任的苏联除外）建立或保持外交关系。根据这一政策，当南斯拉夫与古巴先后于1957年和1963年同德意志民主共和国建交时，德意志联邦共和国就同这两国断交。

◆ 勃兰特是哪国政治家？

勃兰特，1913年12月18日出生于德国北部的海港城市吕贝克。他是一位19岁售货员的私生子，因此只能随母亲的姓，取名为赫伯特·弗拉姆。后来母亲嫁人，小赫伯特同外祖父相依为命。他的外祖父路德维希·弗拉姆是一位坚定的社会民主党人，小赫伯特经常听他讲述社会民主党斗争的故事以及社会主义的光明前景。这一切在小赫伯特幼小的心灵里播下了社会民主主义思想的种子。

1930年，赫伯特加入社会民主党；1931年加入社会主义工人党。希特勒上台后残害一切进步人士，他被迫转入地下工作。为了免遭逮捕，他改用维利·勃兰特的名字（这一名字一直沿用到他逝世），乘坐游艇偷渡到丹麦，开始了长达12年的流亡生活。

很快他又从丹麦转移到挪威，在异国他乡继续坚持反法西斯斗争。1937年，他以战地记者的身份参加了西班牙内战，在马德里保卫战中采访报道。1940年，德国入侵挪威，勃兰特又辗转逃亡到瑞典。在瑞典，他成了一名记者，积极报道了德国对挪威的入侵。

1957年10月3日，勃兰特恢复

德国国籍后被选为西柏林市市长。他以自己杰出的才干和出色的政绩赢得了众多的赞誉，被人称为"世界上最著名的市长"。

◆你知道"三八线"的由来吗？

1945 年 7 月，波茨坦会议期间，美苏军事首脑就苏联对日宣战后双方海、空军活动范围达成协议，但双方陆军间并未划出明确界线。因此，1945 年 8 月 8 日，苏联对日宣战后，苏军立即在朝鲜北部登陆并向南推进，大有占领整个半岛之势，而美军这时仍在太平洋与日军激战，远离半岛。在这种情况下，美国国务院提出美军应立即在半岛南部登陆北上，以免朝鲜全境被苏军占领，而美陆军则认为无法办到。为寻求解决办法，他们在 8 月 10 日夜间召开紧急会议。时任作战参谋的腊斯克（后来曾任美国国务卿）和他的一个同事便提出了以朝鲜中部北纬38°线（简称"三八线"）为界，作为美苏地面部队作战和受降分界线的方案。13 日，此主张被杜鲁门批准，并于 15 日送交苏、英政府。苏联表示同意，因为斯大林打算以在朝鲜的让步换取美国同意苏军占领日本北海道（实际上美国坚持独占日本，

未作让步）。8 月 15 日，日本投降。9月 2 日，太平洋盟军总司令麦克阿瑟在一项命令中将美苏间关于北纬38°线的决定公布于世。已进入 38°线以南的苏军即后撤回到此线以北。9 月 7日，美军才在半岛南端登陆。

自 8 月下旬起，"三八线"两侧便已禁止人员物资交流，铁路被切断。9月上旬，通讯联系也被中止，朝鲜南北之间事实上已处于被分割状态。

◆韩国和朝鲜是如何分裂的？

二战结束后，美苏分区占领朝鲜。北边由苏联占领实行社会主义制度，南边由美国占领实行资本主义制度。朝鲜南北分别建国以后，苏军于 1948年 12 月撤离朝鲜北半部。翌年 6 月，美军也从南朝鲜撤军。

朝鲜南北分别建国后，双方关系迅速恶化，三八线上不时发生流血冲突。据统计，仅 1949 年三八线发生大小武装冲突达 2600 余起，且规模越来越大。到 1950 年 6 月 25 日，终于爆发了全面战争。

这场战争本意是希望通过武力手段恢复国家的统一，但三年战争的结果是双方重新回到了三八线。这样，三八线两侧的对峙局面和国家的分裂

状态便维持下来了。

◆ 为什么有"冷战"？

　　"冷战"一词是美国政论家斯沃普在为参议员巴鲁克起草的演讲稿中首次使用的。二战结束后，美国对苏联和其他社会主义国家采取了敌视和遏制政策。因此，巴鲁克说："美国正处于冷战方酣之中。"由于第二次世界大战刚结束，在这段时期，虽然以美国为首的西方资本主义国家和以苏联为首的东方社会主义国家两个阵营之间分歧和冲突严重，但对抗双方都尽力避免导致世界范围的大规模战争爆发，其对抗通常通过局部代理人战争、科技和军备竞赛、外交竞争等"冷"方式进行，即"相互遏制，却又不诉诸武力"，因此称之为"冷战"。

◆ 何谓蒙巴顿方案？

　　蒙巴顿方案，即"印巴分治"方案，1947年6月由英国驻印度最后一任总督路易斯·蒙巴顿提出而得名。第二次世界大战后，英帝国主义迫于印度民族解放运动的强大压力，提出"分而治之"的方案。其主要内容是：根据居民宗教信仰，英属印度分为印度联邦和巴基斯坦两个自治领，分别建立自治政府；巴基斯坦由东巴基斯坦和西巴基斯坦构成；王公土邦在"移交政权"后享有独立地位，可分别谈判加入印巴任何一个自治领。这个方案为当时的主要政党——印度国大党和穆斯林联盟所接受。1947年8月15日，英国将其在印度的政权分别移交给印度国大党和巴基斯坦穆斯林联盟，标志着英国在印度的殖民统治从此告终。然而，英国在印度的经济利益基本未受影响。同时，印度独立法规定的内容在印度和巴基斯坦之间形成了一些争端，其中最严重的是克什米尔问题，为印巴日后的长期冲突埋下了伏笔。

◆ 第一次印巴战争的结果如何？

　　1947年8月，印度、巴基斯坦分治时，蒙巴顿方案规定克什米尔人自由选择归并印度、巴基斯坦一方或宣布独立。印度利用其分治时控制的克什米尔议会通过决议，宣布该地区归属印度。同年10月27日，印度和巴基斯坦在克什米尔地区爆发了第一次战争。印度参战部队有2个师及若干土邦部队约4000人，巴基斯坦参战的多为部落武装约5万人。印巴军队经过1年多的争夺战，双方伤亡惨重，胜负难分，后在联合国干预下于1949年1月停火。印度方面控制了克什米尔地区 2/3 的土地和 3/4 的人口，其余为巴基斯坦控制。这次战争没有解决克什米尔的归属问题。

◆古巴革命是怎么回事？

1952 年 3 月 10 日，巴蒂斯塔·伊·萨尔迪瓦在美国支持下发动军事政变，再次上台，实行亲美独裁统治，激起国内不满，全国各地不断发生示威和暴动。1953 年 7 月 26 日，F. 卡斯特罗带领一批青年攻打圣地亚哥的蒙卡达兵营，失败后被捕入狱。1955 年 5 月获释，随即建立了革命组织"七·二六运动"。1956 年 12 月，卡斯特罗又组织一批青年从墨西哥乘"格拉玛"号游艇渡海回古巴，登陆后转战马埃斯特腊山区开展游击斗争。1957 年 3 月 13 日，以 J. 安东尼奥·埃切瓦里亚为首的一批青年学生攻打总统府，失败后建立"三·一三革命指导委员会"，转入拉斯维利亚斯省山区打游击。1958 年，人民社会党也在亚瓜哈依地区组织游击队。不久，这两支队伍同"七·二六运动"领导的游击队主力汇合成一支较大的起义军。同年 10 月，卡斯特罗颁布土地改革法，各阶层人民组成广泛的统一战线。12 月，起义军解放圣克拉腊，消灭政府

军主力。随后，起义军挥师西进，直指哈瓦那。在革命形势的逼迫下，巴蒂斯塔·伊·萨尔迪瓦于 1959 年 1 月 1 日逃亡国外。起义军进入首都哈瓦那，宣告古巴革命的胜利。随后，临时政府成立。卡斯特罗担任武装部队总司令，同年 2 月出任政府总理。

◆《政治的新科学》一书有何主张？

埃里克·沃格林（1901—1985），美籍奥地利历史哲学家和政治哲学家。沃格林出生在德国古城科隆，上小学时随家迁居奥地利，长大后就读维也纳大学。虽然攻读的是政治学博士，沃格林喜欢的却是法学，师从的老师是自由主义法学大师凯尔森教授，心目中的偶像则是社会学家韦伯。不过，尽管沃格林后来荣幸地成了凯尔森的助教，却不像一般的自由主义学者那么固执己见。

沃格林早年关注政治思想史的研究，注重政治观念及其观念之间的逻辑联系及发展，著有八卷本的《政治思想史研究》，但生前没有出版。到 20 世纪 40 年代，他发现自己真正感兴趣的是经验的历史及经验的象征化。这一思想的转向体现在他放弃了对政治思想史的研究，转向历史哲学

和政治哲学，此后陆续发表了五卷本的《秩序与历史》（1956—1987）。沃格林最有名的著作是《政治的新科学》（1952），"这本书是他已放弃的研究计划（政治思想史——引者）和《秩序与历史》之间的过渡站，并且造成人们普遍认为沃格林在政治上和宗教上高度的保守主义态度和在哲学上同情新经院主义"。

在《政治的新科学》一书中，沃格林宣布脱离流行的"观念史"方法，同时展示了他使用理论的方法去组织大量自己熟知的知识来源。《政治的新科学》扼要地体现了《秩序与历史》前几卷中提出的程序，也可以当作是对他已放弃的政治思想史研究时所搜集的材料进行理论重铸的一个标志。沃格林认为政治哲学的核心是意识理论，政治与意识之间的联系在于人的政治行动；政治学理论需要重构，因为以往关于政治学原则的意识都已丢失。他坚持历史理论与政治哲学的统一，认为历史的秩序就是秩序的历史，政治理论如果贯穿了某些原则的话，必须同时是一种历史理论。

◆存在主义哲学的演变情况如何？

存在主义哲学是流行于20世纪西方的一个哲学流派。代表人物是萨特、海德格尔和雅斯贝尔斯。他们认为，人与生存环境相脱节，处于孤独与痛苦中。海德格尔还认为哲学应该是研究个人的主观"存在"，这里的"存在"是指"意义之在"，而人的存在本质上指"意义之在"的历史性存在；"存在"的只是被抛在时空中并不得不与他人共同存在的具体个人，海德格尔称之为"此在"，他还注重"此在"之"此"（时间空间、社会历史）作为人生存在基本结构机制对人的自由的限制。二战后，存在主义在法国获得了进一步发展，分为有神论的存在主义和无神论的存在主义，其中无神论的存在主义的代表人物是萨特。萨特的存在主义是一种人的哲学，他把"存在""自我"这个人人都要面对，都要思考的哲学意念引入文学。综观他的哲学论述，其存在主义哲学思想主要由"世界是荒谬的，人生是痛苦的""存在先于本质"和"自由选择"这三大论题组成。

◆为什么人们把美国称为"山姆大叔"？

"山姆大叔"这一名称产生于1812年美英战争时期。当时纽约州的特洛伊城有一位肉类包装商，名叫塞缪尔·威尔逊。他诚实能干，富于创业精神，在当地很有威信，人们亲切地叫他"山姆大叔"。战争期间，他担任纽约州和新泽西州的军需检验员，负责在供应军队的牛肉桶和酒桶上打戳。1812年1月，纽约州长带领一些人前往其加工厂参观，看到牛肉桶上都盖有 E.A.—U.S. 的标记，便问是何意思。工人回答，E.A. 是一个军火承包商的名字，U.S. 是美国的缩写。凑巧的是，"山姆大叔"的缩写也是 U.S.，所以一个工人开玩笑地说，U.S. 就是"山姆大叔"（Uncle Sam）。这件趣事传开后，"山姆大叔"名声大振。人们把那些军需食品都称为"山姆大叔"送来的食物。美国人还把"山姆大叔"诚实可靠、吃苦耐劳以及爱国主义的精神视为自己民族的骄傲和共有的品质。从此，这个绰号便不胫而走。第一次世界大战中曾出现过"山姆大叔"号召美国青年当兵的宣传画，流传很广。1961年，美国国会正式承认"山姆大叔"为美国的象征。

◆埃及七月革命是怎么回事？

埃及七月革命指的是1952年7月23日由埃及自由军官组织执行委员会领导的民族民主革命。这次革命是埃及历史的转折点，它推翻了法鲁克王朝，由自由军官组织改组的革命指导委员会掌握了政权。第二次世界大战后，尤其是第一次中东战争后，埃及国内政治和经济状况日益恶化，广大人民、士兵和下级军官对以法鲁克国王为首的封建统治极为不满。他们要求废除英埃同盟条约，改变现行制度，代表中小资产阶级利益的埃及自由军官组织成为埃及革命的领导力量。自由军官组织成立于1945年，由在军事学院任教的纳赛尔同阿卜杜勒·哈基姆·阿迈尔、查卡里亚·毛希丁、卡迈勒·侯赛因等具有民族主义思想的青年军官建立，吸收爱国的中下级军官参加。其宗旨是：反对英国的占领；反对法鲁克封建王朝的腐败统治；要求埃及人管理自己的国家。

1950年初，自由军官组织执行委员会成立，纳赛尔当选为主席。下半年，秘密出版《自由军官之声报》和一些小册子，主张建立爱国军队和代议制政府，并与其他党派和某些报社接触以扩大影响。到1952年初，自由军官组织成员已达数百人，遍及军队的各个兵种。1952年1月6日，开罗军官俱乐部管理委员会进行改选，自由军官组织的代表以多数当选，法鲁克国王立即下令解散军官俱乐部管委会，同时借故作人事调动，企图分散自由军官组织的力量。这次冲突，促使该组织决定提前采取推翻封建王朝的行动。7月22日夜，自由军官组织执行委员会发动革命。参加革命的部队首先逮捕了全部高级军官，随后分头占领各兵种的重要据点以及重要的机场、桥梁和广播电台等。到7月23日清晨，部队已取得胜利，控制了局势。26日，宣布废黜国王法鲁克，以其子继位，同时成立革命指导委员会，由穆罕默德·纳吉布任主席，纳赛尔任副主席。新政权宣布没收封建王室土地，取消社会等级和贵族称号，废除1923年宪法，颁布《土地改革法》。次年宣布永远废除君主政体，成立埃及共和国。

◆谁是世界第一位宇航员？

尤里·阿列克谢耶维奇·加加林，1934年3月9日生于苏联。他21岁参军，23岁从第一契卡洛夫军事航空飞行学校毕业后，驾驶过雅克-18、米格-15、米格-17、米格-21、伊尔-14等机型的飞机。加加林头脑清醒，技术全面，他的各种测验和考试成绩几乎都是优秀。1960年，他被选为宇航员。

1961年4月12日，莫斯科时间9时7分，加加林驾驶着"东方1号"飞船从拜科努尔发射场起飞，以1小时48分的时间绕地球飞行1圈后安全返回，降落在萨拉托夫州斯梅洛夫卡村地区。加加林的成功使他两天后被授予"苏联英雄"称号。他驾驶的"东方1号"飞船成为世界上第一个载人进入外层空间的航天器。

加加林完成了史无前例的宇宙飞行后，全世界都对他挥手致敬，到处都以鲜花迎接他，他的名字轰动一时。后来他去茹科夫斯基空军工程学院进修，并以优异的成绩毕业。学院推荐他到高等军事学院研究生院担任函授生。

正当加加林对未来充满信心的时候，灾难发生了。1968年3月27日，他在一次普通的飞行训练中因飞机失事遇难。

为了纪念他，苏联把他的出生地改名为加加林区。国际航空联合会设立了加加林金质奖章。月球背面的一座环形山也以他的名字命名。加加林成为宇宙时代的象征。

◆《卡萨布兰卡非洲宪章》包括哪些内容?

1961 年 1 月 7 日,加纳、几内亚、马里、阿联(今埃及)、摩洛哥和阿尔及利亚等国领导人在卡萨布兰卡举行的首脑会议上,讨论非洲各国人民维护民族主权,消灭各式各样的殖民主义问题。会议通过了《卡萨布兰卡非洲宪章》,简称《非洲宪章》。宪章宣布:决心促进非洲各地自由的胜利和团结一致;通过提供支援来解放仍然处于外国统治下的非洲领土,消除各种形式的殖民主义和新殖民主义;加强非洲国家在经济、社会和文化方面的合作。宪章建议,在条件许可的情况下,尽速设立一个由一切非洲国家的代表组成的非洲协商会议,创立非洲政治委员会、经济委员会、文化委员会、联合最高司令部和联络局。

◆非洲统一组织成立于何时?

1963 年 5 月 22—26 日,31 个非洲独立国家在埃塞俄比亚首都亚的斯亚贝巴举行首脑会议。会议于 5 月 25 日通过了《非洲统一组织宪章》,决定成立非洲统一组织,确定 5 月 25 日为"非洲解放日"。

非洲统一组织的宗旨是:促进非洲国家的统一与团结;协调并加强非洲国家之间政治、外交、经济、文教、卫生、科技、防务和安全等方面的合作;努力改善非洲各国人民的生活,保卫各国的主权、领土完整与独立;从非洲根除一切形式的殖民主义;在对《联合国宪章》与《世界人权宣言》给予应有的尊重情况下促进国际合作。

◆"国际消除种族歧视日"设在哪一天?

1966 年 11 月 9 日,第 21 届联合国大会通过一项决议,将每年 3 月 21 日定为"国际消除种族歧视日"。这是为了纪念 1960 年 3 月 21 日南非沙佩维尔惨案,反对种族歧视而设立的。1960 年 3 月 21 日,南非德兰士瓦省沙佩维尔镇的非洲人举行大规模示威游行,反对南非当局推行种族歧视的《通行证法》。通行证法是南非当局颁布的几百项有关种族歧视的法令之一,规定年满 16 岁以上的非白人必须随身携带通行证,证件不全者随时会遭到逮捕。游行群众遭到南非当局的野蛮镇压,有 70 多人被枪杀,240 多人被打伤,造成了震惊世界的惨案。

◆马丁·路德·金被谁枪杀?

1968 年 4 月 3 日,美国黑人牧师马丁·路德·金站在孟菲斯洛兰旅馆的阳台上接受媒体记者的访问。第二天下午6点，他就在相同的位置被詹姆斯·厄尔·雷枪杀。

金遇刺的消息震惊了整个美国，成千上万的美国黑人冲上街头。这一次，他们不是用口号而是用拳头发泄心中的激愤和悲痛。面对狂暴的游行队伍，美国政府立即表示将"投入全部力量"，"尽一切可能"抓住凶手。联邦调查局随即开始了刑事侦破。

6月8日，案件嫌疑人雷在伦敦机场候机厅被捕归案。接受审讯的雷并没有表现出太多的惊慌失措，他对杀害金的犯罪事实供认不讳，并主动交代了自己实施刺杀行动的动机。雷称自己是个极端种族主义者，他痛恨所有黑人和黑人运动。他承认服务于一个"秘密组织"，这个组织愿意出10万美金取金博士的性命。

◆ "新型社会主义模式"包括哪些内容？

1968年1月5日，在捷克斯洛伐克共产党中央委员会全会上，亚历山大·杜布切克当选为第一书记。这次大会的结果，导致了对新闻出版物的事先审阅制度的废止。4月，捷克斯洛伐克共产党中央委员会通过了行动纲领。在这份文件中，提出了"新型社会主义模式"，内容包括：修正共产党的权力过度集中；恢复在大清洗中牺牲者的名誉；以联邦制为原则解决"斯洛伐克问题"；强调企业自身责任，引进市场机制，进行经济改革；言论和艺术活动自由化；外交政策上，在强调与苏联的同盟关系的同时，也声明要通过引进科学技术强化与西方国家的经济关系。

◆ 安第斯集团的宗旨是什么？

安第斯集团又称安第斯条约组织。1969年5月，智利、秘鲁、厄瓜多尔、玻利维亚、哥伦比亚等5国在哥伦比亚签署《小地区一体化协定》，后称《卡塔赫纳协定》，即《安第斯条约》（因安第斯山脉均通过这几个国家而得名）。根据条约建立的组织为安第斯集团。宗旨是：组成共同市场，加强地区一体化进程；充分利用本地区的资源，促进各成员国之间平衡和协调发展，取消成员国之间的关税壁垒。该组织的最高机构是领导委员会，由各成员国政府的全权代表组成。总部设在秘鲁首都利马。

1973年2月13日，委内瑞拉加入。1976年10月30日，智利退出。1992年9月，秘鲁中止对伙伴国承担经济义务。1996年1月,秘鲁政府宣布全面加入安第斯一体化体系,承担成员国所有义务。1995年9月5日,安第斯集团总统理事会第七次会议决定建立安第斯一体化体系。1996年3月9日,该组织更名为"安第斯共同体"。

◆ 何谓《西姆拉协定》?

1972年6月28日—7月2日,印度总理和巴基斯坦总统在印度西姆拉举行会议。7月2日签署《印度政府和巴基斯坦政府双边关系协定》,简称《西姆拉协定》。7月15日和25日巴基斯坦国民议会和印度内阁分别批准生效。该协定的主要内容是:两国结束一直在损害它们关系的冲突和对抗;通过谈判或共同商定的其他和平手段解决它们的分歧,保证在平等互利的基础上和平共处,尊重彼此的国家统一、领土完整、政治独立和主权;两国政府将采取在它们权力范围内的一切步骤来防止进行针对对方的敌对宣传;两国军队在规定的时间内撤回到两国之间边界线的各自一侧;在查谟和克什米尔,双方尊重1971年12月17日停火而形成的控制线,任何一方不得不顾双方的分歧和法律上的解释而单方面谋求改变这条控制线。

◆ "世界环境日"设在哪一天?

1972年6月5日,在瑞典首都斯德哥尔摩召开的联合国人类环境会议上,与会各国通过了《人类环境宣言》,并提出将每年的6月5日定为"世界环境日"。同年10月,第27届联合国大会通过决议接受了该建议。世界环境日的确立,反映了世界各国人民对环境问题的认识和态度,表达了人类对美好环境的向往和追求。

联合国和各国政府每年都会在6月5日的这一天开展各项活动来宣传与强调保护和改善人类环境的重要性。

联合国环境规划署每年6月5日选择一个成员国举行"世界环境日"纪念活动,发表《环境现状的年度报告书》及表彰"全球500佳",并根据当年的世界主要环境问题及环境热点,有针对性地制定每年的"世界环境日"主题。

◆ 欧元的设立有何渊源?

20世纪80年代末期,随着欧共体统一市场建设的顺利进展,建立经济货币联盟终于成为欧洲经济一体化进程的下一个重大目标。1989年4月,欧共体执委会提出了"德洛尔报告",制定了建立经济货币联盟的详细计划。

6 月，在欧共体理事会马德里会议上，各国首脑决定于 1990 年 7 月 1 日开始实施经济货币联盟的第一阶段。1991 年 12 月 10 日，欧共体各成员国政府首脑在荷兰的马斯特里赫特市召开会议，就欧洲联盟条约达成协议，该条约被称作《马斯特里赫特条约》（简称"马约"）。1992 年 2 月 7 日，各国外交部长和财政部长正式签署了欧洲联盟条约。条约确定了经济货币联盟的结构和时间表，最终目标是建立欧洲中央银行和用欧洲货币埃居代替各国货币。"马约"规定经济货币联盟的建设分三个阶段完成。第一阶段实际上在"马约"签署之前的 1990 年 7 月 1 日就已经开始，主要内容是与统一市场建设工作保持一致，加强经济和货币政策的协调合作，取消外汇管制，允许资本自由流动，所有成员国都纳入欧洲货币体系的汇率机制，并实施相同的波动幅度。欧洲联盟条约于 1993 年 11 月 1 日正式生效，欧共体更名为欧洲联盟。1994 年 1 月 1 日，欧盟开始经济货币联盟建设的第二阶段：建立欧洲货币局，为向欧洲中央银行过渡和实现统一货币准备条件，制定所需的规章和程序；逐步缩小汇率波动幅度，促进埃居的使用并扩大其功能；建立经济政策的协调和监督机制，敦促成员国实现经济趋同。

1999 年 1 月 1 日，欧洲经济货币联盟按期进入第三阶段。参加国货币之间的汇率被锁定，统一货币欧元以与埃居相等的价值正式启动，设在德国法兰克福的欧洲中央银行作为整个欧元区的中央银行开始运作，即负责欧元运营的监管和统一货币政策的制定实施。但在 2001 年 12 月 31 日以前的过渡期内，欧元只是账面货币，不发行纸币和硬币，私人和企业可以自由选择使用欧元或者各国货币的账户，而政府发行的新公债和金融机构之间的交易必须使用欧元。2002 年 1 月 1 日，欧元纸币和硬币开始流通，同时各国货币仍然可以使用；3 月 1 日，各国纸币和硬币停止流通，欧元成为唯一的法定货币。

◆ 欧洲联盟的总部设在何处？

欧洲联盟（European Union），简称欧盟（EU），是由欧洲共同体（European Communities，又称欧洲共同市场）发展而来的，是一个集政治实体和经济实体于一身、在世界上具有重要影响的区域一体化组织。

截至 2024 年，欧盟共有 27 个成员国，它们是：法国、德国、意大利、荷兰、比利时、卢森堡、丹麦、爱尔兰、希腊、葡萄牙、西班牙、奥地利、瑞典、芬兰、马耳他、塞浦路斯、波兰、匈牙利、捷克、斯洛伐克、斯洛文尼亚、爱沙尼亚、拉脱维亚、立陶宛、罗马尼亚、保加利亚、克罗地亚。

欧盟总部设在比利时首都布鲁塞尔。欧盟的宗旨是"通过建立无内部边界的空间，加强经济、社会的协调发展和建立最终实行统一货币的经济货币联盟，促进成员国经济和社会的均衡发展"，"通过实行共同外交和安全政策，在国际舞台上弘扬联盟的个性"。

◆欧洲联盟的最高决策机构是什么？

欧洲理事会即欧盟首脑会议，是欧盟的最高决策机构。它由欧盟成员国国家元首或政府首脑及欧盟委员会主席组成。理事会主席由各成员国轮流担任，任期半年。顺序基本按本国文字书写的国名字母排列。欧盟首脑会议主要负责制订"总的政治指导原则"，其决策采取协商一致的原则。自 1975 年起，欧盟首脑会议每半年举行一次正式会议，必要时举行特别会议。

◆南非第一任黑人总统是谁？

1961 年 5 月 31 日，南非退出英联邦，成立南非共和国。南非白人当局在国内推行种族歧视和种族隔离政策。为推翻种族隔离制度，南非人民在以曼德拉为首的非洲人国民大会（简称非国大）的领导下，进行了英勇的斗争，并最终取得胜利。1994 年 4 月，南非举行首次由各种族参加的大选，非国大在大选中获胜，曼德拉当选为南非首任黑人总统。

◆索罗斯"一人马歇尔计划"是怎么回事？

1956 年，26 岁的索罗斯结束了他在伦敦一家银行的工作，怀揣着 5000 美元来到了美国的华尔街。他先后担任过套利交易员和金融分析师。1969 年，索罗斯与杰姆·罗杰斯合伙以 25 万美元起家创立了"双鹰基金"，专门经营证券的投资与管理。1979 年，他将"双鹰基金"更名为"量子基金"。海森堡发现了量子物理中的"测不准原理"，而索罗斯对国际金融市场的一个最基本的看法就是"测不准"。这位曾苦苦研读哲学、梦想成为大知识分子的商人认为，在金融市场中理性难寻。

20 世纪 70 年代后期，索罗斯的基金操作表现得十分出色。他说："我和基金融为一体，它因我而生，我和它生活在一起，睡在一起，它是我的情人。"有了这样的"情人"，索罗斯的婚姻生活逐渐出现了裂痕。1978 年，他与妻子分居，与孩子的关系也日趋冷淡。

20 世纪 80 年代后期，索罗斯试图与英国首相撒切尔夫人会面，以讨论一项援助苏联的计划。遗憾的是，撒切尔夫人直到下台之后才与索罗斯通过一次电话。1989 年，索罗斯又想与美国总统布什谈一谈应付苏联的新策略。虽然索罗斯要见一见戈尔巴乔夫的想法未能如愿，他还是用 1 亿美元建立了国际科学基金会来向俄罗斯的科学家们提供帮助，使 3 万多名科学家每人能拿到 500 美元的救助。索罗斯资助欧洲的行为赢得了"一人马歇尔计划"的赞誉。

◆为什么说毕加索是"世界上最年轻的画家"？

1973 年，西班牙大画家毕加索逝世，被媒体誉为"世界上最年轻的画家"。这一称谓的由来是：90 岁高龄的毕加索拿起颜色和画笔开始画一幅新画时，对世界上的事物好像还是头次看到一样。年轻人总是在探索新鲜事物，他们不安于现状，朝气蓬勃，从不满足。而老年人往往害怕变化，他们知道自己什么最拿手，宁愿把过去的成功之道如法炮制，也不冒失败的风险。但毕加索 90 岁时仍然像年轻人一样生活着，不安于现状，寻找新的思路和新的表现手法。

大多数画家在创造了一种适合于自己的绘画风格后，就不再轻易改变了，特别是当他们的作品受到人们的欣赏时更是这样。随着艺术家的年岁增长，他们的绘画风格变化不会很大了。而毕加索却像一位终生没有找到他的特殊艺术风格的画家，千方百计寻找完美的手法来表达他那不平静的心灵。

毕加索一生创作了成千上万种风格不同的画，有时他画事物的本来面貌，有时他似乎把所画的事物掰成一块块的，并把碎片向你脸上扔来。他追求着一种力量，不仅把眼睛所能看到的东西表现出来，而且把我们的思想所感受到的也表现出来。

◆比尔·盖茨何时创建微软公司？

1975 年，年仅 19 岁的比尔·盖茨和他的朋友保罗·艾伦创建了电脑软件公司——微软。微软在成立 14 年后终于实现了其目标，成为首家年销售额达 10 亿美元的软件公司。如今，几乎所有的工业和商业组织都依赖于微软建立起来的庞大的软件系统，只是程度上稍有不同而已。1998 年，当盖茨的财富火箭般飙升的时候，他每天进账最多达 5000 万美元。

当盖茨 1975 年成立微软公司时，全世界最顶尖的公司叫 IBM，由汤姆·斯沃森领导着。当时一台电脑足有现在整个摄影棚这么大。但是比尔·盖茨的眼光已经看到 25 年之后，我们的桌上会摆上一台小型的电脑。IBM 则不是这样认为，这从它的名字也可看出来：I 代表 International 即国际，B 代表 Business 即商务，M 代表 Machines 即机器，所以 IBM 认为它的主要顾客是公司而非个人，而公司一般用大型电脑。

同样在 1975 年，美国的史蒂夫·乔布斯在车库里创办了苹果电脑公司。20 世纪 80 年代初，乔布斯而非盖茨被公认为数字化企业家的象征。虽然两人同年出生，但乔布斯身上更具有 60 年代的反叛色彩。他与盖茨争夺家用电脑的主导权之战像是一场艺术对商业之战。乔布斯为自己产品起的名字叫作 Apple PC，PC 代表的含义就是个人电脑。他瞄准的就是个人电脑这个巨大的产能市场。所以，乔布斯成为全美年轻人崇拜的偶像。

但是，25 年之后，盖茨已经凭借着 DOS、WINDOWS 等操作系统牢牢占据了软件市场，身价超过 600 亿美元，与乔布斯相比超过了许多倍。为何 25 年后身价会有如此大的差距？这其中的原因或许是盖茨对信息资讯梳理把握的能力比乔布斯更好。乔布斯虽然掌握了个人电脑的趋势，但盖茨了解控制电脑硬件的是软件，软件应该是一个更大的趋势，所以盖茨会成为世界首富。

◆ 拉美经济体系的宗旨是什么？

1974 年 7 月，墨西哥总统埃切维里亚提出建立拉美经济合作和协调机构的设想。1975 年 3 月，埃切维里亚总统和委内瑞拉总统佩雷斯发表联合公报并致函拉美各国首脑，正式倡议成立"拉丁美洲经济体系"。1975 年 10 月 17 日，拉美 23 国政府代表签署《巴拿马协议》，宣告成立拉丁美洲经济体系。1976 年 6 月 7 日，协议正式生效。这个地区性组织在促进该地区的经济合作和一体化，以及在维护拉美国家的合法利益方面发挥着越来越大的作用。

拉美经济体系的宗旨是：促进地区性合作，支持地区一体化进程，推动制定和实施经济、社会发展规划，协调拉美国家对经济和社会问题的共同立场和战略。拉美经济体系的行动准则是：平等、主权、独立、团结、互不干涉内政、相互尊重各国政治和经济及社会制度的差异。

◆ 奥运会为何以五色环为标志？

奥运会比赛场的旗杆上，飘扬着一面标有五色环的旗帜。这个图案是"奥运之父"顾拜旦男爵设计的。1914年，顾拜旦男爵在巴黎召开的第六次国际奥林匹克代表大会上，展示了他设计的徽记图案。图案由五个不同颜色互相套接的圆环和"更快、更高、更强"的格言构成。圆环分别为蓝、黑、红、黄、绿五种颜色。1979年，国际奥委会的出版物《奥林匹克》杂志中正式指出："根据奥林匹克宪章，五色环象征着五大洲的团结，象征着全世界运动员以公正、坦率的比赛和友谊精神在奥林匹克运动会上相聚。"一般认为，五色环中的蓝色环代表欧洲、黄色环代表亚洲、黑色环代表非洲、绿色环代表大洋洲、红色环代表美洲。

◆ 为什么称巴西为"足球王国"？

巴西是南美洲最大的国家，被誉为世界人种的"大熔炉"。这里居住着白人、黑人、印第安人等。不管是什么人种，巴西人都有一个共同的体育爱好，那就是足球。巴西人笑称"不会足球、不懂足球的人是当不上巴西总统的，也得不到高支持率"。巴西人把足球称为"大众运动"，无论是在海滩上，还是在城市的街头巷尾，都有人踢球。即使是在贫民窟，穷人家的孩子也光着脚，把袜子塞满纸当作球来踢。在学校的体育课中，足球似乎是最重要的课程。每当有足球比赛，球场上、电视机前总是人头济济。

足球在巴西人心中的地位，相当于乒乓球之于中国，橄榄球之于美国，冰球之于加拿大，羽毛球之于印尼，板球之于印度，棒球之于日本，斯诺克之于英格兰。称巴西为"足球王国"可谓名副其实。

◆ 你知道孔塔多拉集团的由来吗？

孔塔多拉集团是促进和平解决中美洲争端而建立的地区性国际组织。1983年1月8日—19日，墨西哥、哥伦比亚、巴拿马和委内瑞拉4国外交部长在巴拿马的孔塔多拉岛举行会议，发表《孔塔多拉倡议》，表示愿为缓和中美洲局势、和平解决中美洲冲突，集体出面进行调停。此后，国际上就称这四个国家为孔塔多拉集团。孔塔多拉集团曾多次举行外长会议，还和中美洲五国的外长举行过多次九国外长会议。1983 年，四国首脑会议发表了《关于中美洲和平的坎昆声明》。同年 9 月，第四次九国外长会议通过了实现中美洲和平的《意向文件》。孔塔多拉集团在积极的外交斡旋中，确立了排除外来干涉，反对把中美洲问题纳入东西方对抗的轨道，由中美洲国家自己通过和平谈判解决本地区争端等一系列基本原则，提出了控制军备竞赛、停止武器输送、撤出外国军事顾问、禁止建立军事基地、禁止任何形式的外国干涉、各国政府同本国反对派建立持久对话等一系列缓和中美洲局势的具体建议。孔塔多拉集团的和平努力得到了拉美国家和国际社会的普遍赞赏。

◆谁被誉为"现代建筑的最后大师"？

贝聿铭，美籍华人建筑师，1983 年普利兹克奖得主，被誉为"现代建筑的最后大师"。贝聿铭为苏州望族之后，1917 年 4 月 26 日出生于广东省广州市。他的父亲贝祖贻曾任中华民国中央银行总裁，也是中国银行创始人之一。贝聿铭的作品以公共建筑、文教建筑为主，被归类为现代主义建筑，善用钢材、混凝土、玻璃与石材，代表作品有美国华盛顿特区国家艺廊东厢、法国巴黎卢浮宫扩建工程、香港中国银行大厦、苏州博物馆等。

◆谁被称为"奥运商业之父"？

彼得·尤伯罗斯（1937—），曾任美国奥林匹克委员会主席。1937 年，出生于美国一个中产阶级家庭。1980—1984 年，尤伯罗斯担任第 23 届夏季奥运会组委会主席。

今天提起举办奥运会，所有的城市都会感到兴奋。然而，在 20 世纪 80 年代之前，奥运会的影响虽日渐扩大，但确是个赔钱的大窟窿。美国人尤伯罗斯却改变了这一切。他不仅令 1984 年洛杉矶奥运会扭亏为盈，还促进了奥运经济和体育产业的神奇诞生。1984 年，洛杉矶奥运会创造了一个奥运历史转折点。当时出任组委会主席的彼得·尤伯罗斯凭借天才的商业头脑和运作手段，使得这届不依赖政府拨款一分钱的奥运会不仅没有欠债，反而赢利 2.25 亿美元。因此，他被称为"奥运商业之父""奥运会企业赞助之父"。1984 年，尤伯罗斯获得国际奥委会颁发的杰出奥运组织奖。

◆ 美国宇航史上最惨重的事故是哪一次？

1986 年 1 月 28 日，美国航天飞机"挑战者"号从肯尼迪航天中心发射 72 秒钟后在 1.5 万米高空突然爆炸，7 名机组人员全部遇难。飞机在顷刻之间炸成一团红白色火雾，飞机的残骸碎片在一小时内散落到距发射中心 9 千米的大西洋洋面。这是美国宇航史上最惨重的事故。数以千计的现场观看者和数百万电视观众目睹了这令人心碎的灾难。

殉难者中有机长弗朗西斯·R. 斯科比、驾驶员迈克尔·J. 史密斯、宇航员朱迪恩·A. 雷斯尼克、罗纳德·E. 麦克纳克、埃利森·S. 奥尼朱卡、格雷戈里·B. 贾维斯和克里斯塔·麦考利夫。

"挑战者"号失事使美国宇航工程处于停顿状态，因为宇航局没有预备发射系统。1986 年 1 月 31 日，在休斯敦的约翰逊宇航中心举行了庄重的纪念仪式，哀悼"挑战者"号和 7 名宇航员的不幸。里根总统称他们是"我们的 7 位挑战者号英雄"，并发誓

以国家继续进行宇宙科学考察的承诺来纪念他们。

◆ 切尔诺贝利核泄漏的原因是什么？

1986 年 4 月 26 日，乌克兰北部切尔诺贝利核电站发生泄漏事故，被称为和平时期人类最大的社会经济灾难。其中 50% 的乌克兰领土被不同程度地污染，超过 20 万人口被疏散并重新安置，大量人口被直接暴露在核辐射之下。与切尔诺贝利核泄漏有关的死亡人数，包括数年后死于癌症者，约有 12.5 万人；相关花费，包括清理、安置及对受害者赔偿等的总费用约达 2000 亿美元，仅为切尔诺贝利核电站重建钢制防护层的费用就需 20 亿美元。来自乌克兰官方的正式消息称，事故原因是由于核电站操作人员违反操作规程、无视安全条件造成的。

◆ "吉尔伯特飓风"为何叫"世纪飓风"？

名为"吉尔伯特"（美国叫"雨果"）的飓风于 1988 年 9 月 10 日在西大西洋形成。随后，它在加勒比海咆哮起来，旋风卷起 10 多米高的浪头，风速达每小时 140 千米，向西猛烈袭击西印度群岛和中美洲海岸。9 天内先后侵袭牙买加、海地、多米尼加、洪都拉斯、墨西哥和美国东南沿

海，留下一片片废墟。飓风造成的全部损失估计达 80 多亿美元，并导致逾千人死亡。因其震撼了 20 世纪，故称为"世纪飓风"。

在海地，农作物被扫荡殆尽，全国宣布处于紧急状态。在牙买加，20% 的房屋被毁，50 万人无家可归，30 人死亡，政府总理说："牙买加东海岸好像挨了一颗原子弹！"

损失最惨重的是墨西哥。7 个州在狂风、暴雨、海浪袭击下呻吟、颤抖。往日充满阳光的"加勒比天堂"坎昆成为一座灰色的"炼狱"：豪华旅馆、水电通信系统悉被破坏；成千上万的居民无家可归；6000 多名外国游客被风雨洗劫得两手空空，女游客穿着泳装浴巾到兵营避难。

美国得克萨斯州、路易斯安那州好像发生了星球大战，公路上塞满逃难的汽车。飓风引发的洪水还造成了大量伤亡，许多人成为灾民。

◆洛克比空难是怎么回事？

1988 年 12 月 21 日，美国泛美航空公司的一架波音 747 客机在苏格兰小镇洛克比上空爆炸坠毁，造成机上 259 人和地面 11 人丧生。空难发生后，美英两国情报机构组成的调查组立即

对空难展开调查，并最终于 1990 年秋天认定这次空难系利比亚航空公司驻马耳他办事处经理费希迈和利比亚特工阿卜杜勒·迈格拉希所为。次年 11 月 14 日，美英两国发表联合声明，要求利比亚交出凶手。利比亚虽然拘留了费希迈和迈格拉希，但拒绝把他们交给美英两国。

为了迫使利比亚交出嫌疑人，联合国安理会曾多次通过决议，对利比亚实施包括空中封锁、武器禁运和外交孤立等一系列制裁。1996 年，美国又通过《达马托法》，对在利比亚石油、天然气领域年投资 4000 万美元以上或违反联合国对利比亚制裁规定的外国公司实行制裁。

在国际社会的压力下，利比亚被迫同意交出两名嫌疑人，但同时也提出对两人的审判必须在英美以外的第三国进行。1998 年，美国、英国和荷兰同意在荷兰按苏格兰法律对两名被告进行审理。1999 年 4 月，费希迈和迈格拉希被移交至荷兰的苏格兰法庭受审。2001 年 1 月，法庭判处迈格拉希无期徒刑，费希迈被无罪释放。

◆彗星何时撞击木星？

1994 年 7 月 16 日—22 日，一颗

名为"苏梅克-列维9号"的彗星断裂成21个碎块（其中最大的一块宽约4千米），以每秒60千米的速度连珠炮一般向木星撞去。这次彗木相撞使天文学家们激动不已，它可能是望远镜发明以来——甚至是望远镜发明以前的很长时间以来——人类所能观察到的第一次大规模天体相撞。科学家们计算，在太阳系中，像这次彗木相撞的天文奇观大约要隔数百万年乃至上千万年才会出现一次。它为人类更深刻地了解宇宙的奥秘，揭示地球上生命的起源及进化（如对恐龙的灭绝的争论）提供了千载难逢的机会。

这颗彗星是美国天文学家尤金·苏梅克、卡罗琳·苏梅克以及天文爱好者戴维·列维于1993年3月24日利用美国加州帕洛玛天文台的46厘米天文望远镜发现的，故以他们的姓氏命名。根据对其运行轨道进行的计算，这颗彗星曾于1992年7月8日运行到距木星表面仅4万千米的位置。由于受木星引力的影响，彗核断裂成21个可反光的碎块，远远望去像是一串光彩夺目的珍珠悬挂在茫茫宇宙中。

天文学家们推测，这颗彗星环绕木星运行也许已经有一个多世纪了。

由于它距离地球太遥远和亮度太暗淡而久久未被发现。它开始时可能只是一颗从外层空间进入太阳系的普通彗星。据目前推测，太阳系外围有一个由数十亿颗彗星构成的彗星带。可能是由于过往星体产生的引力摄动的原因，不时有一些彗星脱离彗星带而进入太阳系。有的彗星像匆匆过客，只是从太阳系掠过，然后再回到外层空间，有的彗星则像哈雷彗星一样被吸进太阳系轨道作周期性运行。"苏梅克-列维9号"彗星显然就是被木星轨道捕捉住的一位"不速之客"。

◆英吉利海峡隧道于何时正式通车？

英吉利海峡隧道又称英法海底隧道或欧洲隧道，是一条连接英国英伦三岛和法国的铁路隧道，于1994年5月6日正式通车。在通车典礼上，当时的法国总统密特朗和英国女王伊丽莎白二世分别发表了热情洋溢的讲话。密特朗说，两个多世纪的理想实现了，他本人和法国人民都为这一工程的实现而感到高兴。这一工程将促进欧洲统一建设，英法两国之间所做的事不会使欧洲其他地方感到无动于衷。伊丽莎白二世则说，这是第一次英法两国元首不是乘船，也不是乘飞机来会面的。她希望海底隧道能增加两国人民间的相互吸引力，希望两国继续进行共同的事业。

隧道的开通大大方便了欧洲各大城市之间的来往。英、法、比利时三国铁路部门联营的"欧洲之星"列车车速达每小时 300 千米；平均旅行时间，在伦敦与巴黎之间为 3 个小时，在伦敦和布鲁塞尔之间为 3 小时 10 分。如果把从市区到机场的时间算在内，乘飞机还不如乘"欧洲之星"快。

◆世界贸易组织的宗旨是什么？

世界贸易组织是一个独立于联合国的永久性国际组织。1995 年 1 月 1 日正式开始运作，负责管理世界经济和贸易秩序，总部设在瑞士日内瓦莱蒙湖畔。世界贸易组织是具有法人地位的国际组织，在调解成员争端方面具有权威性。它的前身是 1947 年订立的关税及贸易总协定。与关贸总协定相比，世界贸易组织涵盖货物贸易、服务贸易以及知识产权贸易，而关贸总协定只适用于商品货物贸易。

世界贸易组织的宗旨是：提高生活水平，保证充分就业和大幅度、稳步提高实际收入和有效需求；扩大货物和服务的生产与贸易；坚持走可持续发展之路，各成员方应促进对世界资源的最优利用、保护和维护环境，并以符合不同经济发展水平下各成员需要的方式，加强采取各种相应的措施；积极努力确保发展中国家，尤其是最不发达国家，在国际贸易增长中获得与其经济发展水平相适应的份额和利益。

◆第 21 届阿盟首脑会议发表了什么公告？

1996 年 6 月 21 日—23 日，第 21 届阿拉伯国家联盟首脑会议在埃及召开。这是自海湾战争以来，阿拉伯国家元首的首次聚会。会议发表的公报强调继续推动中东和平进程是阿拉伯国家的战略选择，呼吁立即恢复阿以和谈，要求以色列遵守土地换和平原则及执行与阿拉伯国家签署的协议。会议重申致力于阿拉伯国家团结，提出建立阿拉伯自由贸易区、阿拉伯法庭及内部解决分歧机构；谴责一切形式的恐怖主义；对伊拉克重返阿拉伯阵营提出条件，表示反对损害伊拉克领土完整和主权的行为；批评伊朗对一些海湾国家的干涉；要求土耳其重新考虑与以色列的军事合作；要求以色列加入核不扩散条约，建立包括以色列在内的中东无大规模杀伤武器区；呼吁美、俄、欧盟及国际社会继续推动和谈，实现地区公正、全面和平。

◆ 何谓《全面禁止核试验条约》?

1996 年 9 月 10 日，联合国大会第 50 届会议以 158 票赞成、3 票反对（印度、不丹、利比亚）、5 票弃权（黎巴嫩、叙利亚、毛里求斯、坦桑尼亚、古巴）通过了《全面禁止核试验条约》。9 月 24 日，条约在联合国开放供各国签署，包括中国在内的一批国家首先签署了条约。由印度总理尼赫鲁于 1954 年首次提出的禁止核试验的理想，经过国际社会多年的努力、两年多的艰苦谈判，终于以国际法律文书的形式得以体现。《全面禁止核试验条约》是人类历史上第一次以法律形式在全世界范围内全面禁止一切核试验的国际条约。

◆ 何谓克隆?

克隆是英语单词"clone"的音译，"clone"源于希腊文"klone"，原意是指幼苗或嫩枝，以无性繁殖或营养繁殖的方式培育植物，如扦插和嫁接。

如今，克隆是指生物体通过体细胞进行的无性繁殖，以及由无性繁殖形成的基因型完全相同的后代个体组成的种群。克隆也可以理解为复制、拷贝，就是从原型中产生出同样的复制品，它的外表及遗传基因与原型完全相同。

1997 年 2 月，绵羊"多利"诞生的消息披露，立即引起全世界的关注。这头由英国生物学家伊恩·威尔穆特通过克隆技术培育的绵羊，意味着人类可以利用动物身上的一个体细胞，产生出与这个动物完全相同的生命体。

◆ 第 36 届非洲统一组织首脑会议的主题是什么?

2000 年 7 月 10 日—12 日，非洲统一组织第 36 届首脑会议在多哥首都洛美召开。非洲 53 个成员国中，有 33 位国家元首和政府首脑出席。联合国秘书长安南应邀与会。多哥总统埃亚德马当选为本届非洲统一组织执行主席。

审议《非洲联盟章程》是本届会议的主题。为尽快推动非洲国家在新世纪加强团结与合作、共同寻求应对全球化挑战和实现非洲和平与发展的有效途径，与会国家领导人对非洲统一组织秘书处法律专家和议员小组起草的《非洲联盟章程》进行了认真细致的研究和讨论，予以一致通过，并承诺待该草案得到非洲统一组织三分之二成员国签署、批准生效后，非洲统一组织将于 2001 年 3 月在利比亚锡尔特再次召开特别首脑会议，正式宣布成立非洲联盟。《非洲联盟章程》草案的顺利通过，标志着非洲在联合自强的道路上又迈出了关键一步。

◆ 巴米扬巨佛因何被毁？

2001 年 2 月 27 日，阿富汗首都喀布尔传出一条令全世界震惊的消息：在阿富汗执政的塔利班最高领导人奥马尔下令摧毁全国所有的佛像，包括闻名遐迩的具有 2000 年历史的世界最高的石雕立式佛像——巴米扬大佛。奥马尔在向各位部长下令毁佛时，称这次行动是为了"扬善抑恶"，弘扬伊斯兰文化。塔利班驻巴基斯坦大使萨拉姆·扎伊夫在接受路透社电视台记者的访问时，大言不惭地声称："就算这些石头、泥塑或者铜铸的塑像对某些人来说再有价值，我们都要摧毁它们。这是塔利班宗教学者做出的决定，必须执行！"

至 3 月 12 日，塔利班已将巴米扬佛像全部摧毁，喀布尔博物馆所藏的 6000 座佛像也未获幸免。当天，卡塔尔卫星电视台播出了阿富汗塔利班民兵炸毁佛像的画面。画面可见发生巨大爆炸后地面剧烈震动，接着便冒出烟尘。这时，可以听到旁边有人说话，翻译出来的意思就是"真主真伟大"和"真主的旨意"。浓烟消散之后，可以见到本来屹立的巨佛所在地，只剩下一个大洞。

◆ "9·11"事件是怎么回事？

美国东部时间 2001 年 9 月 11 日早晨 8 点 40 分左右，四架美国国内民航航班几乎被同时劫持，其中两架撞击位于纽约曼哈顿的世界贸易中心，一架袭击了首都华盛顿美国国防部所在地五角大楼。而第四架被劫持飞机在宾夕法尼亚州坠毁。据事后调查，失事前机上乘客试图从劫机者手中重夺飞机控制权。这架被劫持飞机目标不明，但相信劫机者撞击目标是美国国会大厦或白宫。事后对参与策划袭击的恐怖分子进行审问的结果表明，恐怖袭击的第四个目标是国会大厦。

纽约世界贸易中心的两幢 110 层摩天大楼在遭到攻击后相继倒塌，除此之外，世贸中心附近几幢建筑物也坍塌损毁；五角大楼遭到局部破坏，部分结构坍塌；袭击事件令曼哈顿岛上空布满尘烟。

在"9·11"事件中共有 2977 人罹难。罹难人员名单中包括：四架飞机上的全部乘客共 246 人，世贸中心 2606 人，五角大楼 125 人。另有 411 名救援人员在此事件中殉职。

◆ **谁是非洲史上第一位民选女总统？**

作为利比里亚团结党的领导人，约翰逊·瑟利夫在利比里亚政坛以独特的人格魅力赢得了人们的尊重，享有"铁娘子"的美誉。20 世纪 70 年代，约翰逊·瑟利夫曾在利比里亚政府中担任财政部长。1980 年利比里亚发生政变后，约翰逊·瑟利夫被迫流亡国外。1985 年她回国竞选议员，但被当时的多伊政府以"肆意煽动"的罪名判处 10 年监禁。在社会各界压力下，她在关押几个月后被释放出狱，但仍受到跟踪和监视。1989 年，泰勒发动政变推翻利比里亚政府后，约翰逊·瑟利夫再次被迫流亡。

2005 年 11 月，约翰逊·瑟利夫在总统竞选中击败前世界足球先生乔治·维阿，当选为利比里亚总统，同时也是非洲史上第一位民选女总统。2006 年 1 月 16 日，她宣誓就职。

◆ **你知道好莱坞的由来吗？**

好莱坞本意上是一个地名，港译"荷里活"。1853 年，当时的好莱坞不叫好莱坞，只有一栋孤零零的房子。到 1870 年，这里已成为一片兴旺的农田。1886 年，房地产商哈维·威尔考克斯在洛杉矶郊区买下了一块 0.6 平方千米的地。威尔考克斯的夫人在一次旅行时，听到旁边一个人自称来自俄亥俄州的一个叫作好莱坞的地方，她很喜欢这个名字。回到加州后，她将苏格兰运来的大批冬青树栽在这里，并将她丈夫的农庄改称为"好莱坞"（Hollywood），在英语中，"好莱坞"即冬青树林的意思。

好莱坞位于美国加利福尼亚州洛杉矶市市区西北郊，是洛杉矶的邻近地区，约有 30 万居民。由于当地发达的娱乐工业，"好莱坞"一词往往直接用来指美国加州南部的电影工业。不过电影制片厂分布的范围早已不局限在好莱坞一隅，好莱坞与其周边的伯班克等市共同构成了美国影视工业的中心地区。

好莱坞市内有不少数十年历史的老电影院，通常被用作电影首映式或举行奥斯卡奖颁奖礼的场所，如今也成为旅游热门地点。

作为大洛杉矶市的一部分，好莱坞没有自己的市政部门，但有一个指定的官员担任所谓"荣誉市长"，仅供各种仪式需要。

◆美国首任黑人总统是谁？

2008 年 11 月 5 日，美国总统选举结果揭晓，奥巴马获得 297 张选票，击败共和党候选人约翰·麦凯恩，当选为美国第 44 任总统，成为美国历史上第一位非洲裔总统，也是美国历史上第一位黑人总统。当晚，奥巴马在家乡芝加哥发表胜选感言说："这是属于我们的时刻，这是我们的时代：让人们有事可做；为我们的孩子打开机遇之门；推动世界和平与繁荣；再次锻造美国梦，重申这一不可动摇的事实——虽然我们每个人不尽相同，但我们是一个整体，只要我们呼吸尚存，希望就永不磨灭。我们将用那历经时间考验的不朽信条掷地有声地直面质疑：是的，我们能！"

1961 年 8 月 4 日，奥巴马出生在美国夏威夷檀香山。他父亲是来自肯尼亚的留学生，母亲是堪萨斯州白人，两人在就读夏威夷大学期间相识。由于父亲此后前往哈佛大学求学，奥巴马从小由母亲抚养。奥巴马两岁多时，父母婚姻破裂。6 岁时，奥巴马随母亲和继父前往印度尼西亚生活。

4 年后，奥巴马回到夏威夷。中学毕业后，他进入加利福尼亚州西方学院学习，后转入位于纽约的哥伦比亚大学，1983 年毕业。1985 年，奥巴马来到芝加哥，从事社区工作。1988 年，他进入哈佛大学法学院深造，还成为院刊《哈佛法律评论》首位非洲裔负责人。1991 年，在获得哈佛大学法学博士学位后，返回芝加哥，成为一名律师，并在芝加哥大学法学院教授宪法。

1992 年，奥巴马与米歇尔·罗宾森结婚，育有两个女儿。

1997 年，奥巴马进入政坛，当选伊利诺伊州参议员，并连任 8 年。2000 年，他竞选联邦众议员，但没有成功。尽管如此，他已在全国政坛崭露头角，并应邀在 2004 年民主党全国代表大会上发表主题演讲。同年 11 月，他在国会选举中当选伊利诺伊州联邦参议员。根据美国参议院历史办公室的资料显示，巴拉克·奥巴马是历史上第五位非裔美国人参议员。

在担任联邦参议员期间，他参与起草了有关控制常规武器的议案，推动加强公众监督联邦基金使用，并支持有关院外游说、选举欺诈、气候变化和核恐怖主义等问题的一系列议案。他还先后出访了东欧、中东和非洲一些国家。

2007 年 2 月，奥巴马正式宣布竞选总统。他在竞选中以"变革"为主题，强调结束伊拉克战争、实现能源自给、停止减税政策和普及医疗保险等，并承诺实现党派团结、在国际上重建同盟关系、恢复美国领导地位。

2008 年初民主党总统预选启动后，奥巴马一度落后于竞争对手、纽约州联邦参议员希拉里。但在 2 月 5 日"超级星期二"后逐渐赶超，并保持领先地位，直至 6 月 3 日预选结束。8 月 27 日，奥巴马在民主党全国代表大会上获得总统候选人提名。2008 年 11 月 5 日，奥巴马击败共和党候选人约翰·麦凯恩，正式当选为美国第 44 任总统。

◆世界第一高楼建于何处？

2010 年 1 月 4 日，世界最高建筑迪拜塔历时 4 年终于建成，并于当地时间晚 8 点举行竣工仪式。阿联酋国营地产公司 Emaar 开发的迪拜塔，由韩国三星物产等多家公司负责兴建。迪拜政府为取得戏剧性效果，至今未公开确切的高度，但根据设计图，高度将达 818 米或 824 米，是全世界第一高楼。迪拜塔于 2005 年动工，共投入约 12 亿美元资金。建筑面积达 50 多万平方米，共设有 50 多部高速电梯。

◆第八届亚欧首脑会议在哪里举行？

2010 年 8 月 4 日—5 日，第八届亚欧首脑会议在比利时首都布鲁塞尔举行。会议重点讨论了全球经济治理和金融改革、可持续发展以及全球和地区热点问题等。与会领导人会后发表主席声明，重申亚欧国家应在平等和互利的基础上，加强战略对话与合作。

◆突尼斯政变的原因是什么？

2010 年 12 月 17 日，突尼斯南部地区西迪布吉德一名 26 岁的街头小贩遭到执法人员的粗暴对待。该青年大学毕业，但因经济不景气无法找到工作，在家庭经济负担的重压下，无奈做起小贩。在遭到粗暴对待后，该青年自焚抗议，因伤势太重，不治身亡。

这名青年的过世激起了突尼斯人的同情心，也点燃了突尼斯人长期以来潜藏的对失业率高涨、物价上涨以及政府腐败的怒火。

事后，当地居民与突尼斯国民卫队发生冲突。冲突随后蔓延到全国各处，形成全国范围内的大规模社会骚乱，造成多人伤亡。最终，在小贩自焚后的第 29 天，总统本·阿里不得不放弃这个自己统治了 23 年的国家，在 1 月 14 日深夜飞往沙特。

当日，总理加努希宣布根据宪法接管总统职权并举行了就职宣誓。但戏剧性的是，15 日突尼斯宪法委员会认为加努希总理继任共和国总统违反宪法，应由众议长福阿德·迈巴扎从 15 日起代行总统职权，并最迟在 60 天之内举行大选。

尽管过渡政府已经形成，但目前在首都突尼斯市仍然充满着恐慌和不确定性。当地的人们开始囤积食物和其他日常生活用品，恐慌情绪无处不在。

英国某大学政府与国际政治学院教授墨菲认为，本·阿里已经逃往国外，但这并不代表突尼斯人想要的生活即将开始。英国《经济学人》杂志评论称，权力仍然在旧的社会和政治体制掌权人手中，但是突尼斯人并不希望他们的革命止于本·阿里的流亡，以及其 23 年独裁统治的崩溃。

有学者认为，本·阿里已经执政了 23 年，这期间突尼斯的政治体制变得僵化。尽管在 2002 年推动了所谓的宪法修正案，但在他长期的个人执政下，突尼斯的个人自由和新闻自由封锁比较严重。在突尼斯，名义上允许反对党存在，但实际上是本·阿里长期独揽大权。此外，本·阿里任人唯亲的现象比较严重，其女婿在国内的口碑就非常差。在人民生活还很艰难的时候，他们经常大搞宴会，腐败严重。"维基解密"网站于 2010 年年底公开的大批美国外交密电中就有一些关于本·阿里家族腐败的内容。例如，有一则 2009 年 6 月的电文将本·阿里家族形容为负责管理突尼斯经济的"黑手党"。另有密电则指出，本·阿里的夫人在学校建造工程中捞取巨额个人利益。

此外，这次政变也反映了金融危机对突尼斯的冲击。突尼斯经济主要依靠鲜花、日用品和磷酸盐的出口，以及旅游业和侨汇。金融危机爆发后，对这几项的打击非常大，失业率飙升，尤其是大学生等高学历人群的失业情况严重。根据突尼斯政府公布的数据，2009 年突尼斯失业率达到 14%。还有一个更重要的问题，政变发生后，突尼斯政府先是掩盖事实，再采用强硬的方法镇压，过度使用武力，不但没有解决矛盾，还激化了矛盾。

◆乔布斯是怎样一个人？

1955 年 2 月 24 日，乔布斯生于美国旧金山。1972 年毕业于加利福尼亚州洛斯阿图斯的 Homestead 高中，后入读俄勒冈州波特兰的里德学院，六个月后退学。1976 年，乔布斯与斯蒂夫·沃兹尼亚克成立苹果公司。1985 年，乔布斯获得了由里根总统授予的国家级技术勋章。1997 年，他成为《时代周刊》的封面人物，同年被评为最成功的管理者，是声名显赫的"计算机狂人"。2007 年，史蒂夫·乔布斯被《财富》杂志评为了年度最有影响力的商人。2009 年，他被《财富》杂志评选为十年来美国最佳首席执行官（CEO），同年当选《时代周刊》年度风云人物。

乔布斯对简约及便利设计的推崇为他赢得了许多忠实追随者。乔布斯与沃兹尼亚克共同使个人计算机在 70 年代末至 80 年代初流行开来，他也是第一个看到鼠标商业潜力的人。

1985 年，由于苹果公司高层权力斗争，乔布斯离开苹果公司并成立了 NeXT 公司，瞄准专业市场。1997 年，苹果收购 NeXT，乔布斯回到苹果接任首席执行官（CEO）。

2011 年 8 月 24 日，乔布斯辞去苹果公司 CEO 职位。2011 年 10 月 5 日，他病逝于家中，终年 56 岁。